Georg Kirner

Ein Rucksack voller Erinnerungen

Abschied vom Abenteuer

erzählt von Renate Münzer

Vorwort von Reinhold Messner

Verlag Tobias Dannheimer Kempten

ISBN 3-88881-049-3
Fotos: Georg Kirner
Gesamtherstellung: AZ Druck und Datentechnik GmbH, Kempten

Vorwort

Wer kennt ihn nicht den Abenteurer Schorsch Kirner? Seit fünfzig Jahren marschiert und klettert er in Eisregionen und Felsgebirgen. Er sucht dabei nicht nur die extremen Wege und den Kick, sondern vor allem Orte, die nicht jedem zugänglich sind. Als Reisender und Erzähler immer seiner eigenen Neugier auf der Spur, ist es ihm gelungen, ein ganzes Menschenleben lang seinen Träumen zu folgen. Dabei hat er Wüsten und die Pole, viele Berge und Schluchten, Hochflächen und Gletscherspalten sowie viele andere Abenteuer kennen gelernt.

Seine offene Art, sein Interesse für die berühmten Pioniere sowie sein Respekt den großen Vorbildern gegenüber – Sven Hedin, Hermann Buhl, seiner Heiligkeit dem Dalai Lama – geben ihm Aussagekraft über das Abenteuer hinaus.

Schorsch Kirner ist der lebendige Beweis dafür, dass neben dem Abenteuer die humane Dimension zählt, um die es auch mir geht. Der Menschennatur auf der Spur werden wir uns immer wieder begegnen. Irgendwo am Ende der Welt.

Reinhold Messner

Bewegte Kindheit und Jugend

Mein Weg zum Abenteurer

Ich bin nicht als Abenteurer auf die Welt gekommen. Und ich stamme auch nicht aus einer Familie von Reisenden. Ganz im Gegenteil: Lange Zeit lebte ich in einem sehr eng begrenzten Raum. Die Art, wie ich aufwuchs, war in keiner Weise von globalem Denken geprägt. Doch im Laufe meiner jungen Jahre habe ich gemerkt, dass gerade das Kennenlernen von neuen Kulturen meine Berufung ist.

Und als ich einmal die Luft der weiten Welt geschnuppert hatte, als ich hinter den Horizont geblickt habe – da war's um mich geschehen.

Doch bis dahin sollten noch viele Jahre ins Land gehen.

Meine Kindheit

Es muss ein schöner, sonniger Maitag gewesen sein, als sich meine Eltern im Jahre 1935 bei einem Tanzfest zum ersten Mal getroffen haben. Als der Tanz aus war, brachen beide fröhlich mit dem Rad in Richtung Heimat auf. Unterwegs machten sie eine Rast – der Himmel weiß warum, kann sein, dass sie eine Panne hatten. Im Februar 1936 kam dann das Produkt dieser „Panne" auf die Welt: ich. Ich erhielt den Namen meines Vaters: „Schorsch".

So war ich denn da, aber jetzt hieß es: wohin mit dem weder geplanten noch erwünschten neuen Erdenbürger? Mein Vater war Knecht auf einem Bauernhof und meine Mutter eine einfache Bauernmagd, so war fürs Heiraten erst einmal kein Geld da. Ich kam also unehelich zur Welt und wie es damals üblich war, bezeichnete man mich als „Bankert", was soviel heißt wie „auf einer Bank gezeugt". Meine Eltern gaben mich zu Bauersleuten, wo ich die ersten Jahre meines Lebens verbrachte. Als meine Eltern dann Jahre später schließlich heirateten, holten sie ihren Schorsch zu sich zurück. Das Leben zuhause war nicht einfach. Wir waren sehr arm. Zum Anziehen besaß ich nur wenig: zwei Hemden und eine geschenkte Lederhose, die mir viel zu groß war. Von März bis November lief ich barfuß, mein einziges Paar Schuhe trug ich meistens in der Hand. Oft war es Anfang März noch sehr kühl und ich hatte eiskalte Füße. Dann stieg ich einfach in einen Kuhfladen, um mir meine Zehen zu wärmen.

Um unsere finanzielle Situation zu verbessern, entwickelte ich mehrere Ideen. So züchtete ich Stallhasen, die ich verkaufte. Und ich trat in der Kirche den Blasebalg für die Orgel, was mir enorm viele Pluspunkte bei den alten Damen einbrachte, die jeden Tag in der Kirche waren.

Im März 1941 kam mein Bruder zur Welt und nun wohnten wir zu viert in einer leeren Getreidekammer, ohne Wasser und ohne Toilette. Ich wohnte ganz oben, direkt unter dem Dach. Einen Vorteil hatte das: Ich wusste immer als erster, welches Wetter war. Wenn es zu regnen begann, tropfte es bei mir als erstes durch das Dach hinunter auf mein Bett. Und als ich eines Tages mit Schnee im Nacken aufwachte, war mir klar, dass der Winter hereingebrochen war.
Unser Essen war sehr karg, es gab Brot, Kartoffeln, Magermilch und Wasser. Als der Ältere musste ich schon früh mithelfen, Essbares herbeizuschaffen. Eines Tages kam mir auf dem Heimweg vom Feld eine Idee: Ich schlug vor, einige Bauern und den Bürgermeister zu fragen, ob wir das Gras, das zwischen den Feldern und der Straße wuchs, abmähen dürften. So hätten wir eine oder zwei Ziegen von dem Gras halten können. Doch statt dass jemand diesen Vorschlag ernst nahm, wurde ich leider als „Siebengescheiter" abgetan und aus der Sache wurde nichts.

Die Marktlücke

Aufgegeben habe ich aber nicht. Es musste doch irgendeine Möglichkeit geben, etwas Geld zu verdienen! Und als es eines Tages wieder Milch, Kartoffeln, Brot und Wasser gab, schon wieder die ganze Woche lang und am Feiertag Kartoffeln, Milch und Brot, da fiel mir etwas ein. Das heißt, eigentlich ergab es sich ganz von selbst.

Im bayerischen Oberland war es Brauch, dass jeder Erwachsene mindestens einmal im Jahr – hauptsächlich zu Ostern – zum Beichten gehen musste. Damit sich keiner davor drücken konnte, hatte der Pfarrer als Nachweis einen so genannten „Beichtzettel“ verteilt, der jedem Gläubigen nach seinem Bekenntnis ausgehändigt wurde. Unser Pfarrer hat diese Beichtzettel bei seinen späteren, „rein zufälligen“ Besuchen wieder eingesammelt. So ist er mit einer Hand voll Beichtzetteln durchs Jahr gekommen. Und er hat immer genau Bescheid gewusst, wer beim Beichten war und wer nicht.

Stand der Pfarrer unangemeldet vor der Tür und ein Gemeindemitglied war nicht beim Beichten, so musste es schon eine gute Ausrede geben.

„Grad war er noch da, der bluats Beichtzettel, grad hab’ ich ihn noch in der Hand g’habt und jetzt ist er weg!“

So war schon auf rätselhafte Weise der ein oder andere Beichtzettel verschwunden.

Und so ergab sich wie von selbst meine Idee. Als ich einmal vom Beichten aus der Kirche kam, fing mich der Kraut Waste ab, der Viechtandler im Dorf. Er war bekannt für seine zahlreichen kleinen Sünden und er war einer, auf den der Pfarrer ein besonderes Augenmerk hatte.

„So, Schorsche“, sagte der Waste freundlich zu mir, „warst beim Beichten?“
„Ja freili“, antwortete ich, „wia sich’s gehört.“
„Hast an Beichtzettel kriagt“, fragte der Waste ganz scheinheilig.
Ich zeigte ihm stolz mein Dokument.
„Du, wia war’s“, sagte der Waste daraufhin zu mir, „du gibst mir dein Beichtzettel und von mir kriagst an scheena Laib Brot!“
Nachdem ich mehr oder weniger immer Hunger hatte, brauchte ich nicht lang zu überlegen – der Handel war gleich perfekt. Ich hatte meine Freud’ an dem riesigen Laib und der Waste nahm mir noch das Versprechen ab, es nächstes Jahr wieder genauso zu machen. Da fiel es mir wie Schuppen von den Augen: Das war ja *die Idee!*
Nur ein paar Tage später kam der Radlhuber Sepp zu mir mit dem gleichen Anliegen. Mein Tauschangebot sprach sich schnell herum und fand mehrere Interessenten. Es war eine Marktlücke sondergleichen! Der Sepp brachte mir als Vorschuss gleich ein schönes Stück geräuchertes Fleisch mit. So war für mich das Beichten im wahrsten Sinne gut für Leib *und* Seele!
Mein Geschäft florierte. Derart ermutigt dehnte ich meinen Radius weiter aus: Im Laufe der vorösterlichen Wochen habe ich alle umliegenden Dörfer besucht, sämtliche Kirchen und Kircherln habe ich dabei kennen gelernt. Tagtäglich war ich mindestens einmal beim Beichten, wobei ich natürlich sorgfältig die Kirchen und Pfarrer abwechselte. Jedes Mal erhielt ich eine Absolution, und, was noch viel wichtiger war, den einträglichen Beichtzettel. Für mich armen Hirtenbuben brach geradezu eine Zeit des Wohlstands an.

So ging es einige Jahre hindurch. Den Leuten aus der Umgebung fiel es natürlich auf, dass ich soviel in der Kirche war. „Mei, der Kirner Schorsch, der kommt auf jeden Fall in den Himmel, so viel, wie der beichtet! Der kann ja gar keine Sünden mehr haben!"
Und so war's auch. Ich hatte alles, was ich jemals getan oder auch nur gedacht hatte, gebeichtet. Jede kleine Schwindelei, jede Kartoffel, die ich stibitzt hatte, alles erzählte ich. Manchmal ist mir ums Verrecken keine einzige Sünde mehr eingefallen, die ich hätte beichten können. Oft überlegte ich hin und her, was ich denn eigentlich noch alles anstellen könnte, um mehr Sünden zu bekennen.

Eines Tages, als die Osterbeicht-Saison für mich schon fast vorbei war, rannte der Stürzer Much ganz aufgeregt daher. „Du Schorsch, i brauch unbedingt an Beichtzettel. Kannst mir net auf die Schnelle noch einen besorgen?"
Meine Zettel aber waren aufgebraucht, doch die Argumente vom Much waren überzeugend: Er trug einen schlachtreifen Gockel mit sich und hielt ihn mir hin. Ich überlegte hin und her, wo ich denn noch schnell beichten könnte. Da kam mir in den Sinn, dass ich noch nicht in Zwirlbach beim Beichten war. Aber Zwirlbach lag fünfeinhalb Stunden Fußmarsch entfernt. Fünfeinhalb Stunden hin und fünfeinhalb wieder zurück, das war eine Menge Zeit. Doch schließlich lockte der Gockel zu sehr und ich bin losgestiefelt. Das sollte mir zum Verhängnis werden.
In der Kirche von Zwirlbach angekommen, habe ich mich hinten in die Schlange der wartenden Sünder eingereiht. Vorsichtig schielte ich auf das Schild am Beichtstuhl, wer denn die Beichte abnähme. „Monsignore König" stand da. Gut, der

kennt mich nicht. Und ich hoffte im Stillen, dass es bei ihm etwas schneller ginge. Das klingt so ausländisch, vielleicht versteht der mich nicht richtig, dachte ich bei mir, und bereitete mich nachlässig auf das Bekenntnis von ein paar harmlosen Sünden vor. Als die Reihe an mir war, legte ich im Beichtstuhl los. Wie ich gerade mitten im schönsten Sündenbekenntnis bin, fährt eine Hand hinter dem Vorhang des Beichtstuhles heraus. Aha, kam es mir in den Sinn, das ist also die Absolution. Doch die Hand hatte keinen Beichtzettel, bemerkte ich mit Entsetzen. Die Hand griff stattdessen nach meinen Haaren und zog mit aller Kraft an ihnen. Dazu hörte ich eine laute Stimme, die mir nur allzu vertraut war:
„Du Rotzlöffel, du elender!“
Die Stimme gehörte keinem Monsignore. Sie gehörte unserem Dorfpfarrer, der den Monsignore ausgerechnet an diesem Tag vertrat, weil er krank geworden war.

Das war das Ende meiner Beichtzettel-Karriere. Unseren Pfarrer hat es gefreut, dass er mich auf frischer Tat ertappt hatte. Denn einen Verdacht hatte er schon lange gehegt. Und so hatte ihm letztendlich der Zufall geholfen, mich zu erwischen.
Mir aber steckte der Schreck in den Gliedern – und zum Beichten bin ich lange nicht mehr gegangen.

Auf der Alm

Wieder musste ich mir etwas Neues einfallen lassen. Ich verdingte mich als Hirte: Nach der Schule hütete ich die Kühe und bekam dafür genügend zu essen. So brauchte ich zumindest nachts keine Kartoffeln mehr zu stehlen.

Während des Krieges war mein Vater in Russland. Wenn er auf Urlaub nach Hause kam, war er für uns ein weitgehend fremder Mann. Ein Mann, der uns jedoch viele spannende Geschichten erzählte. Als er nach dem Krieg wieder nach Hause kam, war er völlig verändert. Er sprach drei Monate lang kaum ein Wort mit uns. Die schrecklichen Erlebnisse hatten ihm die Sprache genommen. In dieser Zeit wandte er sich mehr und mehr dem Alkohol zu, was unsere Familie sehr belastete. Inzwischen war meine Schwester geboren und drei Kinder zu ernähren, war für meine Mutter eine schwere Last. So konnte es nicht weitergehen. Meine Eltern trafen eine Entscheidung: Ich als ältester Sohn sollte bei meiner Großmutter auf der Alm helfen, wo sie Sennerin war und mir so mein Brot verdienen.

Ich nahm Abschied von meiner Familie und marschierte Anfang Mai beim Almauftrieb mit meiner Großmutter auf die Elend-Alm im Spitzing-Gebiet. Zwölf Jahre war ich damals alt und mit dieser Entscheidung änderte sich mein Leben grundlegend.

Nur noch im Winter konnte ich in die Schule gehen, im Sommer blieb ich auf der Alm. Ich verbrachte meine Zeit mit Kühe hüten, melken, Käse und Butter machen. Es war ein abenteuerliches Leben für mich. Anfangs hatte ich ja keine Ahnung vom Kühe hüten in solch unwegsamem Gelände in den Bergen.

Das Gebiet um unsere Alm, der Elend-Sattel, war und ist noch immer sehr weitläufig. Die Kühe, vor allem die Jungtiere hatten ihren Spaß, sie stiegen sorglos immer höher auf felsige Anhöhen und über steile Hänge. Ich hatte meine liebe Not, abends alle wieder zusammen zu bekommen. Den ganzen Tag lief ich kreuz und quer in den Bergen umher und zählte immer wieder meine Tiere, rief die Ausreißer zurück und kletterte hinter tollkühnen Jungtieren her. Das war für mich damals schon ein sehr gutes körperliches Training und zu dieser Zeit war ich – wen wundert's – topfit.
In meinem ersten Bergsommer hatte ich nur einen Gedanken: Hoffentlich bringe ich alle wieder heil herunter! Nicht auszudenken, wenn die Herde beim Almabtrieb nicht vollzählig gewesen wäre! Jedes fehlende Tier hätte einen herben Verlust bedeutet und beim Almabtrieb hätten die Tiere dann auch nicht geschmückt werden dürfen.
Und so hielt mich die Herde von früh bis spät gehörig auf Trab. Vor allem ein Jungtier kostete mich Nerven. „Schecke" hieß der Klettermaxe. Das Tier war so kühn, dass mir manchmal der Atem stockte. Wenn sich irgendwo ein Abhang auftat, konnte ich sicher sein: Schecke klettert hinunter. Irgendwie bewunderte ich das Tier für seinen Mut, aber ich durfte es keinen Augenblick aus den Augen lassen.

Sommergewitter

Als ich eines Abends eine kleine Gruppe ausgebüchster Jungtiere zur Herde zurückgetrieben hatte, wollte ich Feierabend machen. Das Wetter hatte umgeschlagen und tief hängende Gewitterwolken verdunkelten den Himmel. Die letzten Tage waren sehr heiß gewesen. Würde es Hagel geben? Ich zählte abschließend die Tiere: eines fehlte. Es brauchte keine lange Überlegung: Schecke fehlte! Kurz zuvor hatte ich sie doch noch gesehen!

„Scheckee!!“, brüllte ich in die aufziehenden Gewitterwolken hinein. Nichts. Alle ihre Lieblingsplätze suchte ich ab, kletterte die Anhöhe hinauf zur Quelle und wieder zurück zur Alm. Keine Spur von dem Tier. Ich spürte die wachsende Unruhe der Herde, die ersten tiefen Donner grollten in der Ferne. Die Herde jetzt allein zu lassen, war riskant, aber ich musste die Ausreißerin doch finden!

Wer jemals ein richtiges Sommergewitter in den Bergen erlebt hat, der wird es niemals vergessen. Und das war genau so eines, an das ich ewig denken sollte.

Notgedrungen ließ ich die Herde allein und hoffte, dass nicht noch ein Tier in Panik vor dem Gewitter ausreißen würde. Laut rufend rannte ich unter den drohend schwarzen Wolken bis zu einem Felsvorsprung. Hier war noch eine Möglichkeit, wo Schecke sein konnte. War sie hier abgestürzt? Die Spannung, die vor dem hereinbrechenden Gewitter in der Luft lag, konnte ich förmlich fühlen, es knisterte fast, die Atmosphäre war ungeheuer aufgeladen. Mir standen die Haare zu Berge. Ich hielt inne. Das Unwetter war genau über mir. Der unheimlichen Stille folgte ein gleißender Blitz – gleichzeitig krachte ein Donner, dessen Gewalt mich fast niederwarf. Im

nächsten Moment klatschte ein gewaltiger Regenguss nieder, der mich in Sekundenschnelle völlig durchnässte. Ich hatte das Gefühl, der Himmel bräche über mir entzwei. Nichts wie weg von hier, in die sichere Almhütte, war mein Gedanke.
Doch ich kämpfte gegen die aufsteigende Panik und rutschte den restlichen Abhang auf Händen, Füßen und Knien hinunter. Unter einem kleinen Busch sah ich sie. Schecke hatte zitternd in einer Mulde Schutz gesucht und starrte mich mit weit aufgerissenen Augen an. Trotz unserer extremen Situation fühlte ich Erleichterung. Immerhin hatte ich die Ausreißerin gefunden und, so merkwürdig es klingt: Wir waren zu zweit, ein Mensch und ein Tier – und ich fühlte so etwas wie Verbundenheit. Soweit ich sehen konnte, war Schecke unverletzt und zusammen kauerten wir uns in die Mulde, die ein bisschen Schutz bot. Hagelkörner prasselten auf unsere Körper und hinterließen bei mir so manchen blauen Fleck.
Irgendwann zog das Unwetter weiter. Ich zerrte das verängstigte Jungtier aus seinem Versteck, doch Schecke war zuerst zu keinem Schritt zu bewegen. Mit Mühe zog und schob ich sie mit aller Kraft den glitschigen Abhang hinauf. Spät am Abend kamen wir bei der Herde an, die zum Glück ausgeharrt und das Unwetter überstanden hatte.
Völlig erschöpft und in tiefer Dunkelheit erreichte ich mit meinen Tieren die Elend-Alm und ließ mich umgehend auf meinen Strohsack fallen. An diesem Abend habe ich nicht mehr viel mitbekommen, nur dass diese Stunden einige der wenigen waren, in denen sich meine Großmutter große Sorgen um mich gemachte hatte.
Das merkte ich auch am nächsten Morgen. Als ich mich etwas später als sonst aus den schweren Pferdedecken schälte und nach unten schlurfte, stand auf dem Tisch statt trockenem

Brot eine dampfende Suppe. Ich sah erstaunt auf. Gab's was zu feiern?

„Da, iss, Bub, damit du wieder zu Kräften kommst!"

Das hörte ich gern und so aß ich stillvergnügt das gute Mahl.

Schorsch als Hirte bei der Großmutter auf der Elend-Alm 1950.

Bei der Großmutter

Meine Großmutter und ich waren überhaupt ein seltsames Gespann: Wir liebten und wir neckten uns. Ehrlicherweise muss ich sagen: *Ich* neckte *sie.*
Unsere Alm lag recht gut geschützt in einem kleinen Kessel, oberhalb in den Felsen befand sich eine Quelle, die uns mit Wasser versorgte. Meine Großmutter lebte in ständiger Sorge, diese Quelle würde versiegen. Eines Tages fiel mir nichts Besseres ein als hinauf zu klettern und die Quelle mit Steinen, Erde und Gras zu verstopfen. Das Resultat war ungeheuer. Meine Großmutter war völlig aus dem Häuschen und rief in heller Aufregung:
„Girgl, Girgl, komm sofort, die Quelle ist versiegt! Wir haben kein Wasser mehr!“
Erstaunlicherweise dachte sie nicht an mich als Urheber. Daraufhin gestand ich reumütig meine „Untat“ und wurde dafür auch heftig ausgeschimpft.

Meine Großmutter war hart im Nehmen und ich musste es auch sein. Eine Arbeit, die ich auf der Alm hasste, war Holz hacken. Jedes Mal, wenn Essen gekocht werden sollte, musste der Herd mit Holz geheizt werden und das hieß für mich: alle paar Tage Holz hacken. Wieder einmal war es soweit. Verwandte hatten sich angesagt, sie kamen einfach, aßen von unseren knappen Lebensmittelvorräten und hinterließen keinen Pfennig. Außerdem wollte ich lieber am Sonnwendjoch bergsteigen und dort eine junge Sennerin besuchen.
„Bloß wegen der blöden Kocherei! Dann gibt’s halt a mal nix!“, schimpfte ich vor mich hin und hackte mit einer gehörigen Wut im Bauch die Scheite entzwei. Prompt hackte ich

mir in den Finger. Blut schoss heraus, es war eine klaffende Wunde, die Hälfte meines Zeigefingers hing herunter.
Bleich im Gesicht rannte ich zur Großmutter.
„Ja, bist du denn zu dumm zum Holz hacken!“, war ihr Kommentar.
Sie band mir ein halbwegs sauberes Tuch um den Finger und ich machte mich allein auf den Weg zum nächsten Arzt. Der war in Bayrischzell und ich lief fünf Stunden zu Fuß über Berg und Tal, bis ich bei ihm anlangte. Er versorgte und nähte die Wunde, danach trat ich gleich wieder den Heimweg an. Sonst hätte ich den langen Weg vor Einbruch der Dunkelheit nicht mehr geschafft.

Manchmal kam uns mein Großvater besuchen. Das waren für mich die schönsten Tage, denn er erzählte mir von seinem Leben als Schäfer. Jetzt züchtete er unten im Dorf Stallhasen. In seiner Nachbarschaft wohnte ein kleiner Bub, der mit Großvaters Hasen seine Zauberkunststücke vorführte. Mein Großvater erzählte mir oft, dass alle Dorfbewohner den Tricks des kleinen Zauberers zusahen und er sie in Atem hielt. Mit gehörigem Hokuspokus ließ er unsere kleinen Häschen verschwinden und wieder auftauchen. Der Bub hieß Siegfried. Von ihm würden wir später noch hören, sagte mein Großvater. Und damit sollte er Recht behalten.
Viele Jahre später ging Siegfried aus unserem Dorf, zusammen mit Roy Horn, nach Las Vegas und aus diesen beiden wurden die weltberühmten Magier „Siegfried und Roy“.

Die Alm meiner Großmutter lag sehr einsam. Nur ganz wenige Menschen besuchten uns in der Einöde. Wenn es ein

verregneter Sommer war, konnte es passieren, dass über Wochen hinweg kein einziger Mensch bei uns vorbei kam. Regelmäßig stieg aber mein Großvater zu uns herauf. Er erzählte mir, dass er als Schäfer zu Fuß von Kiefersfelden mit seiner Schafherde losgezogen war und im Herbst Paris erreicht hatte. Paris zu Fuß! Und überhaupt: Paris, das klang so fremd und so geheimnisvoll. Ich saß auf meiner Almwiese und versuchte mir diese Stadt in Frankreich vorzustellen. Bisher hatte ich nichts anderes als unser Dorf, einige Nachbardörfer und die Alm kennen gelernt. Diese war umgeben von hohen Bergen, hinter denen die Sonne auf- und wieder unterging. Weiter konnte ich nicht schauen und weiter reichte auch mein Horizont nicht.
Mein Großvater hat mir Geschichten geschenkt, die über diese Berge hinausreichten. Aber mein Großvater hat mir viel mehr geschenkt als das: Er hat mit seinen Geschichten in dieser Zeit mein Fernweh geweckt und meinem Leben seine Richtung gegeben.

Manchmal kamen Schmuggler in unsere Hütte. Meine Großmutter nahm sie bereitwillig auf und gab ihnen Nachtquartier. Für mich waren diese Männer die Größten – ich hing an ihren Lippen, wenn sie von der großen weiten Welt erzählten. Einer von ihnen schenkte mir das Buch „Von Pol zu Pol“ von Sven Hedin. Ich verschlang dieses Buch und wurde besessen von dem Gedanken, ebenfalls fremde Länder zu entdecken. Auch ich wollte in die Ferne ziehen. Doch ich saß auf meiner Alm fest und war ohne Chance, je von hier wegzukommen. Wie sollte ich nur das Geld dazu auftreiben? In der Woche verdiente ich drei Mark, da konnte ich mir niemals ein Auto oder auch nur eine Eisenbahnfahrkarte kaufen. Wie sollte ich das jemals schaffen, hier weg zu kommen? Es war alles außerhalb meiner Möglichkeiten.

Aber wen das Fernweh gepackt hat, den lässt es nicht mehr los. Jeden Tag saß ich auf einer kleinen Kuppe und konnte den Blick nicht von den Bergen lassen und nicht vom Himmel darüber. Was wird wohl hinter diesen Bergen sein? Wie würde es dahinter wohl aussehen? Ich träumte und träumte. Von den Pyramiden, vom Urwald und vom Kilimandscharo. Das Meer zu sehen war einer meiner schönsten Träume. Und ich hatte von einer Stadt gehört, die auf Pfählen geradewegs ins Meer hineingebaut war – Venedig! Nichts erschien mir unglaublicher, und nichts erschien mir reizvoller.
Meine Fantasie führte mich zu fremdartig aussehenden Menschen, zu wilden Löwenrudeln und auf riesige eisbedeckte Berge. Jeden Pfennig sparte ich, um irgendwann einmal mein Ziel zu erreichen. Und als der Moment kam, war ich durch nichts mehr aufzuhalten.

Jahre später war ich längst wieder zurück von der Alm im Dorf bei meinen Eltern. Inzwischen hatte ich mich weitergebildet und einen Beruf erlernt, zunächst als Melker, dann bei Agfa in der Fotobranche. In dieser Zeit machte ich eine Begegnung, die mein ganzes Leben bestimmen sollte. Ich lernte meine Frau Renate kennen.
In München hatte ich eine Arbeitsstelle und fuhr täglich mit dem Zug in die Stadt. Mein Bruder Hermann, der schon seit längerem dort arbeitete, nahm mich mit zu seiner Clique im letzten Waggon des Vorortzuges. Dort sah ich sie zum ersten Mal: das Mädchen mit den schönsten Beinen der Welt, die dunklen Haare kunstvoll hochgesteckt und ein schickes

Dirndl an. Sie war in der Modebranche tätig, das sah man gleich. Obwohl sie mir auf Anhieb gefiel, sollte es Jahre dauern, bis wir zueinander fanden. Zunächst waren wir flüchtige Bekannte. Einmal traf ich sie auf der Heimfahrt alleine an und dachte: Diese Chance lässt du dir nicht entgehen! Ich sprach sie an und erzählte ihr von meinem tollkühnen Plan: Allein wollte ich mit dem Fahrrad hinaus in die Welt. Natürlich hoffte ich, ihr damit zu imponieren – und das ist mir wohl auch gelungen.
Doch das war's dann auch schon. An dieser Stelle endete unsere Bekanntschaft. Wir verloren uns aus den Augen und es sollte Jahre dauern, bis uns das Schicksal durch einen Zufall – gibt es überhaupt Zufälle? – völlig unerwartet wieder zusammenführte.

Eine einzigartige Stadt

Vierundzwanzig Jahre war ich alt und es zog mich mit solch einer Macht in die Welt hinaus, dass mir klar war: Es hält mich nichts mehr in meiner Heimat. Einen Plan hatte ich mir auch schon zurecht gelegt.

Eines Tages fasste ich mir ein Herz und fragte meinen Vater, ob er mir sein Fahrrad leihen könnte. Ich würde gerne damit in Urlaub fahren.

„In Urlaub?!“ Er sprach das Wort aus, als hätte er es zum ersten Mal in seinem Leben gehört. Dabei sah er mich an, als käme ich von einem anderen Stern.

Diese Reaktion hatte ich erwartet. In unserem Dorf war noch nie jemand im Urlaub gewesen. Urlaub, das war fast schon etwas Frevelhaftes. Auf jeden Fall war jemand, der in Urlaub fahren wollte, arbeitsscheu und ein nichtsnutziger Vagabund. Der Gedanke, dass es einem jungen Menschen nützen kann, wenn er aus dem Schatten des einheimischen Kirchturms hinauskommt, war den Leuten im Dorf völlig fremd. Sie wollten das auch überhaupt nicht. Und so ging es auch meinem Vater. Ihm war es gleich, wie andere Menschen lebten, er hatte in erster Linie für sich und seine Familie zu sorgen.

Da ich selber kein Fahrrad besaß, musste ich ihn irgendwie überzeugen. Er verstand mich nicht, ab er war schließlich einverstanden, mir sein Rad für ein paar Tage zu leihen.

„Aber komm bald wieder, Bub, ich brauch’ das Radl, um im Wald Reisig für meine Besen zu holen.“ Er verdiente sich ein kleines Zubrot als Besenbinder.

Ich sah ihn an und wusste in diesem Moment, dass es mit ein paar Tagen nicht getan war. Aber es war meine einzige Chance und so sagte ich es ihm zu.

Als es dann soweit war und ich meine Tour begann, war ich unglaublich aufgeregt. Ich hatte kaum Gepäck: Eine zusammengenähte Decke war mein Schlafsack. Ein Hemd zum Wechseln, ein paar Vorräte und mein ganzes gespartes Geld von 250 Mark. Das Wertvollste aber war meine mit Arbeitskollegen gemeinsam zusammengebaute Film-Kamera, mit der ich alles dokumentieren wollte. Auch einen einfachen Fotoapparat hatte ich dabei. All mein Hab und Gut klemmte ich auf den Gepäckträger und radelte von unserer Haustür aus los. Mein Vater stand vor unserem Haus und sah mir mit einem merkwürdigen Blick nach. Ahnte er, dass er mich nicht so schnell wieder sehen würde?

Landkarte hatte ich keine, aber ich wusste in etwa meine Richtung: Ich wollte nach Süden. Ich wollte so weit kommen, wie ich konnte und so lange bleiben, wie es ging. Das war mein einziger Plan. Meine geografischen Kenntnisse waren gleich null. Nur immer im Winter hatte ich ja die Schule besuchen können und dort ausser Heimatkunde keine Geografie erlernt. Jetzt holte mich das Versäumte ein, geografische Kenntnisse wären jetzt ungeheuer hilfreich gewesen. Nichtsdestotrotz war ich bester Dinge und entschlossen, alles zu erleben, was mir die Welt bieten würde. Auf zu den Ländern meiner Träume!
So schnell ich konnte, trat ich in die Pedale. Das Auf und Ab der Berge machte mir nichts aus, ich war gut trainiert und fit. Außerdem trieb mich meine Abenteuerlust unermüdlich an. Ich radelte in den Sonnenuntergang hinein und auch noch in die Dunkelheit. Dann erst machte ich Pause, legte mich auf eine Wiese oder in einen Heustadl zum Schlafen. Im Morgengrauen saß ich schon wieder im Sattel. So kam ich schnell vorwärts.

Mein erster Höhepunkt war die Grenze. Vorher hatte ich noch nie eine Landesgrenze überschritten und zeigte forsch meinen Ausweis her. Die Grenzposten waren verblüfft.
„Wo willst du denn hin mit dem Radl?“
Ja, wo wollte ich eigentlich hin?
„Ans Meer“, antwortete ich.
Mit misstrauischen Blicken ließen sie mich passieren.

Spätestens, als ich in einem Höllentempo den Brennerpass hinunterflitzte, war mir klar: Eine Landkarte wäre nicht schlecht. Von nun an musste ich meine Fahrt besser planen, wollte ich mich nicht verirren. Heil unten angekommen machte ich Kassensturz und leistete mir die erste Landkarte meines Lebens. Besser hätte ich mein Geld nicht anlegen können. Und das gilt auch heute noch: Eine gute Landkarte ist für das Gelingen einer Tour unerlässlich.
Eine weitere ungewohnte Erfahrung für mich war, dass ich die Leute allmählich nicht mehr gut verstand. Natürlich hatte ich damit gerechnet, aber das zu erleben, war etwas anderes. Mein Bayerisch half den Italienern wenig und ich selber konnte nicht die Spur einer Fremdsprache! Auf einmal ging mir auf, wie wichtig und interessant es ist, eine andere Sprache zu sprechen und zu verstehen. Wissbegierig nahm ich jedes unbekannte Wort auf. Im Laufe meines Lebens erweiterte ich dieses Wissen beständig, mittlerweile spreche ich fünf Fremdsprachen.
Wie gerne hätte ich mich damals zumindest ein bisschen mit den Menschen verständigt! So blieben mir erst einmal nur die Hände und Füße, um mich mitzuteilen. Das hat soweit auch funktioniert. Nur hätte ich in einem Gespräch noch viel mehr über die jeweilige Lebensweise der Menschen und die Geheimnisse des Landes erfahren.

Ich radelte und radelte, der Wind der weiten Welt wehte mir um die Nase. Das Klima wurde zu meiner Freude immer milder, je weiter ich gen Süden kam. Aber der Regen wurde stärker. Das machte mir zunächst wenig aus, doch einmal überraschte mich so ein Platzregen, dass ich nicht mehr rechtzeitig einen Unterschlupf fand. Völlig durchweicht kroch ich in einem Gerätehaus unter. Da es auch schon sehr spät am Abend war, legte ich mich auf einer alten Rucksackablage schlafen. Mit dem Schlafen habe ich überhaupt keine Probleme. Während meines ganzen Lebens war das ein Vorteil. Selbst unter widrigsten Bedingungen kann ich himmlisch schlafen und so brauchte ich mich damals auch nur auf der hölzernen Unterlage auszustrecken. Nass wie ich war, rollte ich mich in meinen Schlafsack – und schon war ich eingeschlafen.
Klamm war der nächste Morgen. Wie ein Schmetterling aus seiner Puppe wälzte ich mich aus meinem feuchten Schlafsack und streckte mich in die Sonne. Ausgeschlafen hatte ich zwar, aber eine Erkältung hatte ich mir auch geholt. Doch mit den ersten Sonnenstrahlen meldeten sich meine Lebensgeister wieder zurück. Ich nahm einen kräftigen Schluck aus meiner Wasserflasche und schwang mich in den Sattel. Im Fahrtwind wurden meine Sachen schnell trocken und ich selber auch.
Es war ein wunderschöner Tag. Es war der Tag, an dem ich die Stadt meiner Träume erreichen sollte.

Venedig! Eine Stadt, die selbst meine kühnsten Vorstellungen übertraf. Fassungslos sah ich auf die Lagune, zum ersten Mal auf das Meer. Diese auf 118 Inseln erbaute Stadt an der Adriaküste war eine völlig neue Welt. Und so schön, dass ich ganz ehrfürchtig die Eindrücke in mich aufnahm. Ich machte wenige Aufnahmen, denn mein Film-Material war knapp.

Die Glocken schlugen gerade, als ich mein Radl in die Stadt schob und sich der Markusplatz vor mir öffnete, der Dogenpalast seine prachtvolle Fassade präsentierte. Der Platz, wo einst die goldene Gondel des Dogen anlegte. Noch nie hatte ich so etwas Schönes gesehen. Und immer wieder das Meer, allgegenwärtig. Zu beiden Seiten des Wassers erhoben sich Häuser aus den Kanälen, schwarze Boote glitten unter den Fenstern dahin. Ich streifte durch die Stadt, vorbei an malerischen Pfahlbauten, lauschigen Plätzen und unzähligen Denkmälern. Als ich wieder bei einem Denkmal der Medici mein Rad vorbei schob, war mir klar: Ich bewegte mich im Kreis. Vor lauter Staunen hatte ich mich völlig verlaufen. Diese Gässchen und unzähligen Brücken sahen sich aber auch derartig ähnlich! Und wo waren hier eigentlich die Straßen? Dass es in der Stadt überhaupt keine Straßen gab, fand ich unbegreiflich. Zum Glück hatte ich schon ein paar Brocken Italienisch gelernt und fragte mich zur Jugendherberge durch.
Nach langer Zeit verbrachte ich wieder mal eine Nacht in einem Bett.

Jeden Tag durchstreifte ich die Stadt und entdeckte immer neue Dinge. Wie war jemand überhaupt auf die Idee gekommen, ausgerechnet hier eine Stadt, oder zumindest zunächst ein Dorf zu errichten. Ich tauchte ein in die Geschichte der vielleicht unwahrscheinlichsten Stadt der Welt.
Angefangen hatte es mit Fischen und Pferden. Als sich die Nachkommen jener Leute, die aus den Stürmen der Völkerwanderung hierher kamen, zum Bleiben und zum Ausbau der Inseln entschlossen, handelten sie gegen jede Vernunft, so scheint es. Sie siedelten ohne Kontakt mit der Umwelt, mit den Straßen und Zentren des Festlandes. Sie siedelten auf

schwankendem Grund, zu dessen Sicherheit erst Flüsse abgeleitet und Wälle und Dämme errichtet werden mussten. Als Ergebnis der ganzen Mühe kam eine Fläche heraus, die von vornherein begrenzt war und die schon bald keinem Baum, keinem Gärtchen oder keinem Maisfeld mehr Raum bot. Kann man sich etwas Ungünstigeres vorstellen? Wie klug, wie zäh und wie hart müssen die Menschen gewesen sein, die über ein Jahrtausend nicht nur an diesem Ort bestanden, sondern auch ihre Schlammhaufen für lange Zeit zu einem der reichsten und mächtigsten Plätze der Alten Welt machten! Mit der Eroberung von Zypern 1489 stand Venedig als beherrschende Seemacht im Mittelmeerraum auf dem Höhepunkt seiner Macht. Die Regierungsgewalt lag dabei in den Händen einiger weniger Familien.
Meine Traumstadt war auf Pfahlrosten unter Ausnutzung flacher Inseln ins Wasser der Lagune hineingebaut. Und ich hörte zum ersten Mal von Marco Polo, dem Seefahrer, sowie von genialen Künstlern, deren zahlreiche Bilder, Plastiken und Bauwerke heute noch zu bewundern sind.

Ich beobachtete die eleganten Gondolieri auf ihren Gondeln, ich kaufte in den Bäckereien Pane und trank Aqua minerale. Kurzum: Ich fühlte mich wie ein Mann von Welt. Wenn es aber ums Reisen ging, war der Mann von Welt immer noch sehr unbedarft. In der Jugendherberge traf ich auf andere Reisende, Gleichgesinnte, die mich fragten, wohin ich eigentlich wollte. Das wusste ich selbst nicht so recht.

An zuhause dachte ich fast gar nicht. Im Eifer meiner Reise vergaß ich manchmal sogar, dass ich das Fahrrad ja hätte abliefern müssen! Mein Vater brauchte ja das Rad; an seine

Stimmung dachte ich besser nicht. Damit sich meine Eltern keine Sorgen machten, hatte ich ihnen eine Postkarte geschrieben: „Liebe Eltern, bin in Venedig. Mir geht es gut und ich bleibe noch eine Weile hier. Viele Grüße, Euer Schorsch." Das Feuer des Abenteuers hatte mich so richtig gepackt. Wie im Rausch befand ich mich – hatte ich doch gemerkt, dass ich aus eigener Kraft die große weite Welt kennenlernen konnte. Und was es noch alles zu entdecken gab! Manchmal war mir, als würde ich nie wieder nach Hause kommen.

Ein neuer Kontinent

So schön Venedig auch war, so zog es mich doch wieder fort. Noch mehr wollte ich sehen. Nach zwei Wochen ließ ich meine Traumstadt hinter mir und radelte wieder weiter Richtung Süden.
Ich besichtigte Pisa, wo mich der Schiefe Turm in Atem hielt. Meine nächste Station war Rom, die am Tiber gelegene Hauptstadt. Hier begeisterten mich vor allem die Überreste aus längst vergangener Zeit, das Forum Romanum, das Kolosseum und die Kunstwerke der Renaissance.
Und noch etwas ganz Besonderes hatte Rom für mich: Es war die Stadt des Papstes. Schließlich kam ich aus einem katholischen Dorf und hatte dementsprechend auch eine Karriere als Ministrant hinter mir. Ehrfürchtig sah ich den Papst aus weiter Entfernung und hoffte, er würde mir die Sache mit den Beichtzetteln nicht allzu übel nehmen, wenn er jemals davon erführe.

Immer weiter trieb es mich. Immer weiter nach Süden. Die Vegetation veränderte sich und die Nähe zu einem anderen Kontinent, zu Afrika, zog mich magisch an. Irgendwann stand ich in Sizilien am Hafen von Syrakus und schaute übers Meer. Da hinten lag Afrika. Natürlich konnte ich nichts sehen. Aber ich konnte es ahnen.

In einer der zahlreichen kleinen Hafengassen von Syrakus stand jeden Abend ein alter Mann. Ich kannte ihn schon, weil er mich jedes Mal unverwandt ansah. Was wollte er von mir? Als ich ihn ermunterte, mit mir zu sprechen, deutete er auf meinen Gepäckträger. Dort hatte ich wie immer meinen Schlafsack zusammengerollt verstaut. Meinte er den? Offensichtlich hatte er es tatsächlich auf meinen Schlafsack abgesehen, denn am nächsten Tag fragte er mich mit unbeholfenen Worten, ob er ihn vielleicht haben könnte. Er würde so schlecht schlafen und hätte sich schon immer so einen gewünscht. Mein Schlafsack war alt und sah dementsprechend mitgenommen aus, doch er war mir immer ein guter Schutz gegen Kälte und Regen gewesen. Wenn es mir gelänge, nach Afrika zu kommen, dachte ich, wäre es dort so warm, dass ich keinen Schlafsack mehr bräuchte. Kurzerhand beschloss ich, dem alten Mann meinen Schlafsack zu überlassen. Er dankte mir überschwänglich – und von da an hatte ich keinen Schlafsack mehr.

Meine Tage verbrachte ich ausschließlich am Hafen. Diese eigene quirlige Welt, dieses Kommen und Gehen faszinierte mich. Im Morgengrauen kamen die Fischerboote schon von ihren Fahrten zurück und luden ihren Fang aus. Ich beobachtete das Einfahren der Netze, die Berge von Fischen, die weiter verladen wurden.

Passagierschiffe fuhren mit lautem Getöse ab oder wurden mit großem Hallo empfangen. Es gab immer etwas zu sehen. Menschen aus aller Herren Länder. Und ich bewunderte sie alle, wie sie da ankamen, abfuhren oder arbeiteten.

Einmal legte ein libyscher Schoner an. Da war erst richtig was los. Fremdartig aussehende Matrosen holten die riesigen Segel ein. Der Schoner hatte seine Fracht in großen Eichenfässern geladen, die über Rampen gerollt wurden. Er lag einige Tage in Syrakus vor Anker. Jeden Morgen, wenn ich an den Hafen kam, galt mein erster Blick diesem Schoner. Eines Tages legte er wieder ab und mein Blick folgte ihm, bis er am Horizont nur noch ein kleiner Punkt war. Schließlich war er gar nicht mehr zu sehen.

Wie konnte ich es nur anstellen, auf so ein Schiff zu kommen? Ein Passagierschiff kam für mich nicht in Frage. Geld hatte ich kaum noch und eine Fahrkarte hätte ich mir nicht leisten können. Also blieb nur ein Frachtschiff. Ich hatte mir schon eines ausgespäht, das unter libyscher Flagge fuhr und seit ein paar Tagen im Hafen von Syrakus vor Anker lag. Dort wollte ich anheuern, doch daraus wurde nichts. So schnell wie ich oben war, war ich wieder unten. Wer nimmt schon eine vierundzwanzigjährige unerfahrene Landratte mit!

Das Schiff befand sich kurz vor seiner Abreise, als ich wie selbstverständlich auf die Reling marschierte. Einen Moment geschäftigen Treibens hatte ich abgepasst. Es hätte vielleicht sogar geklappt, wenn – ja, wenn mein Fahrrad nicht gewesen wäre. Mit dem fiel ich ja überall auf. Aber zurücklassen wollte ich es auch nicht, ich brauchte es ja zum Vorwärtskommen.

Sie entdeckten mich natürlich nach kurzer Zeit. Das Schiff war jedoch schon in Fahrt und ich bemerkte leise triumphierend, dass es zum Aussteigen schon zu spät war. So trafen die Crew und ich ein Arrangement: Sie nähmen mich mit bis nach Tripolis, wenn ich anfallende Hilfsarbeiten an Bord erledigen würde.

Natürlich nahm ich das Angebot an. Und es waren in der Tat die größten Dreckarbeiten, die man sich vorstellen kann: Toilettenputzen, Ratten entsorgen, Maschinenraum reinigen und so weiter. Alles, was die anderen nicht machen wollten, trugen sie mir auf. Ich biss die Zähne zusammen und erledigte all diese Dinge. Wenn ich dann an Deck kam, die schwankenden Planken unter mir, die mich nach Afrika trugen, der salzige Wind, der mir um die Nase wehte, dann durchströmte mich ein Glücksgefühl, das alle Mühsal vergessen ließ. Für dieses Ziel hätte ich alles gemacht.

In Malta machten wir Zwischenstopp, luden neue Fracht ein. Nach zwei Wochen auf hoher See erreichte ich als halbblinder Passagier mit einem Fahrrad auf einem Frachtschiff die libysche Stadt Tripolis.

Ich radelte vom Schiff und fand mich sofort von einer staunenden Menschenmenge umringt. 1960 kamen dort nur ganz wenige Reisende an und schon gar keine mit einem Fahrrad. Eine richtige Sensation war ich! Braungebrannte Männer in langen weißen Gewändern redeten lauthals auf mich ein und fuchtelten heftig mit ihren Händen in der Luft herum. Ich verstand kein Wort. Hatte ich mich ans Italienisch gewöhnt, war Arabisch für mich wieder völlig neues Terrain. Mit temperamentvollen Gesten bedeuteten sie mir, mit ihnen mit zu kommen. Ohne Angst und Misstrauen folgte ich ihnen in ihr Haus. Sie haben mich wärmstens aufgenommen. Tee und riesige Mengen sehr süße Kuchen bekam ich zu essen. Das war nach den kärglichen Schiffsmahlzeiten ein echter Genuss! Wir saßen auf dem Boden und aßen mit den Fingern. Ununterbrochen redeten meine Gastgeber auf mich ein. Gerne hätte ich ihnen auch etwas von meinem Land erzählt. Wieder einmal fehlten mir die Sprachkenntnisse.
Ihre Gastfreundschaft hätte ich gerne noch länger genossen. Aber mich trieb es weiter. Die Pyramiden von Gizeh waren mein erklärtes Ziel. Ich malte die Pyramiden in den Sand. Sie verstanden sofort und bedachten mich wieder mit einem ganzen Schwall freundlicher Worte. Der älteste Mann unter ihnen wies mir den Weg zu einer anderen Familie, die mich ebenso freundlich empfing wie die erste. Von dort an begleitete mich ein Freund zum nächsten Dorf. So wurde ich bald von Clan zu Clan weiter gereicht, bekam zu essen

und trinken und lernte viel über das Leben der Araber kennen.
Das ging eine Weile gut, nur gab es natürlich auch weite Strecken, wo keinerlei Behausung war. Ich radelte die Küstenstraße am Rande der Wüste entlang. Es war eine Teerstraße, aber voller Schlaglöcher. Manche davon waren so tief wie mein halber Vorderreifen, ich hatte zu tun, dass ich keines übersah. Streckenweise war die Straße mit Sanddünen so überdeckt, dass sie nicht mehr zu erkennen war. Ab und zu kreuzte ein wildes Kamel die Straße. Auf der Landstraße ratterten hauptsächlich Lastwagen an mir vorbei, die die Orte entlang der Küste mit Lebensmitteln und Gütern versorgten. Jeder Lastwagenfahrer, der mich einsamen, schwitzenden Radfahrer auf der Straße entdeckte, hielt an. Sie musterten mich mit einer Mischung aus Überraschung und Mitleid, viele boten mir etwas von ihren Gütern an: Wasser, Brot oder Salami. Einer wollte mich samt meinem Rad aufladen, doch ich lehnte dankend ab. Schließlich wollte ich es aus eigener Kraft schaffen. Da schenkte er mir zum Abschied ein großes Stück italienische Salami. Das sollte mir später noch fast zum Verhängnis werden, zunächst aber ließ ich sie mir gut schmecken.
Ich radelte an Tobruk und El Alamain vorbei, ehemaligen deutschen Kriegsschauplätzen. Teile zerschossener Panzer, kaputte Motorräder mit Beiwagen und LKW-Trümmer erinnerten an diese Zeit.
Neben der Küstenstraße befanden sich in unterschiedlichen Abständen immer wieder Wasserstellen. Diese waren belagert von Karawanen, die aus dem Landesinneren kamen und sich an den Brunnen und Zisternen ihre Wasservorräte auffüllten. Schnell merkte ich, wie lebensnotwendig das Wasser wurde und füllte bei jeder Gelegenheit meine eigene Flasche

auf. Meine Wasserflasche war aber für die Anforderungen in der Wüste, in der man ungleich mehr Wasser benötigt, zu klein. Das sollte ich noch auf dramatische Weise spüren. In der Anfangszeit aber reichte sie mir.
Wenn ich nicht an der Hauptstraße übernachtete, schlief ich in der Nähe einer Wasserstelle, oder ich traf in einer Oase ein. Dort wurde ich meist von den gastfreundlichen Menschen eingeladen. Doch es gab Momente, da fühlte ich mich verloren, obwohl ich unter Menschen war. Ich blickte in die dunklen Gesichter und auf die langen Gewänder der Nomaden, die um mich herumsaßen. Nicht der Glockenschlag des Kirchturms weckte mich, sondern der Ruf des Muezzins.
So viel Fremdes und überhaupt nichts Vertrautes! Ein bisschen beklemmend war das schon. Aber es waren Menschen, die von der gleichen Sonne beschienen wurden wie ich – und das beklemmende Gefühl verschwand.

Auf halbem Wege von Tripolis nach Alexandria schlug ich eine kleine Nebenstrecke ein. Ich erreichte eine Oase, wurde freundlich willkommen geheißen und verbrachte zwei Tage dort. Nachdem ich inzwischen ein paar Worte Arabisch gelernt hatte, versuchte ich ihnen von meinem Land zu erzählen. Ich malte Bilder in den Sand: Häuser, Bäume, Berge. Verdutzt sahen sie mir zu. Unter ihnen befand sich ein etwa 13-jähriges Mädchen, das mir schon tags zuvor aufgefallen war. Schon am ersten Abend hatte ich bemerkt, dass sie mich fasziniert beobachtete. Ich hatte den Rest meiner Salami ausgepackt und verspeist. Das Papier, in das sie eingewickelt war, hatte ich achtlos beiseite gelegt. Das Mädchen hatte es aufgehoben, glatt gestrichen und in den Händen gehalten. Es war eine italienische Illustrierte mit einer Sekt-Reklame darauf

abgebildet: eine hübsche Italienerin mit Kostüm und Perlenkette. Mit dem Nomadenmädchen ging eine Veränderung vor: Ihre Augen glänzten und sie konnte den Blick nicht mehr von dem Bild und auch nicht mehr von mir abwenden! So ging das seit dem ersten Abend. Offensichtlich hatte sie sich in das Foto verliebt, in das Land, in dem es solche Frauen gab und in mich, der aus diesem Land kam! Ich sollte sie mitnehmen in dieses Land, damit sie so aussehen könnte wie die abgebildete Schönheit.
Mit vehementen Gesten gab sie am Abend diesen Plan ihren Eltern zu verstehen, wich mir nicht von der Seite und beharrte darauf, mitgenommen zu werden! Das brachte mich in eine prekäre Situation. Denn, wie sich herausstellte, war das Mädchen bereits seit ihrer Kindheit einem anderen versprochen. Und genau der saß mit am Feuer, beobachtete die Szene und sah mich mit böse blitzenden Augen an. Gerade wollte ich beteuern, dass ich absolut nicht vorhatte, mit seiner Braut durchzubrennen, da sprang er bereits auf und im nächsten Moment hatte ich seine Faust im Gesicht. Ich taumelte, fing mich und versetzte ihm einen Kinnhaken und schon war eine Prügelei im Gange. Die Männer trennten uns schließlich, doch mein letztes Stündchen in dieser Oase war gekommen. Sie bezeichneten mich als Unruhestifter und schickten mich noch in derselben Nacht aus ihrer Oase fort.

Im Morgengrauen kehrte ich zurück zur Hauptstraße und fuhr dort einen ganzen Tag Richtung Ägypten. Dann jedoch ließ ich die Küstenstraße hinter mir und radelte auf Nebenstrecken ein Stück direkt in das Landesinnere. Da war ich allein auf mich gestellt. Ich wollte die Wüste kennen lernen. Die in den Himmel ragenden Sandberge, die verschiedenen

Farben des Sandes und des Lichts. Die Hitze am Tag und die Kälte in der Nacht. Mit meinem Rad kämpfte ich mich durch den Wüstensand. Kraftvoll musste ich viele Stunden und Tage in die Pedale treten. Der Sand wurde immer tiefer und es wurde immer mühseliger, vom Fleck zu kommen. Wenn ich nach oben sah, waren um mich herum nichts als Sanddünen. Die Sonne stand senkrecht am Himmel. Fuhr ich überhaupt noch in die richtige Richtung? Ich hatte die Orientierung verloren. Es sah ohnehin alles gleich aus. Sanddünen, wo man hinsah, dazu eine Hitze, die mich ausdörrte. Weit und breit keine Pflanze, die Schatten spendete. Am Horizont flirrte die Luft vor Hitze. Mit Entsetzen stellte ich fest, als ich mir etwas Wasser gönnen wollte, dass meine Flasche fast leer war. Dabei war sie vorher doch noch gut gefüllt! Aber bei der Hitze hatte ich zu viel getrunken. Wie konnte ich nur so dumm sein und nicht genug Wasser mitnehmen! Was sollte ich jetzt tun – sehr viel konnte ich ohnehin nicht mehr tun, weil ich schon so abgekämpft war. Dringend brauchte ich Wasser und dabei war weit und breit kein Mensch – ich war mutterseelenallein. Da tauchte am Horizont ganz verschwommen eine Gruppe Tiere auf. Sehe ich jetzt auch noch eine Fata Morgana? Doch die Tiere kamen näher, entpuppten sich als Kamele. Auf ihnen saßen Reiter. Eine Karawane! Die Männer ritten langsam näher.
Als sie schließlich mit ihren Kamelen neben mir standen, begannen sie das Gespräch. Sie fragten mich mit Gesten nach meinen Wasservorräten. Peinlich berührt zeigte ich ihnen meine fast leere Flasche. Dabei waren es noch mehrere hundert Kilometer bis zur nächsten Oase!
Sie bedachten mich mit mitleidigen Blicken und schenkten mir eine „Girba“: Das ist der übliche Wasserbehälter der No-

maden. Er besteht aus dem vollständigen Fell einer Ziege mit Füßen dran und in den Hals füllt man das Wasser ein. Ungefähr fünfzehn Liter Wasser passten hinein. Da die Girba keine Nahtstelle hat, ist sie vollkommen dicht. Ich hängte mir das wertvolle Geschenk über den Lenker. Dazu schenkten sie mir noch ein etwa 20 Meter langes Seil. Dessen Sinn erkannte ich zunächst nicht; ich war auch nicht begeistert, diese schwere Last noch mitzuführen. Aber ich tat gut daran. Denn an einem der nächsten Brunnen merkte ich, dass auch das Wasser bis zu 20 Metern tief unten sein kann. Ohne Seil wäre ich vor dem Brunnen verdurstet!

„Wo ist dein Essen?", wollten sie daraufhin wissen.

Auch da hatte ich kaum noch etwas vorzuweisen und fühlte mich sehr leichtsinnig und dumm. Da gaben sie mir auch noch selbst gemachtes Brot mit auf den Weg. In diese Fladen waren Steine und kleine Holzstecken mit eingebacken, doch für mich war es das köstlichste Brot seit langem. So ausgerüstet konnte ich meine Reise fortsetzen. Wie jämmerlich wäre ich gescheitert, hätten mich diese Männer nicht gerettet und wie selbstverständlich hatten sie ihr weniges Brot mit mir geteilt. Sie dachten nicht an eine Gegenleistung und haben auch nicht lange überlegt. Ihnen war klar: Da ist einer, der unsere Hilfe braucht. Also helfen wir ihm.

Diese selbstlose Hilfsbereitschaft habe ich später noch oft auf meiner Reise angetroffen und ich begann, diese mir fremden Menschen zu bewundern.

Auf dieser Reise lernte ich viel. Ich lernte, dass „ful" etwas zu essen war, ein Linsen-Bohnen-Eintopf, dass „Quois" „gut" heißt und „dal" „komm". Ich lernte, dass ich in Afrika nicht einfach so ungestüm losradeln konnte, wie es mir gepasst hätte. Viel klüger war es, richtig zu planen. So stand ich sehr

zeitig auf und radelte nur in den frühen Morgenstunden, wenn die Sonne noch nicht so unbarmherzig vom Himmel brannte. Von elf Uhr vormittags bis um drei Uhr nachmittags ruhte ich mich aus, dann ging es weiter bis in den Abend hinein.
Drei Wochen war ich am Rande der Wüste entlanggeradelt, über tausend Kilometer hatte ich zurückgelegt, unzählige Reifenpannen hatte ich repariert – da sah ich in der Ferne kleine Kuppen. Näher und näher kam ich ihnen und sie wuchsen in unermessliche Höhen: die Pyramiden von Gizeh!

Ich stand vor dem ältesten und zugleich einzigen noch bestehenden Bauwerk der Sieben Weltwunder der Antike. Es war wie ein Schock für mich. Die Pyramiden ragten stumm und unverrückbar in die Höhe. Was ich sah, war mir unbegreiflich. Warum um Himmels Willen hatten die alten Ägypter etwas derart Gewaltiges gebaut? Und wie haben sie das damals überhaupt geschafft? Diese riesigen Steinquader konnten doch unmöglich von Menschen transportiert worden sein! Seit über vier Jahrtausenden standen sie da und trotzten der Zeit – welcher Baumeister könnte heutzutage etwas Ähnliches zustande bringen?
Wissbegierig zwängte ich mich durch die unterirdischen Gänge der Pyramiden, lernte ihre Bedeutung kennen, ihre spezielle Anordnung, ihre Wirkung in Sonne und Schatten und ihre mystische Energie. Je mehr ich über die Pyramiden erfuhr, umso mehr faszinierten sie mich.
Die Entzifferung der Hieroglyphen vor 150 Jahren waren der Schlüssel zu den Geheimnissen, die so lange verloren waren und mit ihnen die Bilder jener Tage. In diese Welt der Pharaonen wurde ich zurück versetzt. Wie jeder Pharao befahl auch

Cheops den Bau seines „Hauses für die Ewigkeit“: Es sollte eine von der Zeit und Stürmen unangreifbare Festung werden, für seine Seele, wenn der Pharao stirbt. Und weil der Ackerboden in Ägypten, am Flussufer des Nils, schmal und kostbar ist, hat man für den geplanten Riesenbau den Rand der Wüste gewählt: am unfruchtbaren westlichen Nilufer bei Gizeh. Die Totenfestung sollte die reine Pyramidenform erhalten und „Horizont des Cheops“ heißen. Für das gläubige Volk würde die mit Goldblech verkleidete Spitze der Pyramide wie ein in der Sonne glühendes Auge des verstorbenen Herrschers über dem Land Wache halten.
Die Baumeister errechneten, dass bei einer Grundlinie von 233 Metern und einer Höhe von 146 Metern über zwei Millionen schwere Steinquader benötigt werden würden. Jeder dieser Quader war zweieinhalb Tonnen schwer. Für ein derartiges Riesenwerk war der Einsatz des ganzen Volkes notwendig: Tausende Fachkräfte, Steinmetzen, Bildhauer, Baumeister und Ingenieure gab es, dazu wurden hunderttausende von Bauern aus dem Volk einberufen. Diese bauten sich Hütten am Nil und wurden von den königlichen Vorratshäusern versorgt.
Die Ausrichtung der Pyramide ist eine von Geheimnissen umwitterte Kunst. Priester legten sorgfältig die Nord-Süd-Achse fest.
Nachdem die unterirdischen Gänge und Gruftkammern unter der Basis vollendet waren, wuchs der Bau in den folgenden Jahren immer höher. Die Steinblöcke sind so exakt geschnitten, dass es unmöglich ist, eine Messerklinge zwischen zwei Blöcke zu setzen! Zwanzig Jahre dauerte die Bauzeit. Danach waren viereinhalb Jahrtausende Grabräuber am Werk: Ägypter, Nubier, Griechen, Römer und Araber. Als die Gräber

freigelegt wurden, waren sie leer. Nichts mehr fand sich von den Schätzen, die man den Toten mitgegeben hatte. Die goldenen Schätze, die Throne, die Vasen voller Edelsteine und Juwelen, die herrlichen Gewänder und Werkzeuge, die die Pharaonen in ihre Grabstätten mitbekommen hatten, waren ihnen zum Verhängnis geworden.

Auf dieser Reise lernte ich mehr als in meiner Schulzeit. Und ich sog das Wissen gierig in mich auf. Dass der Wendepunkt meiner Reise bevor stand, ahnte ich nicht.

Ende des Weges

In der kommenden Zeit hatte ich mehrfach Pech. Eines Abends suchte und fand ich im Souk einen Lebensmittelladen, in dem ich noch ein paar Vorräte für mein Abendessen einkaufte. Mein Fahrrad lehnte ich wie immer an die Mauer vor dem Geschäft. Als ich fünf Minuten später herauskam, war es weg.

Mein Vater braucht ja sein Radl wieder, schoss es mir als erstes durch den Kopf. Und als zweites: Den Dieb muß ich erwischen! Ich schaute durch die Gassen. Keine Menschenseele war zu sehen, niemand, hinter dem ich wild entschlossen herrennen konnte. Das Rad war einfach weg und mit ihm mein kärgliches Hab und Gut. Die wichtigsten Sachen hatte ich zum Glück wie immer am Körper getragen.

Geld hatte ich nur noch sehr wenig. Aber meine Abenteuerlust war noch nicht gebrochen. Ein Job musste her und so verdingte ich mich in der Stadt Suez als Hotelboy. Zusätzlich gab ich eine Weile Deutsch-Unterricht. Von dem Verdienst konnte ich ganz gut leben. Doch ich wollte ja dort nicht ewig bleiben. So überlegte ich schon wieder, wie ich am besten weiterkommen könnte.

Der Zufall führte mich zu einem Mann, dessen Freund eine Kamelzucht hatte. Kamele, das interessierte mich. So fuhr ich ein paar Tage später mit ihm zu diesem Freund. Dieser Ägypter wollte mit einer Kamelkarawane zur Halbinsel Sinai ziehen. Sinai – die heiligen Orte, Moses, die Zehn Gebote, das Katharinenkloster, der Berg Sinai – all das ging mir durch den Kopf. Schon hatte ich Feuer gefangen. Ob er mich mitnehmen könnte, wollte ich wissen.

Kurzerhand erstand ich ein Kamel, kündigte meinen Job und schon war ich Teil der Karawane. Doch hatte ich meine liebe

Not mit meinem Kamel. Das hatte ich mir leichter vorgestellt! Es wollte selten dahin, wo ich hin wollte. Und dann war es so langsam, dass es den anderen nicht nachkam. Andauernd mussten sie auf uns warten – und ich lief ständig Gefahr, alleine in der Wüste zurück zu bleiben.
Doch endlich war das Ziel erreicht – das Katharinenkloster. Die Karawane machte hier Halt und ich hatte Gelegenheit die Abtei zu besichtigen. Ich hatte das Gefühl, als hätte ich eine große Wallfahrt hinter mir. Dass ich an diesem biblischen Ort war, konnte ich kaum glauben. Und als ich dann noch auf dem Berg Sinai stand, wo Moses der Bibel nach die Zehn Gebote von Gott bekommen hatte, überkam mich ein sonderbares Gefühl, das ich auch heute noch nicht beschreiben kann.
Nun wurde es aber Zeit, an die Rückreise zu denken. Mohammed erklärte sich bereit, mich bis nach Suez zu führen. Auf diesem Rückweg wurde mein Kamel immer schwächer – offensichtlich hatten sie mir ein sehr altes aufgeschwatzt – und es verendete schließlich nach einem anstrengenden Tag.

So fand meine Reise ihr jähes Ende.
Ausrüstung weg, Fahrrad weg, Kamel verendet. Das war die traurige Wahrheit und das war selbst mir zuviel! An diesem Punkt beschloss ich meine Reise abzubrechen. Was ich an Schwung und Optimismus auf der ganzen Fahrt aufgebracht hatte, war in diesem Moment aufgebraucht. Auf einmal wollte ich nur noch heim – und das schnell. Mittellos wie ich war, versuchte ich, per Autostop Richtung Europa zu gelangen. Es funktionierte. Auf einigen Umwegen kam ich bis nach Venedig und übernachtete wieder in der Jugendherberge. Dort hatte ich großes Glück: Ich lernte ein amerikanisches Paar

kennen, das nach Deutschland fuhr und mich bis nach München mitnahm. So kam ich schneller heim als ich dachte.

Inzwischen hatte es in meinem Heimatdorf große Aufregung wegen meiner Postkarten gegeben. Eine zweite Karte hatte ich aus Syrakus geschrieben. Damit rannte mein Vater aufgeregt zu seinem Stammtisch und wedelte mit der Postkarte. „Mein Bub ist in Syrakus!" Stolz schwang in seiner Stimme mit. Der Mesner des Dorfes fragte ganz unbedarft, wo denn das sei, Syrakus, doch auch nach eingehenden Beratungen wusste es niemand. Aber alle meinten übereinstimmend: „Der kommt nimmer heim!"

Sie hatten Unrecht. Eines Tages, als keiner an mich dachte, kam ich des Wegs. Zu Fuß, mit zerrissenen Hosen und dreckigen Schuhen. Mein Vater rannte auf mich zu und begrüßte mich mit den Worten:

„Das Radl wird wohl auch beim Deifi sein!"

Ja, das war auch beim Teufel, doch natürlich waren meine Eltern froh, dass ihr Sohn wieder wohlbehalten – zwar ohne Fahrrad und viele Monate später als erwartet – daheim angekommen war.

Der Rest der Dorfbewohner war allerdings ein bisschen enttäuscht, dass ich keine Geschenke mitgebracht hatte. Das war so üblich bei uns, wenn jemand in die Stadt oder in ein anderes Dorf fuhr. Aber ich hatte überhaupt nichts dabei außer den Fotos und meinen Erzählungen. Die hörten sie zwar gespannt, doch auch sehr misstrauisch an. Ihre Mienen sprachen eine deutliche Sprache. Warum fuhr ich überhaupt in der Weltgeschichte herum? Statt ordentlich zur Arbeit zu gehen, einen gescheiten Beruf auszuüben, gondelte ich monatelang einfach umher. Damit konnten sie nichts anfangen und so

konnte ich auch fortan niemand für die Welt und ihre spannenden Abenteuer begeistern. Nur mein Großvater, der hörte mir zu. Und ich sah in seinen Augen, dass er selbst gerne mitgefahren wäre.
Nach ein paar Tagen Erholung trieb es mich innerlich schon wieder um. Jeden Pfennig würde ich sparen und jede Gelegenheit für eine weitere Reise würde ich nutzen. Das war mir klar.
Es sollte noch viele Reisen geben, und aus den Reisen sollten Expeditionen werden. Mein Leben hatte seine Bestimmung gefunden: Mein Leben als Abenteurer hatte begonnen.

Dass diese erste Reise gut ging, habe ich am wenigsten mir selbst zu verdanken. Ich brachte eine unbändige Abenteuerlust mit, doch als absoluter Reise-Neuling trat ich so ziemlich in jedes Fettnäpfchen und machte jeden Fehler, den man sich vorstellen kann. Vielmehr waren es immer die Einheimischen, die mir weitergeholfen haben. Mit großer Selbstverständlichkeit und ohne viel Aufhebens.
Nach dieser ersten Reise war ich um vieles klüger. Ich hatte Respekt bekommen vor den Menschen in fremden Ländern, vor ihren Kulturen und ihren Lebensweisen. Eine vage Vorstellung hatte ich erhalten, wie groß die Welt überhaupt ist und dass jeder Mensch nur ein winziger Teil von ihr ist.

Und wie es mit meiner Frau weiterging, fragen Sie?
Dieses dunkelhaarige Mädchen mit den blitzenden Augen aus dem Zug nach Höhenkirchen, das hatte ich nicht vergessen. Doch wie sollte ich sie wieder finden?
Da kam mir das Schicksal zu Hilfe. Als ich eines Tages in München-Giesing in den Zug einstieg, lief ich ihr geradewegs

in die Arme. Sie war genauso überrascht, als ich da plötzlich in der Tür stand. Erwartet hatte sie eigentlich ihre Mutter!
„Ja, lebst du noch?“, begrüßte sie mich. „Ich hab mir gedacht, was der vorgehabt hat, da lebt der nimmer.“
Und wie ich lebte! Jetzt mehr denn je. Was soll ich sagen, ich legte mich mächtig ins Zeug, nahm meinen ganzen Mut zusammen und fragte ihre Mutter um Erlaubnis, mit Renate ausgehen zu dürfen.
„Ja, frag sie halt selber“, war die Antwort.
Wir gingen ein paar Mal aus – und mit einer romantischen Fahrt an den Bodensee begann unser Glück.

▲ *Mein Fahrrad an der Küstenstraße nach Ägypten.*

Hier wohnte ich einige Zeit mit Einheimischen. ▼

Für einen Bayern war das Reiten auf einem Kamel sehr ungewohnt.

▲ *Die eingefrorenen Schiffe, wo wir den Kranken fanden.*

Schwierig war es, die Eisaufbrüche zu überwinden. ▼

▲ *Diese Spalte wurde uns zum Verhängnis.*

Großer Dank gilt unserem Retter Rivalik. ▼

Grönland
Abenteuer im Eis
1971

Letzte gemeinsame Expedition

Mir war überhaupt nicht zum Lachen zumute. Den Tränen war ich wesentlich näher. Ich dachte daran, dass der Entdecker der größten Insel der Erde sein Land „Grönland" genannt hatte. Grünland. Er hatte grüne Wiesen vor Augen gehabt: So gelangte die über zwei Millionen Quadratkilometer große Insel zu ihrem Namen. Grünland ist davon allerdings das wenigste, fast vollständig ist die Insel von einer ungeheuren Eisdecke überzogen, nach der Antarktis die größte vereiste Fläche der Erde. Und wir, wir saßen mittendrin fest.

„Es ist der 12. Februar 1971. Wir kauern aneinander gedrückt in unserem engen, auf einem kleinen Plateau des Eismeeres errichteten Zelt. Seit zwei Tagen peitscht ein fürchterlicher Sturm über uns hinweg. Wir kommen nicht weiter. Renate hat Eisbrocken geschmolzen und trinkt ab und zu einen kleinen Schluck. Verzagt fragt sie mich, ob ich noch an eine Rettung glaube. Ich weiß keine Antwort. Renate kann nicht mehr gehen, seit vor einigen Tagen die Schlittenhunde in eine Spalte fielen und der umstürzende Schlitten Renate unter sich begraben und verletzt hatte. Wie schwer, wissen wir nicht.
Da fällt ihr ein, dass heute mein Geburtstag ist. Sie gibt mir einen eiskalten Kuss, flüstert „alles Gute" und schläft vor Erschöpfung ein."

Das habe ich in mein Tagebuch geschrieben. Und die Erinnerung an diese Expedition wird in mir wieder wach, als wäre es gestern gewesen.

Wie konnte es passieren, dass wir auf einer winzigen Insel

in der Disco Bay im Westen von Grönland im ewigen Eis strandeten?
Meine Frau Renate und ich hatten uns von einem Filmauftrag eine Menge versprochen und waren nach Grönland aufgebrochen. Einen Film sollten wir drehen über das Leben der Eisfischer. Für das Abenteuer im Eis glaubten wir uns gut gerüstet, hatten wir doch schon eine Reihe harter Fern-Expeditionen gemeinsam bestanden. Wir freuten uns riesig auf das Unternehmen.
Die letzten Wochen vor der Abreise hatten wir auf unserem Balkon geschlafen. Es war, wohlgemerkt, mitten im Winter, wir rollten die Schlafsäcke aus und packten uns in unsere Himalaya-Kleidung. Die Nachbarn schüttelten lächelnd die Köpfe. Aber wir wollten uns abhärten für die Temperaturen in Grönland.
Bei unserer Ankunft schlug uns eisiger Wind entgegen. Zusammen mit unserem acht Mann starken Fernsehteam kamen wir in Ilulissat (Jakobshavn) an, dreihundert Kilometer nördlich des Polarkreises. Dreitausend Einwohner hat der Ort und doppelt so viele Schlittenhunde. Auf ihnen ruhen Gedeih und Verderb, denn in einem Gebiet, wo der weltgrößte Eisfjord täglich 25 Millionen Tonnen Wasser ins Meer schiebt, wo es außergewöhnlich kalt ist, dort sind Hunde sicherer als Motorschlitten.
Einer der dreitausend Einwohner Ilulissats war Knud. Ich lernte ihn kennen, als wir bei den Vorbereitungen zum Aufbruch waren. Er sollte mit weiteren Grönländern unsere Gruppe begleiten. Schon am ersten Tag froren wir erbärmlich, und es war uns schnell klar: Hier würden wir nicht weit kommen, unsere Ausrüstung würde das Unterfangen schlichtweg nicht aushalten. Zum Glück half uns Knud aus. Er stellte uns

einheimische Kleidung zur Verfügung: Wir hüllten uns in Hosen und Jacken aus Eisbären- und Seehundfellen, an die Füße zogen wir Schuhe aus innen Hunde- und außen Seehundfellen.
Am dritten Tag brachen wir auf: dreizehn Teilnehmer, acht Schlitten und 96 Schlittenhunde. Voll überschwänglichem Tatendrang sausten wir auf unseren Schlitten übers Eis. Nach einigen Stunden erreichten wir ein abgelegenes Fischerdorf. Als die Bewohner von unserem Vorhaben hörten, übers offene Meer zur Disco-Insel zu fahren, zogen sie ihre Stirn in Sorgenfalten.
„Der Weg ist um diese Jahreszeit viel zu gefährlich“, warnten sie uns, „das Eis könnte schon aufbrechen“.
Ich schaute zu unserem Expeditionsleiter, doch der schlug die Warnung in den Wind.
„Wir wollen einen richtigen Abenteuerfilm nach Hause bringen, dafür ist es genau das Richtige“.
Er wollte vor uns keinen Rückzieher machen. Eine unheilvolle Einstellung.
Als wir am nächsten Morgen aufbrachen, stand niemand da, um uns gute Wünsche mitzugeben. Wir verließen das Dorf in gespenstischer Stille. Nur am Ende des Dorfes wartete eine alte Frau. Sie kam geradewegs auf Renate zu und drückte ihr einen in Seehundfell gewickelten Gegenstand in die Hand. Ein Talisman für uns? Dazu murmelte sie kaum verständliche Worte: Ich verstand nur, dass sie ihn nach unserer Rückkehr wieder haben wollte. Meine Frau hatte jedoch keinen Platz dafür, so steckte ich den vermeintlichen Talisman in meine Seehundfell-Jacke.

Von diesem Tag an kamen wir nur mehr langsam vorwärts. Immer wieder passierten kleine Missgeschicke. Ein Hund biss

einen Schlittenführer in die Hand. Unser Expeditionsleiter fiel in eine drei Meter tiefe Spalte. Dabei war er ohnehin schon nervös, weil wir unser Tempo nicht einhalten konnten. Wieder hatten wir unser Tagesziel nicht erreicht. Denn es war Wind aufgekommen und zu einem handfesten Sturm angeschwollen. Bei Einbruch der Dunkelheit waren wir noch weit von unserem Ziel entfernt. So mussten wir auf blankem Eis biwakieren, das hieß: Schlitten zusammengestellt und uns in die Schlafsäcke gerollt.
Am nächsten Morgen hatten einige Teilnehmer Erfrierungen. Es lief einfach nicht!
Einige wollten schnell weiter, um die verlorene Zeit aufzuholen. Die anderen wollten umdrehen und wieder zurückkehren. Unsere Nerven lagen blank, es entbrannte ein handfester Streit. Wer oder was war schuld an dem ganzen Dilemma? Die Planung, die Ausrüstung, das Wetter, die fehlende Kondition? Am Ende der Diskussion stand die Entscheidung, zurückzukehren nach Jakobshavn. Dort wollten wir eine bessere Ausrüstung besorgen und die Route noch mal überdenken. Sicherlich eine kluge Entscheidung. Aber es kam nicht dazu.

Wir drehten um und steuerten mit unseren Schlitten über das zugefrorene Meer auf Jakobshavn zu. Das Festland war schon zu sehen, da ereilte ausgerechnet mich ein Unglück. Es tat einen ungeheuren Knall – und genau unter meinem Gespann barst das Eis. Mit einem ohrenbetäubenden Krachen brach es auseinander. Ich konnte nicht mehr reagieren und lag im nächsten Sekundenbruchteil zusammen mit meinen Hunden im eiskalten Wasser. Mir blieb einen Moment lang der Atem weg, ich japste nach Luft und versuchte reflexartig, mich an den Eisschollen festzuhalten. Doch ich rutschte ab.

Mein Begleiter Knud reagierte blitzschnell. Er warf den Treibriemen seiner Peitsche um mich herum. Ich schlang ihn um mich, hielt mich daran fest, so dass er mich herausziehen konnte. Vor Kälte starr lag ich einige Augenblicke auf dem Eis. Knud konnte auch die im Eismeer schwimmenden Hunde und die Gepäckstücke an Land ziehen.
Die anderen Schlittengruppen hatten den Vorfall nicht bemerkt; die Gespanne waren ziemlich weit voneinander entfernt, da die Hunde unterschiedlich schnell liefen. Wir mussten wieder weiter, wollten wir nicht abermals in die Nacht kommen. Nach einer Weile holten wir die anderen Gespanne ein. Ich war völlig durchnässt, meine Kleidung war steif gefroren. Ein paar unserer begleitenden Eskimos gaben mir ein trockenes Stück ihrer Kleidung. Sollte ich mich etwa hier bei minus dreißig Grad umziehen? Es half nichts: Meine Zähne klapperten erbärmlich, aber ich schälte mich aus meinen nassen Fellen und Pelzen. Da bemerkte ich, dass ich den Glücksbringer der alten Frau verloren hatte.
Wie ein Häuflein Elend kehrte unsere Gruppe in das Fischerdorf zurück. Die Dorfbewohner waren keineswegs überrascht, hatten sie uns doch so etwas prophezeit. Die alte Frau schaute mich erwartungsvoll an: Wo war ihr Glücksbringer? Sie wollte ihn zurück haben. Ich wand mich hin und her und schüttelte verlegen den Kopf. Er war wahrscheinlich auf den Meeresgrund gesunken. Knud erfuhr, dass es ihr „Tupilak“ war, ihr Schutzgeist, ein uraltes Familienstück. Es hätte meine Frau Renate beschützen sollen. Die Frau war untröstlich über diesen Verlust, und uns tat es auch leid.

Wir hatten noch ein paar Tage Zeit, bis wir wieder losziehen würden. Bis dahin lud uns Knud ein, bei ihm in Jakobshavn

zu übernachten. Wir willigten gerne ein, gespannt darauf, wie er wohl lebte. Knud wohnte in einer festen Baracke. Seine Frau begrüßte uns scheu. Sie roch etwas streng – ich war froh, dass die Sitte, seinem Gast die Ehefrau als Willkommensgeschenk anzubieten, nicht mehr gepflegt wurde!
Wir kosteten Walfischfleisch und schliefen gemeinsam mit den Gastgebern in deren Schlafgemach. Renate sah mich mit einem Blick an, der mich innerlich amüsierte. Es war stickig und roch wie in einem Aquarium, dazu lagen wir vier ganz nahe beieinander. Die Hunde rollten sich auch noch um uns herum.
Am nächsten Morgen waren wir die ersten, die aufstanden und sich fertig machten. Knud folgte und tischte als Frühstück halbrohes Seehundfleisch auf.
In ein paar Tagen sollte unsere Expedition wieder starten. Bis dahin blieben wir bei ihnen und lebten wie sie. Wir aßen mit ihnen, steckten in ihren geliehenen Kleidern und wir begannen zu riechen wie sie. Jeden Abend saßen wir vor der Hütte und starrten in den Himmel. Renate konnte sich nicht satt sehen an den Polarlichtern. Der ganze Himmel strahlte in Lila, Blau, Orange und Grün. Transparente Pastelltöne überzogen den Himmel, ein Naturschauspiel – mit nichts zu vergleichen.

Unheil im Eis

Nach ein paar Tagen starteten wir einen neuen Versuch, die Eisfischer zu finden. Der Himmel über dem Eismeer war strahlend blau, es war windstill und die Eisberge vor der Küste glänzten in der Sonne, als wir aufbrachen. Wir nahmen diesmal eine andere Route.

Doch so leicht, wie wir es uns vorgestellt hatten, wurde es wieder nicht. Abermals hielten uns Stürme auf Trab, die Stimmung der Teilnehmer sank von Tag zu Tag. Tagsüber hatten wir erfolglos nach Eisfischern gesucht und nachts gab es immer wieder die gleichen Diskussionen: Wer hatte diese Richtung vorgeschlagen? Woher wussten wir überhaupt, dass die Eisfischer hier waren? Vielleicht waren sie ja schon weiter gezogen! Wo hatten sie sich versteckt? Ich wusste zwar, dass diese Fischer harte Burschen waren, aber ich konnte mir trotzdem nicht vorstellen, dass hier in dieser Eiswüste jemand lebte.

Nach sieben Tagen kam die Erlösung.

„Da vorne sind Schiffe!", rief Renate aufgeregt.

Ich hatte schon gar nicht mehr damit gerechnet, doch tatsächlich: Zwei Holzschiffe ragten in der Ferne aus dem Eis. Wir kamen näher. Einige Männer hackten das Eis um die Schiffe auf, denn der Schiffsrumpf musste immer frei sein, so dass das sich ständig neu bildende Eis den Rumpf nicht eindrücken konnte.

Die Männer begrüßten uns freundlich. Seit Wochen saßen sie hier schon fest. Der Winter war überraschend früh eingekehrt, so dass sie den Heimathafen nicht mehr erreicht hatten. Der Fisch- und Robbenfang hielt sie am Leben. So kamen sie gut über die Runden. Doch sie hatten ein anderes Problem:

Einer ihrer Männer lag seit Tagen krank in seiner Koje. Ich ging hinein. Der Mann sah gar nicht gut aus, er glühte vor Fieber und klagte über große Schmerzen. Er musste dringend in eine Klinik, doch die Fischer verfügten weder über einen Hundeschlitten noch über ein Funkgerät und hatten keine Hilfe anfordern können. Wir funkten das nächste Militärhospital an. Wegen des schlechten Wetters konnten sie aber keinen Hubschrauber schicken.
Unser Patient indessen schien nicht mehr viel Zeit zu haben. Seine Bauchdecke war aufgebläht, stand ein Blinddarmdurchbruch bevor? Aus unserer Reiseapotheke gaben wir ihm ein Schmerz- und Fiebermittel.
Unser Expeditionsleiter entschied, den kranken Mann mit einem Hundegespann ins Krankenhaus zu bringen. Wir brachen nach ein paar Stunden wieder auf, nachdem sich die Hunde etwas erholt hatten. Vor jedem Schlitten liefen zwölf Hunde. Alle waren möglichst gleich stark und sehr schnell.
Gegen Abend wurden die Gespanne langsamer. Wir hatten die Eisfläche des Meeres verlassen und kämpften uns über das zerklüftete Gelände mühsam vorwärts. Schon wieder waren wir in Zeitnot.

Das Wetter schlug um, Sturm kam auf und Eiskristalle stachen uns wie Nadeln ins Gesicht. Zwei Tage waren wir schon in dieser Eiswüste unterwegs, immer in der Hoffnung, bald unser Ziel zu erreichen. Die Hunde liefen vom frühen Morgen bis spät am Abend. Dann spannten wir eine Plane über den Schlitten und kochten über einem Petroleumofen gefrorenen Fisch.
Tags darauf standen wir plötzlich vor einem Schiff. Es war leer. Einige Meter davor ragte ein kleiner Hügel aus dem

Schnee. Ein Hundeführer scharrte den Schnee beiseite: Vier tote Schlittenhunde lagen darunter. Was für eine Tragödie hatte sich hier wohl abgespielt?
Da es ohnehin schon dunkel war, verbrachten wir die Nacht auf dem Geisterschiff. Am anderen Morgen nahmen wir wieder Fahrt auf, kreuz und quer über das Eis. Knud versicherte uns zuversichtlich, dass wir auf dem richtigen Weg seien und schon in zwei Tagen unser Ziel erreichen würden. Dem Kranken schien es durch unsere Medikamente auch etwas besser zu gehen, zum Glück war er den Strapazen einigermaßen gewachsen.

Am nächsten Tag tobte der Sturm unaufhörlich. Das ständige Brausen lag uns in den Ohren und schlug sich auf unsere Sinne. Bald glaubten wir, Schreie von Verletzten darin zu hören. Bald waren es herannahende Schiffe. Nichts davon war Realität, der Sturm narrte uns nur. Ein Schlittenführer verlor die Nerven und schlug auf seine Tiere ein. Die Hunde preschten davon. Die anderen taten es ihm nach. Alle Schlittenführer trieben die Hunde erbarmungslos an. Die Hunde jaulten und wollten nicht recht laufen. Doch die Führer nahmen das feine Gespür der Tiere für Gefahr nicht ernst und trieben sie weiter an. Ich konnte es nicht verstehen, doch ich war vollauf damit beschäftigt, nicht vom Schlitten zu stürzen. Renate auf dem Schlitten in meiner Nähe hielt sich ebenfalls aus Leibeskräften fest.
In irrsinnigem Tempo rasten die Schlitten durch das Eislabyrinth. Es bahnte sich eine Katastrophe an. Unter der Schneedecke hatten wir die Gletscherspalten nicht bemerkt. Drei der Gespanne brachen in die Spalten ein. Menschen, Hunde und Schlitten verschwanden in der Tiefe. Auch Renates Schlitten

kippte in eine Spalte, sie schrie auf, als die Kufen über sie hinweg glitten. Sie hatte sich in den Zugleinen verfangen und die Hunde zerrten daran. Das totale Chaos brach aus. Der Schlittenführer brüllte und riss an den Seilen. Endlich konnte er die Hunde von Renates Schlitten beruhigen.
Die Gletscherspalten waren zum Glück nicht sehr breit, zudem hatten sich die Schlitten verhakt. So konnten wir Renate und alle Kameraden retten. Doch für einige Hunde kam die Hilfe zu spät, sie waren aus dem Geschirr gerutscht und im eiskalten Wasser untergegangen. Noch etwas war untergegangen: unser Funkgerät! Nun war es uns nicht mehr möglich, Hilfe zu holen. Auch einen großen Teil unserer Lebensmittel hatten wir verloren.
Ich war sofort zu Renate hingelaufen. Sie war bewusstlos. Eine eiskalte Hand griff nach meinem Herzen. Vorsichtig hüllten sie unsere Begleiter in Rentierfelle und legten sie auf einen Schlitten. Sie schlug die Augen auf und sah mich mit leerem Blick an.
„Was ist passiert?“, flüsterte sie.
„Es wird alles gut“, antwortete ich und wusste nicht, ob ich mir selbst glauben sollte.
Wir versuchten, weiter zu kommen. Renate ächzte auf ihrem Schlitten vor Schmerzen. Der kranke Fischer hatte Glück gehabt. Sein Schlitten war unversehrt geblieben. Er und Renate bekamen die Reste gefrorenen Fisches, unsere letzten Vorräte.
Langsam, sehr langsam bewegten wir uns vorwärts.

Unglaubliche Rettung

Der Sturm toste immer stärker. Er blies jetzt von Süden und hatte die Temperatur schlagartig ansteigen lassen. Jetzt bewegten sich die Eisberge und zerrissen die zusammenhängende Eisdecke!
Damit war uns jeder weitere Weg abgeschnitten. Bei uns kam zum ersten Mal so etwas wie Hoffnungslosigkeit auf. Wir konnten nicht weiter und unser Funkgerät lag in der Spalte. Auf einer winzigen Felsinsel mussten wir schließlich mitten am Tag campieren. Renate, die sich kaum mehr bewegen konnte, wurde bleicher und bleicher. Ich packte sie unter eine durchlöcherte Plane, um sie wenigstens vor der schlimmsten Kälte zu schützen. Die Plane roch fürchterlich, aber sie bot zumindest etwas Wärme und Schutz. Knud und ich kauerten uns zwischen die Hunde und verbrachten so den Rest des Tages und die ganze Nacht. Renate zitterte vor Kälte. Ich versuchte, die Hunde zu ihr hin zu locken. Sie begriffen es und drängten sich wärmend um sie herum. Auch dem kranken Fischer ging es wieder schlechter, er hatte hohes Fieber und fantasierte.

Als es wieder hell wurde, hörte ich es ganz in meiner Nähe krachen. Ich fuhr erschreckt hoch. Das Eis um unser Plateau begann zu zerspringen. Stumm saßen wir in unserem Zelt und starrten ins Leere.

Wieder hatte sich der Wind gedreht und brachte erneut Kälte mit. Es bildete sich keine geschlossene Eisdecke mehr. Sobald die Wolken sich teilten und es heller wurde, sahen wir die rettende Küste vor uns. Doch für uns war sie unerreichbar.

Niemand bemerkte uns. Nachts schimmerten die Lichter der Fischerhütten zu uns herüber. Zu weit, um hinzukommen. Zu weit, um gesehen zu werden.
Am nächsten Tag stieg unsere Verzweiflung noch mehr. Auf dem kleinen Felsplateau saßen wir wie in einer Falle gefangen. Der Platz war nicht größer als ein Fußballfeld und dick mit Eis bepackt. Die Kälte kroch mit minus 31 Grad an uns herauf. Ich hatte das Gefühl, selbst meine Gedanken frören ein.
Ich ging vor das Zelt. Draußen kniete Knud vor seinem Leithund Rivalik. Er beugte sich zu ihm herunter und sah ihm direkt in die Augen. Knuds Verbundenheit zu seinen Hunden kannte ich, doch was war das für ein merkwürdiges Ritual?
Da fing Knud mit dem Hund zu sprechen an. Er sprach eindringlich und ernst auf ihn ein, Rivalik hörte ihm regungslos zu. Die Worte konnte ich nicht verstehen, aber der Tonfall war mir vertraut. So sprach er auch zu mir oder zu seinen Freunden! Glaubte er im Ernst, der Hund würde ihn verstehen? Knud zog seinen Handschuh aus und legte einen beschriebenen Zettel hinein. Dann band er den Handschuh seinem Hund um den Hals und schob ihn wie zum Abschied ein Stück von sich weg. Ich hielt den Atem an. Irgendwo knisterte es im Eis. Im nächsten Moment sprang Rivalik mit einem gewaltigen Satz auf eine treibende Eisscholle. Immer wieder auf andere schwimmende Eisklumpen kletternd und springend entfernte er sich aus unserem Blickfeld. Am Ende war er nur noch ein Punkt am Horizont, dann verloren wir ihn ganz aus den Augen. Ich wandte meinen Blick ab.
Knud kam ins Zelt. Seine Hand war blau gefroren, der schützende Handschuh fehlte ihm natürlich. Sein Bart bestand aus tausend winzigen Eisbröckchen, sein Gesicht sah niederge-

schlagen aus. Er trank einen Schluck Wasser aus der Konservendose. Mehr hatten wir nicht mehr. Dann schaute er auf unsere Brennstoffvorräte.
„Zwei Tage müssen wir noch durchhalten.“
„Und dann?“, fragte ich.
„Dann kommt Hilfe.“
Mutlos sah ich ihn an. Woher sollte denn Hilfe kommen?!

Es war ruhig draußen. Die einzigen Geräusche verursachte der Wind, der an den Zelten rüttelte. Mir war das Herz unendlich schwer. Renate litt, und ich konnte ihr nicht helfen. An innerem Umtrieb fast erstickend überlegte ich hin und her. Sollte ich versuchen, alleine durchzukommen, um Hilfe zu holen? Es wäre chancenlos, ich könnte ja nicht durch die Eisspalten schwimmen. Auch kannte ich den Weg nicht. Und überhaupt: Niemals könnte ich Renate alleine hier zurücklassen.
Neben unserem Biwak lagerten die verbliebenen fünfzehn Polarhunde. Sie sahen aus wie ein kleiner Schneehügel in der weißen Öde. Nur wenn Knud leise durch die Zähne pfiff, bewegte sich das Knäuel etwas. Von Zeit zu Zeit hob ich die Zeltplane hoch. Doch statt der erhofften Retter stand Knud da und durchbohrte mich mit seinem Blick. Seiner Meinung nach hatte ich an allem Schuld. Weil ich den Schutzgeist verloren hatte.
Ich hatte an meinem Geburtstag, dem 12. Februar 1971, meine Gedanken in mein Tagebuch geschrieben, weil ich nicht wusste, ob ich noch zu weiteren Aufzeichnungen kommen würde. Vorhin hatte mir Renate zum Geburtstag gratuliert. Wir wussten beide nicht, ob einer von uns ihn noch einmal würde feiern können. Wir hatten keine Kraft und keinen Mut mehr, uns noch Hoffnung zuzusprechen.

Irgendwann, nach unendlich langer Zeit, mischte sich ein ungewohnter Ton in das Pfeifen des Windes. Leise erst, dann lauter. Träumte ich, oder war das das Brummen eines Hubschraubers? Ich traute meinen Ohren kaum, doch es bestätigte sich.

Rivalik! Konnte das möglich sein, dass er es tatsächlich geschafft hatte? Er war Dutzende von Kilometern in ein fremdes Dorf gelaufen. Dort war das Tier mit dem Handschuh am Halsband sofort aufgefallen. Und nachdem ihm die Fischer den Handschuh abgenommen hatten, fanden sie den Zettel mit unserer Nachricht und unserer Positionsangabe.
Unser Leben hatte in der Hand eines Hundes gelegen – und er hatte uns gerettet! Für mich war Rivalik ein Held. Ich wagte mir nicht auszudenken, wie es uns ohne den Hund ergangen wäre. Was, wenn er sein Ziel nicht erreicht hätte?
Per Funk wurden Klinik und Hubschrauber verständigt, wir wurden ausgeflogen. Der Fischer wurde sofort operiert, es war der Blinddarm, der bereits durchgebrochen war. Bei Renate stellte man eine Gehirnerschütterung und eine Knieverletzung fest.

In Knuds Baracke erholten wir uns zwei Tage, bis uns ein weiterer Hubschrauber nach Söndre Strömfjord brachte. Nach zwei weiteren Tagen waren wir zurück in Deutschland.

Renates Knie hatte es schlimm erwischt. Sie erholte sich sehr langsam von ihrer Verletzung. Ich sah ihr an, dass sie mit sich haderte und vor sich hin grübelte. War das die Sache wert gewesen? Dann traf sie eine weit reichende Entscheidung. So etwas wollte sie nicht mehr mitmachen – und so wurde die Expedition nach Grönland zu unserem letzten gemeinsamen Abenteuer.

Pazifischer
Ozean
von Djakarta
N
Biak
Carstensz-
Spitze
Jlaga
INDONESIEN
PAPUA
NEUGUIN

Schneeberge in Neuguinea
1973/1974

Meine erste Bergexpedition – die große Chance

So hatten wir es uns nicht vorgestellt, Renate und ich.
Als wir uns entschlossen hatten, den Rest unseres Weges gemeinsam zu gehen, sollte uns das *gemeinsam* durch die Höhen und Tiefen unseres Lebens führen. Ein wesentlicher Teil davon sollte das gemeinsame Reisen ausmachen. Die Sehnsucht und der Drang zu reisen hatten uns schließlich zusammengebracht! Bereits als Kinder träumten wir beide – unabhängig voneinander – von fremden Ländern. Und dann lernte ich Renate kennen: Was für ein Glück, dass sie diese große Leidenschaft teilte.
Die folgenden Jahre reisten wir durch die Welt, bestiegen den Kilimandscharo und Renate als erste Frau mit mir einen Sechstausender im Himalaya. Viele Studienreisen unternahmen wir, noch viele weitere sollten folgen. So hatten wir es uns vorgestellt. Bis die Einladung nach Grönland gekommen war und uns zum Verhängnis wurde. Renate war im grönländischen Eis schwer verletzt worden, der Schock über das Erlebte saß tief. Eine weitere Reise dieser Art würde sie nicht mehr mit mir unternehmen, zumal sie durch zwei Knie-Operationen nicht mehr belastbar war.
Da saß ich nun. Die Zukunft, so wie wir sie geplant hatten, konnte nicht mehr stattfinden. Unsere gemeinsamen Träume waren geplatzt. Wir befanden uns eine Weile im luftleeren Raum. Was sollten wir jetzt tun?
Die Sehnsucht und das Fernweh verbanden uns nach wie vor, so wies Renate uns die Richtung:
„Mach du allein weiter, Schorsch“, sagte sie eines Tages, als sie lange dagesessen und gegrübelt hatte. „Ich selber kann

nicht mehr mitmachen, aber ich will dich nicht bremsen. Erfülle dir deine Träume, fahr allein in die Welt, erzähl mir, was du erlebt hast und mach viele Bilder."

Gerührt hatte ich ihr zugehört. Sie gab mir damit den Weg frei. So konnte es gehen. Schweren Herzens ließ ich von unseren gemeinsamen Plänen ab.

Mein Leben änderte sich daraufhin grundlegend.

Der Zufall wollte es, dass ein paar Wochen später Heinrich Harrer in unsere Firma kam. Wir waren beide im gleichen Unternehmen tätig und beruflich weitergekommen. Heinrich Harrer hielt einen Vortrag über Neuguinea. Dort hatte er mit seiner Mannschaft einen Fünftausender bestiegen. Ich fuhr wie elektrisiert hoch: In Neuguinea, das eigentlich zur Südsee gehört, sollte es einen so hohen Berg geben? Noch dazu schneebedeckt und mit 30 Meter dicken Gletschern? Unvorstellbar, dass so ein Koloss mitten aus dem Urwald herausragen sollte. Und doch war es so: Der Punjab Jaya, oder die Carstensz-Spitze, hob sich schneeweiß über die Insel empor. Und schon hatte es mich gepackt.

Punjab Jaya, Gipfel des Erfolges. Seine Höhe wird mit 5030 Metern angegeben. 1623 erst ist der Berg mit seiner Gletscherkappe von einem holländischen Seefahrer gesichtet worden. Es war Jan Carstensz, er gab dem Berg seinen Namen. Als Carstensz den Berg zum ersten Mal sah, dachte er, es wäre nur eine große weiße Wolke! Denn an einen schneebedeckten Gipfel in Äquatornähe dachte niemand. Und so erntete er nur Gelächter und Unglauben, als er – zurück in Europa – von dem Gesehenen berichtete.

1913, während der Zeit der großen Entdeckungen, hat eine

englische Expedition versucht, das Hochgebirge von der Südküste aus zu erreichen. Sie mussten durch malariaverseuchtes Sumpfgebiet, eines der größten der Erde. Dieses kühne Unternehmen dauerte ein ganzes Jahr lang. Dennoch hatten der dichte Urwald, die tropischen Regenfälle und das unwegsame Gelände die Expedition zum Scheitern gebracht. Seuchen und Krankheiten rafften den Großteil der Mannschaft auf dramatische Weise dahin.

Im Jahre 1936 gab es einen neuen Versuch, diesmal von einer holländischen Expedition. Auch sie kamen von Süden her, aber sie nutzten die Flussläufe als Nachschubwege. Die Bergsteiger kamen wesentlich höher und erstiegen sogar einige der Gletschergipfel. Den schwer zugänglichen Hauptgipfel aber schafften sie nicht.
Das gelang erst Heinrich Harrer. 1962 erreichte er mit einer groß angelegten Expeditionsgruppe den Gipfel der Carstensz-Spitze.

Ein deutscher Bergsteiger jedoch hatte es noch nicht geschafft. Hier gab es Neuland zu entdecken, vielleicht eine neue Route. Ich hatte nur einen Gedanken: Das war etwas für mich! Doch ich hatte keinerlei Expeditions-Erfahrung – bisher hatten wir immer alles alleine gemacht. Also musste ich mir zuerst eine Mannschaft zusammenstellen.
Ich erzählte es einigen Expeditions-Bergsteigern, die ich kannte. Begeistert, wie ich war, würde ich sie doch anstecken können! Das gelang mir zwar, aber letztendlich wagen wollte es keiner. Aber ich gab die Suche nicht auf. Endlich hatte ich drei Mitstreiter gefunden: Hermann Huber, Herbert Karasek und Bernd Schreckenbach waren alle erfahrene Bergsteiger.

Durch sie bekamen wir die Unterstützung des Deutschen Alpenvereins und Hermann Huber wurde zum Expeditionsleiter ernannt, denn er war der Erfahrenste. Aufgeregt begannen wir mit den Vorbereitungen. Informationen existierten außer denen von Heinrich Harrer praktisch keine. Außerdem stellte sich die Frage, welche Kleidung: Wir mussten durch die Tropen und in die Eiswelt; natürlich durfte der Rucksack auch nicht zu schwer werden. Wir würden von allem etwas mitnehmen müssen.

Tage später kam der Schock: Mitten in meinen Vorbereitungen bekam ich völlig unerwartet eine Absage für die Expedition. Der Expeditionsleiter teilte mir mit, dass sie an meiner Stelle lieber einen Arzt mitnehmen wollten. Dabei war es doch meine Idee gewesen! Ich hatte sie erst darauf gebracht, und nun wollten sie es ohne mich durchziehen!
Die Zahl der Teilnehmer war auf vier beschränkt – zum einen, weil die kleinen Flugzeuge im Land nicht mehr Plätze hatten, zum anderen, weil der Anmarsch wegen seiner Hitze und des unwegsamen Geländes für eine große Gruppe riskant wäre. Jeder musste vollkommen verlässlich und Expeditionserprobt sein. Es gab zu viele Unbekannte: Dafür war ein Greenhorn wie ich nicht besonders geeignet. So fiel ich als das schwächste Glied in der Kette aus dem Unternehmen hinaus.
Ich schleuderte den Brief auf den Boden. Meine unglaubliche Enttäuschung machte sich Luft:
„Dann mach ich es halt alleine!“
Es war nichts zu machen. Der Arzt hatte schon mit seinen Vorbereitungen begonnen und nahm meinen Platz in der Gruppe ein. Nachdem ich diese Wendung des Schicksals erst einmal verdaut hatte, wollte ich es nicht bei meinen Vorberei-

tungen belassen. Ich könnte es ja tatsächlich alleine versuchen. Irgendwie würde es schon gehen. Renate sah meine Entschlossenheit und sie bestärkte mich in meinem Vorhaben. Zu bremsen war ich nun nicht mehr. Hätte das Schicksal nicht anders entschieden, dann wäre ich sicherlich alleine aufgebrochen. Aber das Leben nahm einen völlig unvorhersehbaren Verlauf: Der Arzt, der für meinen Platz vorgesehen war, kam einige Tage vor Beginn der Expedition durch einen tragischen Unfall ums Leben.

Jetzt war die Zeit zu kurz, um einen anderen erfahreneren Teilnehmer als mich mitzunehmen. Und so war ich durch diese traurigen Umstände doch wieder mit im Boot.

Aufbruch ins Ungewisse

Diese Expedition war der Einstieg zu allen extremen Touren, die in meinem Leben noch folgen sollten. Ich wollte von den erfahrenen Bergsteigern soviel wie möglich lernen – und genau das habe ich auch getan. Diese Expedition bot mir das Rüstzeug, es später auch alleine zu schaffen. Und so wurde die spektakuläre Besteigung der Carstensz-Spitze zu einem Schlüsselereignis in meinem Leben.

An Weihnachten 1973 flog ich los, zwei Tage vor den anderen. Denn ich wollte Bernd Schreckenbach, der direkt von einer erfolgreichen Dhaulagiri-Expedition kam, in Djakarta treffen.
Es war ein komisches Gefühl, Renate diesmal zurück zu lassen. Aber es gab ja keine andere Möglichkeit. So wünschte sie mir beim Abschied von Herzen, aber mit belegter Stimme: „Viel Glück, Schorsch."
Es gab mir einen Stich, als ich wegfuhr. Ich dachte schnell an mein bevorstehendes Abenteuer.

Bei brütender Mittagshitze landete ich in Djakarta. Ich fiel auf wie ein Eisbär in der Sahara: Während die übrigen Passagiere in ausgelassener Urlaubsstimmung auf dem Flughafen herumsprangen, stand ich bei 38 Grad im Schatten in schneetauglicher Bergsteigerkleidung und schweren Bergschuhen vor der Zollabfertigung. Zu allem Überfluss hatte ich noch meinen Eispickel in der Hand, der in dieser Umgebung besonders lächerlich aussah. Die Zollbeamten fanden ihn allerdings alles andere als lächerlich. Mit so einer Waffe wollte ich

einreisen? Nie im Leben. Aber ich ohne Eispickel auf einen schneebedeckten Fünftausender? Auch nie im Leben!
Und so musste ich die erste von vielen schwierigen Begegnungen mit Behörden mit „kleinen Geschenken" regeln. Darauf war ich zum Glück vorbereitet.

Froh, die Monotonie der langen Flugreise hinter mir zu haben, auch noch mit dem Pickel in der Hand, war ich endlich durch den Zoll. Bernd holte mich vom Flughafen ab. Er war direkt aus dem Himalaya nach Indonesien gekommen und war bereit zu neuen Taten.
Am Neujahrstag kamen auch Herbert und Hermann an, damit war unser bayerisches Bergsteiger-Quartett komplett.
Vor Ort ging es an die letzten Vorbereitungen: Wir nahmen Kontakt auf zur Deutschen Botschaft und ließen uns die Einreise nach West-Neuguinea bewilligen. Dann kauften wir reichlich Proviant ein.
Uns erwarteten Urwald, Schnee und Eis. Genauer wussten wir es nicht, denn es gab keine Informationen über unser Ziel, auch keine Karte. So hatten wir Spezialschuhe für Urwald und Sumpf dabei, genauso wie wasserdichte Bekleidung für den Anmarsch – es regnete teilweise achtzehn Stunden pro Tag! Dazu hatten wir Vitaminkonzentrate und unsere medizinische Grundausstattung mit eingepackt. So war unsere Gesamtausrüstung auf vierhundert Kilo Gewicht angewachsen.
Am 7. Januar 1974 brachen wir dann endgültig auf. Ein Flugzeug der Merpati-Airlines brachte uns 3000 Kilometer nach Osten zum Inselstützpunkt Biak. Dort stockten wir unsere Vorräte ein weiteres Mal auf: Hundert Kilo Reis, Fischkonserven, Zucker, Salz sowie gebrauchte Militärkleidung für unsere

künftigen Träger kamen dazu, was das Gewicht unserer Ausrüstung noch mal verdoppelte!
Wir charterten eine „Twin-Otter" und verließen die letzte Bastion der zivilisierten Welt.

Zurück in die Steinzeit

Der Übergang von der Zivilisation zur Steinzeit vollzog sich in kaum mehr als einer Stunde.

Nach einem achtzigminütigen Flug über Urwald, Bergland und gewaltige Schluchten landeten wir in Ilaga. Rumpelnd setzte die kleine Maschine auf dem holprigen, abschüssigen Grasstreifen auf – und wir befanden uns in einer anderen Welt.

Aus den Fenstern des ausrollenden Flugzeugs sahen wir schon etwa zweihundert Danis, die unsere Ankunft beobachteten. Als wir ausstiegen, waren wir so fasziniert, dass wir fast unser Gepäck vergaßen. Die Männer waren dunkelhäutig und klein. Durch die Nase hatten sie Eberhauer, Bambusstäbchen und Knochenteile gestoßen. Sie waren nackt bis auf den Kepewak, die lange, dünne Kürbishülle um ihren Penis, die bis zu fünfzig Zentimeter lang war.

Die Frauen trugen ein Bastgeflecht aus Orchideenfasern um die Hüften. Ihr Gesicht zierte eine dicke Schicht aus Schweinefett und Ruß.

Das Staunen war gegenseitig: Auch sie betrachteten uns genau, uns vier „Tuans", „weiße Männer", die mit dem fliegenden Gefährt gelandet waren.

Wir konnten uns erst losreißen, als uns Reverend Gordon Larson an der Landepiste entgegenkam. Bereits aus Deutschland hatten wir Kontakt mit dem freundlichen Missionar aufgenommen, jetzt standen wir ihm gegenüber. Er sollte sich für unsere Expedition als unentbehrlich erweisen. Der 55-jährige Amerikaner war 1954 ins Land gekommen. Er hatte versucht, die Danis unter größter Rücksichtnahme auf ihre eigene Le-

bensweise von barbarischen Gewohnheiten abzubringen. Und das mit Erfolg: In diesem Gebiet hatte seit zehn Jahren keine kriegerische Auseinandersetzung mehr stattgefunden.
Nachdem die Danis unsere Fracht in die Missionsstation gebracht hatten, verbrachten wir dort unsere erste Nacht. Die vielen fremden Geräusche mit allen Sinnen aufnehmend, lagen wir auf unserem Lager und diskutierten zum wiederholten Mal unseren Plan.

Am nächsten Tag half uns der Reverend, Träger für unsere Expedition anzuwerben. Das stellte sich als schwierig heraus: Die Danis konnten nicht glauben, dass jemand freiwillig zum „Ndugundugu“ wollte. Dieses Wort bedeutet alles, was mit Kälte zu tun hat: Gebirge, Schnee, Kälte und Eis. Was wollten die Tuan dort? Und warum sollte jemand von ihnen mitgehen? Die angekündigte Bezahlung steigerte die Motivation kaum, denn sie konnten mit dem Begriff „Lohn“ nur wenig anfangen!
Irgendwie schafften es die Boten von Reverend Larson doch noch: Am späten Nachmittag trafen tatsächlich 27 Träger in der Missionsstation ein. Mit ihnen sollten wir noch allerlei erleben.

Der lange Weg zum Ndugundugu

Die erste Überraschung bot sich am nächsten Morgen, als wir feststellten, dass statt der 27 Träger plötzlich weit mehr als vierzig aufbruchsfertig dastanden. Wo kamen die denn über Nacht auf einmal her? So viele brauchten wir überhaupt nicht! Und es wäre auch viel zu teuer geworden. Reverend Larson und unser eingeborener Dolmetscher verhandelten fast eine Stunde lang dieses vermeintliche Missverständnis. Dabei stellte sich heraus, dass es sich bei den überzähligen Trägern um „Unterträger“ handelte, die wiederum die Nahrung der Träger trugen. Diese Nahrung bestand aus riesigen Mengen an Süßkartoffeln, die Hauptnahrung der Danis. Unterwegs konnten keine Kartoffeln erworben werden. Die Unterträger würden, versicherten sie uns, keine zusätzlichen Kosten fordern.
So waren wir notgedrungen einverstanden. Aber wir erkannten nicht, dass unsere eigenen Lebensmittelvorräte damit einer spürbaren Mehrbelastung ausgesetzt sein würden.

Es wurde Vormittag, bis wir tatsächlich aufbrachen: Ein endlos langer Tross von vier Weißen und dreiundvierzig fast nackten Männern, die mit lustigem Geschrei und frohem Sinn hurtig die Bergpfade hinauf eilten.
Jeder trug etwa eine Last von zwanzig Kilo. Ich hatte meine Bedenken, wie lange sie dieses Tempo bei dem Gewicht würden aushalten können.
Nach zwei Wegstunden verließen wir die Spuren der menschlichen Siedlungen. Statt Kartoffel- und Gemüsefeldern säumten nun Sumpf- und Schilfstreifen unseren Pfad. Dann hörte auch das auf und wir tauchten in den Regenwald ein. Der

Weg, der eigentlich gar kein Weg mehr war, wurde beschwerlich, und unser Tross bewegte sich nur mehr langsam vorwärts. Das lag nicht unbedingt an den Trägern, die immer noch sehr fit vorne weg schritten. Aber wir konnten ihr Tempo nicht immer halten – vor allem nicht, wenn sie barfuss schnell und sicher über glitschige Baumstämme liefen. An beiden Seiten des Baumstammes waren tiefe, mit Gestrüpp überzogene Gräben. Ich zögerte einen Moment: Mussten wir denn genau hier drüber? Ich marschierte gerade an der Spitze von uns vieren und wollte mir natürlich keine Blöße geben. Etwas neidisch sah ich unseren behänden Trägern nach, dachte mir „nur nicht nach unten schauen“ und tappte dann vorsichtig mit meinen rutschigen Gummisohlen hinterher. Ein paar Mal hätte ich fast den Halt verloren – und wäre ein paar Meter tiefer im Wasserlauf gelandet. Doch ich erwischte jedes Mal ein paar Äste zum Festhalten. Den Blick fest auf das Ende des Stammes gerichtet, kam ich an. Ich atmete auf.
Sehr oft überquerten wir auf diese Weise noch Wasserläufe und Sturzbäche. Jedes Mal waren wir froh, heil auf der anderen Seite angelangt zu sein. Die Träger bemerkten verwundert unsere Unsicherheit. Wo kamen wir denn her, dass wir nicht mal richtig gehen konnten?!

Während des gesamten ersten Tages sangen unsere Träger ihre lauten Lieder. Am Abend kannte ich sie beinahe schon auswendig, obwohl sie merkwürdig fremd klangen. Tiere wie Baumkängurus oder Paradiesvögel nahmen allerdings Reißaus vor dem Lärm, so dass wir diese leider nie zu Gesicht bekamen. Aber die Danis waren weiterhin in ausgezeichneter Stimmung.

Einmal ging ich direkt hinter ihnen einen schmalen, in den Urwald gehauenen Pfad, als mir plötzlich das Gepäck meines Vordermannes vor die Füße flog.
„Was ist denn jetzt los?“ Sofort war ich alarmiert, bereit, mein eigenes Gepäck abzuwerfen und zu fliehen. Auch die anderen Träger entledigten sich ihrer Lasten und griffen zu Pfeil und Bogen. Waren feindliche Stämme in der Nähe? Drohte ein Überfall? Wilde Tiere?
Nichts dergleichen: Ein Schwarm Fledermäuse kreuzte in der einbrechenden Dämmerung unseren Weg – und bei unseren Trägern kam der Jagdtrieb durch. Sie vergaßen ihre Trägerpflichten, den Berg und alle weißen Männer und jagten Fledermäuse und Vögel. So war der Tag gelaufen. Wir machten uns ans Nachtlager.

Dazu bauten wir unsere Zelte auf und bezogen in 2800 Metern Höhe unser erstes Urwaldcamp. Es hatte ohnehin der tägliche Regen eingesetzt. Für unser Zelt mussten wir stets umständlich ein paar Quadratmeter Urwald umhacken, um einen flachen Platz auf dem Boden zu haben. Wir bereiteten mit unserem Benzinkocher ein einfaches Essen zu, Nudeln und Sauce aus der Dose, legten uns ins Zelt und ruhten uns etwas aus. Die Dani zündeten ein Kani, ein Lagerfeuer, an und machten es sich unter einem Rindendach gemütlich. Beißender Rauch stieg auf, sie aber brieten darüber riesige Mengen von gurkenförmigen Süßkartoffeln und verspeisten sie vergnügt, zusammen mit ihren frisch erlegten Vögeln.

Ich lag im Zelt und rief mir in Erinnerung, dass ich auf einer Expedition zu einem schneebedeckten Fünftausender war. Hier mitten im Urwald fühlte ich mich so weit weg davon!

Von allen Seiten umgab uns Nässe. Der Regen prasselte an die Zeltwand, Wasser lief innen an den Wänden herab. Von unten kam Nässe aus dem sumpfigen Untergrund; alles war durchweicht bis auf die Haut.

Zweiter Tag. Nass sein wurde zum Dauerzustand. Gleich am Morgen ging es los. Feucht krochen wir aus dem Schlafsack. Als erstes durchwateten wir einen Bach. Ich hatte es aufgegeben, die Stiefel auszuziehen, es war auch unwesentlich, wir waren ohnehin schon wieder von oben bis unten nass, nass, nass.

Nach einem steilen Aufstieg über sumpfige, schmale Pfade überschritten wir das Ende der Hochwaldzone. Vor uns lag das Kemabu-Hochplateau, das sich in endlosen Wellen vor unseren Augen ausbreitete. Wir machten Halt, es war ein anstrengendes Stück Weg gewesen. Nach der Enge des Urwaldes fühlte ich mich auf einmal wie befreit. Es war spürbar kälter. Wir befanden uns inzwischen auf einer Höhe von etwa 3500 Metern, die Temperatur schwankte zwischen fünf und acht Grad. Der tägliche Regen wich täglichen Hagel- und Graupelschauern.

Die Danis gingen immer noch fast nackt und barfuß. Natürlich froren sie. Aber sie zogen unsere mitgebrachte Militärkleidung nicht an. Das hatte mehrere Gründe: die Schuhe nicht, weil ihre riesigen Füße nicht hineinpassten. Sie hätten mindestens Größe 60 gebraucht. Und die Jacken und Anoraks nicht, weil man dann ihre Köcher nicht mehr gesehen hätte. Und das war noch wichtiger als zu frieren! Das einzige, was sie sich bei dem starken Regen zeitweise überwarfen, war ein

lockerer Regenumhang. Das ließ auch ihrem Zeichen der männlichen Rangordnung ausreichend Raum.
Ich war besorgt. Die Danis waren enorm widerstandsfähig, aber gegen das kantige Gestein, das wir jetzt auf den Pfaden vorfanden, waren auch sie nicht gefeit. Immer wieder behandelten wir die langen, blutigen Risse, die sich die Männer an ihren Fußsohlen zuzogen. Das Feld fiel auseinander: Während besonders starke Träger schon weit vorausgingen, blieben die schwächeren zurück. Sie verloren ihre Lasten. Immer wieder mussten wir ihnen helfen, sie wieder aufzuladen.
Kalter Regen strömte stundenlang auf uns herab. Keiner sang mehr. Wir sprachen auch nur das Nötigste. Einige der Träger zündeten sich an einer geschützten Stelle ein Feuer an, um sich aufzuwärmen und eine Kartoffelmahlzeit einzunehmen. Dann hieß es wieder weitermarschieren.
Ich hatte Zweifel, ob sie die Strapazen der Tour durchstehen würden. Wir waren ja noch nicht einmal am Berg angekommen. An einige Träger verteilten wir Plastikanoraks, die meisten jedoch lehnten sie ab und gingen unbeirrt weiterhin nackt.

Es wurde Zeit für unser zweites Nachtlager. Wir legten es auf 3500 Metern Höhe an, aber so richtig aufatmen konnten wir nicht. Das Ndugundugu, das Eisgebirge, war noch mindestens vier Tagesmärsche entfernt. Auf einer Höhe zwischen 3300 und 3600 Metern ging es ständig auf und ab. Wir merkten, wie das Klima unsere Stimmung und unsere Kondition sinken ließ.

Am nächsten Tag legten wir Proviantdepots für den Rückweg an und markierten sie sorgfältig. Unsere Last verringerte sich merklich, so dass wir zumindest die frei gewordenen Träger bezahlen und zurückschicken konnten. Die bei uns blieben, gelangten an die Grenzen ihrer Leistungsfähigkeit. Hagel und noch tiefer sinkende Temperaturen taten ein übriges dazu. Einmal stolperte ich fast über unsere Rucksäcke, die auf dem Boden lagen. Ihre Träger waren verschwunden. Wir fanden sie schließlich Schutz suchend unter einem überhängenden Felsen.

Der Weg führte durch ein tief liegendes Tal, mehrmals durchquerten wir Flüsse. Schon wieder setzte Regen ein. Nach nur vier Stunden Gehzeit mussten wir abbrechen, wir waren zu erschöpft, um die Hochebene ganz überqueren zu können. Hier bot sich die letzte Möglichkeit, unser Lager aufzuschlagen.

Die Danis bauten sich provisorische Hütten aus den Stämmen der Farnbäume. Ihr Holz war leicht zu spalten, und eine Steinaxt hatten die Danis immer dabei. Zur Abdichtung des zeltförmigen Daches verwendeten sie Gras, Blätter und Farn. Wir suchten nach einem geeigneten Zeltplatz. In dem dichten, sumpfigen Unterholz dauerte das länger, als wir gewohnt waren. Schlechter Stimmung rollten wir uns in die Schlafsäcke. Erst, als es uns dort ein wenig wärmer wurde, entspannten wir uns.

Es stellte sich heraus, dass auch die wasserdichten Rucksäcke an den Nähten nicht dicht waren. Zum Schutz packten wir unsere Ausrüstung in zusätzliche Plastikfolien ein.

Zu den Wetterproblemen kam ein neues Problem hinzu. Wir hatten zu Beginn der Tour die Namen der Träger sowie ihre Last notiert, um bei der Bezahlung nicht den Überblick zu verlieren. Jetzt war es soweit, einige der Träger sollten ihren Lohn bekommen und unsere Gruppe verlassen. Wir holten die Liste hervor und riefen den ersten Namen auf.

„Bebak?“

Nichts geschah. Wo war der Mann? Wir riefen noch mal.
„Bebak!“
Gemurmel in den Reihen der Danis. Sie stießen sich gegenseitig an, schließlich trat einer vor.
„Bist du Bebak?“ fragte ich ungläubig, hatte ich doch ein ganz anderes Gesicht in Erinnerung. Aber vielleicht hatte ich mich getäuscht.
„Nein, bin ich nicht“, antwortete er.
„Warum kommst du dann?“ fragte ich ungeduldig.
„Ich war es vor ein paar Tagen.“
Verblüfft schaute ich ihn an.
„Und jetzt nicht mehr?“
„Jetzt bin ich Sambay“.
Was meinte er damit? Ich gab ihm kopfschüttelnd sein Geld, danach rief ich den nächsten Namen auf.
„Bahan!“
Jetzt kamen gleich drei anmarschiert!
„Was soll denn das?“ rief ich entnervt. Alle drei Bahans redeten durcheinander. Es wurde das totale Chaos. Bis uns nach langem, entnervendem Palaver der Dolmetscher über den Gebrauch der Namen bei den Dani informierte: Niemand besaß dort wirklich einen eigenen Namen, sondern jeder Name wurde nach Lust und Laune angenommen und wieder abgelegt – das konnte auch mehrmals am Tag passieren. Na großartig, das hätte er uns gleich sagen können, dann hätten wir uns die Mühe gespart! Resigniert setzte ich mich auf einen Baumstamm und beobachtete meine Kameraden, wie sie mit den fremden Sitten rangen.
Jetzt nämlich wollten die Träger auf einmal alle Geld, auch die nicht von uns engagierten Unterträger! Und eine Lohnerhöhung forderten sie gleich noch dazu.

Ich wünschte mich in diesem Moment weit weg. Aber wir waren hier und mussten mit den Bedingungen *hier* zurechtkommen. Wir waren aufeinander angewiesen in dieser Höhe, also verhandelten wir zäh und möglichst geduldig. Als Ergebnis wurde erreicht: Fünf der Träger verließen uns, die restlichen Träger ohne Unterträger bekamen eine „Lohnerhöhung“ von umgerechnet drei Mark fünfzig. Daraufhin konnten wir endlich unseren Weg fortsetzen.

Am fünften Tag hatten wir Glück: Es regnete überhaupt kein einziges Mal, so dass wir eine lange Etappe zurücklegen konnten. Am Nachmittag fanden wir einen windgeschützten Rastplatz unter einem Felsen. Nach der Rast wollten die Danis aber nicht mehr weitergehen. Wir aber wollten unbedingt das günstige Wetter ausnützen und stiegen mit lauter grimmig dreinschauenden Trägern noch drei Stunden steil bergauf. Das waren harte drei Stunden. Der Untergrund des Steilhangs war schlammig und glatt, aber wir schafften die Kraft raubende Strecke und wurden reichlich dafür belohnt: Oben tat sich eine Seenplatte auf und gab den Blick frei auf die „Nordwandmauer“ des Eisgebirges.
Wir hatten den „Lake Larson“ erreicht. Heinrich Harrer hatte die Seenplatte nach dem Missionar in Ilaga benannt. Unsere Blicke suchten das Eisgebirge nach dem höchsten Gipfel ab, doch unser Ziel, die Carstensz-Spitze, konnten wir von hier aus noch nicht erkennen. An einem Felsvorsprung ließen wir uns für die Nacht nieder.

Der Morgen tauchte das ferne Eisgebirge in helles Licht. Wir überdachten unser Vorhaben. Die Nordwandmauer stand uns bevor. Am besten konnte sie über den „Neuseelandpass“ erreicht werden, einem eisfreien Übergang mit langer Querung, Abstieg und Gegenaufstieg. Er barg keine bergsteigerischen Schwierigkeiten, aber das Gelände war für unsere barfuß gehenden Danis hart und mühsam. Sie schlugen sich dennoch tapfer. Doch wer nicht mehr gebraucht wurde, verließ uns sofort. Ich konnte sie nur bewundern und staunte, wie sie ohne jegliche Ausrüstung diese Strapazen überhaupt ertrugen.

Am 15. Januar 1974 brachen wir vom großen Biwakfelsen am Lake Larson, knapp unter 4000 Metern Höhe, auf. Vorher legten wir noch ein weiteres Lebensmitteldepot im Felsen an. Dort ließen wir auch drei Träger zurück.

Noch einmal unternahmen wir einen Versuch, die verbliebenen elf Danis mit den warmen Militärgewändern einzukleiden. Doch vergebens. Dabei hatten sie eine letzte schwere Aufgabe zu lösen: Sie mussten die gesamte Ausrüstung und Verpflegung über den 4400 Meter hohen Pass ins „Meren-Tal" bringen. Das alles würden wir für die Ersteigung der Carstensz-Spitze und der umliegenden Gipfel brauchen.

Auf der Höhe des Passes war es dann soweit: Steil ragte die Nordseite der Carstensz-Spitze vor uns auf. Der erste Blick auf unser ersehntes Ziel ließ mich innehalten auf meinem Weg. Ich sah fasziniert auf den Gipfel. Sogleich war mir wieder klar, warum ich solche Strapazen auf mich genommen hatte.

Wir verabschiedeten uns von den letzten unserer Träger. Jetzt waren wir vier allein, schlugen unser Lager auf und machten uns bereit, den Gipfel zu ersteigen.

Als erste Deutsche zur Carstensz-Spitze

Doch unser Plan schlug zunächst einmal fehl. Hermann hatte schon seit ein paar Tagen über Schmerzen an seinem Knie geklagt. Als wir das Knie im Lager begutachteten, stellten wir fest, dass es dick angeschwollen war. Seine alte Verletzung war wieder aufgebrochen. Frustriert lag er im Schlafsack und konnte nur das andere Bein richtig bewegen.
So nutzten Herbert und ich den Tag, um den bizarr aufragenden, markanten Felsgipfel, die „Midden-Spitze“, zu ersteigen. Wir begingen den Westgrat des 4650 Meter hohen Berges – es wurde ein wunderbares Erlebnis. Glücklich kamen wir abends zurück zum Lager.

Dann kam ein weiteres Dilemma hinzu. Zu Mittag hatten wir Fischkonserven gegessen. Sie hatten schon nicht besonders gut geschmeckt, doch wesentlich schlimmer waren ihre Folgen. Alle vier bekamen wir Brechdurchfall, auch unsere Augenlider schwollen stark an. Herbert hatte es am stärksten erwischt. Die Stimmung im Zelt war gedrückt. Geschwächt lagen wir da und berieten, was zu tun sei. Jetzt hatten wir uns so lange vorbereitet, waren so weit gekommen und hatten so viele Schwierigkeiten auf dem Weg hierher gemeistert. Und dann, im entscheidenden Augenblick, sollten wir aufgeben? Nein, das wollten wir auf keinen Fall. Aber es in unserem Zustand zu probieren? Wäre das ein zu großes Wagnis? Und was, wenn einer von uns den Gipfel nicht schaffen würde? Wir konnten denjenigen ja nicht alleine lassen. Sein Kamerad müsste sich um ihn kümmern, eine für beide riskante Situation.
Wir überlegten hin und her. Schließlich entschieden wir uns dafür. Ja, wir wollten es wagen. Keiner von uns wollte sich

selber und die anderen enttäuschen. So sprach sich einer nach dem anderen für den Gipfel aus. Mit gemischten Gefühlen lag ich im Zelt: Einerseits war ich aufgeregt, dass der große Moment gekommen sein sollte, andererseits fühlte ich mich aber matt und elend. Ich hoffte auf meine Kondition und auf meinen eisernen Durchhaltewillen.

Als uns das Klingeln des Weckers aus dem Schlaf riss, war ich mit einem Schlag hellwach.
4 Uhr 30: Es ging los! Vor Anbruch des Tages verließen wir vier in völliger Dunkelheit unser Hauptlager.
Es war bitterkalt. Jeder stapfte vor sich hin, bemüht seine Kräfte gut einzuteilen. Als die Sonne aufging, war das Panorama atemberaubend: Der schneebedeckte, steil aufragende Gipfel vor dem leuchtend blauen Himmel schien uns förmlich zu rufen!
Zunächst stiegen wir alle zusammen bis zum Fuß der Wand auf. Dann trennten wir uns wie vereinbart und bildeten zwei Seilschaften. Um unsere Chancen auf einen Gipfelsieg zu erhöhen, hatten wir zwei verschiedene Wege geplant. Bernd und ich hatten uns für den erst vor zwei Monaten von dem amerikanischen Kletterer Bruce Carson entdeckten Weg entschieden. Er führte über den westlichen Teil der Nordwand und danach über den Westgrat zum Gipfel.
Hermann und Herbert wollten durch den östlichen Teil der Nordwand eine neue Route legen.

Vor uns lag ein Gebirgsstock, der ganz aus Kalk bestand. Dieser war durch die großen Mengen an Niederschlägen außerordentlich stark erodiert und wies an vielen Stellen kleine nadelspitze Erhebungen auf. Bernd und ich gingen zunächst frei, ohne Seil. Das war ein riskanter Entschluss, doch wir hatten nicht viel Zeit. Bis vormittags um 11 Uhr mussten wir es geschafft haben, denn oft schlug das Wetter um die Mittagszeit um. Danach planten wir schon den Abstieg ein, der noch schwieriger war als der Aufstieg. Der Tag hatte hier nur 12 Stunden, das hieß, um kurz nach 18.00 Uhr wurde es schon dunkel. Und in die Dunkelheit zu geraten, war lebensgefährlich.

Bernd und ich stiegen im selben Rhythmus bergauf. Nach einigen Stunden tat sich vor uns eine etwa 800 Meter hohe, fast senkrechte Wand auf. Ich schluckte. Und ich war froh, Bernd an meiner Seite zu haben, den erfahrenen Bergsteiger.

Zum Glück hatte es am Vortag nur wenig geschneit, so war die Wand zumindest schnee- und eisfrei. Bernd stieg in die Wand ein, ich folgte. Mir war klar, dass es jetzt mehr darauf ankam denn je. Es durfte nicht das Geringste passieren, denn in diesem Winkel der Welt konnte man von niemandem Hilfe erwarten! Schon ein einfacher Beinbruch hätte das sichere Ende bedeutet.

Wir hatten uns angeseilt. Hände und Füße tasteten und suchten nach Griffen und Tritten in den steilen Felsen. Meter um Meter kamen wir hoch. Ich spürte, wie meine Beine schwer wurden: Nicht jetzt! Unser Tempo war langsam. Mein Atem kam stoßweise und flach. Deutlich spürte ich, dass ich nicht im Vollbesitz meiner Kräfte war. Ich dachte an den Gipfel und zwang mich, konzentriert weiter zu steigen.

Nach drei Stunden hatten wir die Felswand durchstiegen. Ich atmete auf. Ein paar Minuten gönnten wir uns, um zu verschnaufen. Dann stiegen wir zur Gipfelwand empor. Wasserrillen durchzogen die Steinplatten, was die Felsen zwar griffig

machte, aber Haken waren in dem rauen Fels schlecht anzubringen.
Bernd ging wieder voran, ich folgte. Dann passierte es. Ich kletterte gerade einen Riss hinauf und stützte mich ins Seil, als sich aus dem brüchigen Felsen ein Haken löste. Ich hörte es noch knirschen, sah wie elektrisiert zu der Stelle – und im nächsten Augenblick verlor ich den Halt. Schon im Rutschen versuchte ich mich festzuhalten, doch meine Hände vermochten nichts mehr zu greifen. Ungebremst sauste ich den Abhang hinunter, immer schneller werdend. Am Ende des Abhangs tat sich die Leere auf – panischer Schrecken – unter mir wusste ich den Abgrund! In diesem Moment riss es mich mit einem harten Schlag nach oben, so dass mir die Luft wegblieb. Bernd stand über mir, stemmte sich gegen die Wand und hielt mich sicher und fest am Seil.
Schnell suchte ich sicheren Stand und brachte mein wild pochendes Herz zur Ruhe. Meine Hände waren blutig, mein Anorak zerrissen, ein paar Abschürfungen hatte ich auch. Ich blinzelte hinauf zu Bernd. Ohne ihn wäre ich 80 Meter in die Tiefe gestürzt.
„Los!“, rief mein Kamerad, „wir müssen weiter!“
Er hatte Recht.
„Danke“, murmelte ich leise. Dann kletterte ich weiter. Als Bergsteiger musste man eben hart im Nehmen sein. So ein Vorfall war im Gebirge nie gänzlich auszuschließen.

Am 17. Januar 1974 gegen elf Uhr erreichten wir den Gipfel. Aus dem Nebel tauchte er ziemlich unvermittelt vor uns auf. Unsere Kameraden warteten bereits. Sie hatten ihre neue Route geschafft. Herbert war trotz seines schweren Rucksacks und seiner Magenverstimmung gut in Form gewesen.

Wir gaben uns die Hände und freuten uns gemeinsam über unseren Erfolg. Was hatten wir noch am Vorabend gehadert! Und jetzt standen wir am höchsten Punkt Neuguineas. Das Gefühl des Sieges stieg in mir hoch. Ich dachte an Renate: Wie schön wäre es, wenn sie jetzt hier wäre und dieses Glück mit mir teilen könnte!

Hermann mahnte zum Aufbruch. In unserem Glückstaumel hatten wir es nicht bemerkt: Das Wetter hatte umgeschlagen. Um uns herum waren bedrohliche Wolkentürme hochgestiegen. Nebel zog auf, wir hatten nicht mehr lange Zeit. Also brachen wir ziemlich eilig auf.

Beim Abstieg machte sich unsere doch geschwächte Verfassung bemerkbar. Nicht mehr angetrieben von der Euphorie, den Gipfel erreichen zu müssen, spürten wir unsere Kräfte schwinden. Ein langer, mühseliger Weg wartete auf uns. Hermann klagte wieder über große Schmerzen im Knie, doch er biss die Zähne zusammen. Nach einiger Zeit spürte er das Knie kaum mehr.

Wenn es möglich war, seilten wir uns große Stücke ab, einmal sogar an einem vorgefundenen Klemmseil. Dann begann es wieder zu schneien. Der Fels war in den Rinnen rutschig, wir mussten sehr vorsichtig sein. Doch unsere Konzentration ließ immer mehr nach. Am Ende stolperten wir nur noch über den kantigen Moränenschutt.

Nach langen 12 Stunden erreichten wir völlig durchnässt und todmüde unser Basislager.

Erschöpft brühten wir warmen Tee auf und packten uns in unsere Schlafsäcke. Hermann untersuchte sein Knie. Es sah böse aus: verschwollen und blaugrün angelaufen.

Obwohl wir völlig ausgepumpt waren, konnten wir lange

nicht einschlafen. Ich hörte, wie sich Bernd hin und her wälzte. Wir waren einfach noch zu aufgewühlt! Schließlich fielen mir doch die Augen zu. In dem unbeschreiblichen Gefühl, dass wir als erste deutsche Bergsteiger die Carstensz-Spitze bestiegen hatten, glitt ich in einen tiefen, erholsamen Schlaf.

Bergfieber

Es war die Sonne, die unser Zelt wärmte, und es war taghell, als ich am nächsten Morgen die Augen aufschlug. Was für ein wunderschöner Tag! Für Neuguinea war das wirklich ein ungewöhnlich gutes Wetter. Meine drei Kameraden saßen schon beim Tee und berieten sich aufgeregt. Ich setzte mich dazu und wurde sofort angesteckt von ihrer guten Laune. Das Eisgebirge war aber auch zu schön in der wärmenden Morgensonne! Die Gletscher blitzten im Licht, unberührte Schneefelder glitzerten einladend in der Sonne.

Was meinen Kameraden durch den Kopf ging wusste ich, als ich ihre Augen sah, denn ich hatte den gleichen Gedanken: Fieber glänzte in ihren Augen – Erstbesteiger-Fieber! Es hatte uns alle erwischt: Wir wollten mehr. Und die Voraussetzungen waren günstig. Wir hatten noch Proviant, wir hatten die schönsten Berge vor Augen und – wir hatten wieder Energie! Das Knie von Hermann war durch Behandlung und Ruhe fast schmerzfrei.

Und unser Plan nahm schnell Gestalt an. Wir wollten unsere Expedition mit einer Überquerung aller Gletschergipfel östlich des Neuseeland-Passes beenden. Der Middenkamm trennte den Carstensz- vom Meren-Gletscher. Nach Norden hin brach der Kamm mit unterschiedlich hohen Wandstufen ab. Hier war es möglich, darüber zu kommen. Bisher hatte das noch nie jemand versucht.

Sofort war ich Feuer und Flamme, doch der Plan hatte seine Tücken: Der Gletscher weichte bis Mittag zu einem knietiefen Sumpf auf, so dass für eine Begehung nur die Morgenstunden in Frage kamen.

In aller Herrgottsfrühe am nächsten Tag brachen wir auf. Wir hatten Glück gehabt. In der Nacht hatte es starken Frost gegeben. Auch am Tag blieb die Sonne hinter den Wolken, so dass es nicht zu warm wurde. So blieb der Gletscher fest und griffig.
Um halb acht Uhr standen wir bereits auf unserem ersten Zielpunkt, einem 4650 Meter hohen Felsgipfel. Dann stiegen wir über den Carstensz-Gletscher in nördlicher Richtung weiter. Unter uns lag eine Hochnebeldecke und ließ den Blick auf den Urwald im Tal zumindest teilweise frei werden. Es sah so unwirklich aus, die schön geschwungenen Firnhänge über dem nebelverhangenen Urwald!
Begeistert stiegen wir weiter zu unserem nächsten Gipfelpunkt auf 4800 Metern auf. Hier war erst mal Schluss: Den Endpunkt des Middenkamms konnten wir nicht mehr erreichen, denn er war durch eine tiefe Scharte von uns getrennt. Wir änderten unsere Route und stiegen am Meren-Gletscher auf, um als letztes noch den Nga-Palu-Gipfel zu erreichen. Die Verhältnisse wurden schlechter, teilweise kletterten wir schon in dichtem Nebel. Vor meinen Augen verschwammen Spalten und Geländekonturen, doch auf einer Firnkuppe riss die Nebeldecke zum Glück wieder auf. Wir kamen am Gipfel an.
Doch lange durften wir uns da nicht aufhalten. Es war schon weit nach Mittag, als wir über den Gletscher zum Neuseeland-Pass hinausquerten. Das Wetter schlug um und machte uns das Weiterkommen schwer. Im Handumdrehen änderte sich unsere ganze Situation.

Dichter Nebel zog aus dem Tal herauf und legte sich auf die Schneefelder. Es war schwierig geworden, Konturen zu erkennen und machte die Orientierung zu einem Glücksspiel. Wir tasteten uns förmlich den Grat entlang. Das Gelände um uns fiel steil ab. Unsere lustigen Sprüche waren längst verklungen. –

Plötzlich fühlte ich ein Kribbeln an meinem Kopf. Ich griff danach. Doch da war nichts. Es versetzte mir lediglich einen elektrischen Schlag. Irritiert schaute ich zu meinen Kameraden. Auch sie schienen wie unter Strom zu stehen. Die Luft war in höchstem Maß aufgeladen. Meine Haare standen zu Berge, die Luft vibrierte. Kein Laut war zu hören. Ich konnte die Spannung kaum mehr ertragen, als ein donnernder Schlag die Luft wie ein Messer zerschnitt. Ein hochalpines Gewitter direkt über uns! Es entlud sich so plötzlich, dass wir fast zu Boden gingen. So schnell wie nur irgendwie möglich mussten wir weg vom Grat, nur weg! Wir flohen in Richtung Süden. Am liebsten hätte ich mich unter die Eisfläche verkrochen. Doch nichts weit und breit bot uns Schutz. Mit unvorstellbarer Urgewalt donnerte das Gewitter auf uns nieder. Eisregen prasselte herab.

Wir legten alles an Tempo zu, was in diesem Gelände möglich war. Meine Hände waren blutig gerissen vom rauen Fels und vom harten Eis. Doch das Schlimmste war etwas anderes: Wir hatten nicht mit den tückischen Gletscherspalten gerechnet! Von einer Spalte zur nächsten hangelte ich mich hinter Bernd, meinem Vordermann, her. Binnen kurzer Zeit befanden wir uns mitten in einem wilden Gletscherbruch, dem unsere Ausrüstung nicht mehr standhielt. Auf einem Eiszacken brach mein Eispickel ab. Ich konnte ihn mit dem abgebrochenen Stumpf nicht mehr richtig handhaben. Dabei wurden die Eisbrüche immer zahlreicher und schwieriger. All meine Kraft musste ich aufbieten und mich mit Händen und Füßen fest-

halten. Jeder Meter war ein Willenskampf. Zwar halfen wir uns gegenseitig, wo es ging, doch im Grunde kämpfte jeder allein mit den Naturgewalten. Über uns tobte immer noch das heftige Gewitter.
Lieber Himmel, wo war nur unser Basislager!?

Das Gewitter verzog sich, so unvermittelt wie es gekommen war. Jetzt fiel nasser Neuschnee. Die Nebeldecke riss auf machte den Blick frei auf eine dunkle Felsrippe unter uns. Das musste in der Nähe unseres Lagers sein! Mit Sorge blickten wir auf den sich verfinsternden Himmel. Es wurde langsam Nacht. Und es bestand wenig Hoffnung, dass wir vor Einbruch der Dunkelheit unser Hauptlager erreichen konnten. Wir machten uns mit dem Gedanken vertraut, ein eisiges Biwak hier irgendwo auf freiem Gelände errichten zu müssen.
Beklommen stiegen wir weiter durchs Eis. An der Spitze Herbert. Er suchte uns einen Weg zwischen Spalten, Zacken und Eistürmen. Woher wusste er den Weg? Die Richtung müsste schon stimmen, vermeldete er auf unsere Frage. Überzeugend klang das nicht. Für mich sah das Gelände überall gleich aus, ich hätte niemals einen Weg aus dem Eislabyrinth gefunden. Jetzt führte uns Herbert über eine morsche Eisbrücke. Ich war zu erschöpft, um Angst zu haben. Die Brücke hielt.
Das Eis war grobkörnig und bröselig. Der Weg schien endlos, endlos. Es war bitterkalt, wir alle waren durchnässt und froren seit Stunden. Immer wieder durchliefen mich Kälteschauer. Meine Hände zitterten. Ich sah mich nach einem Platz um, wo wir uns für die Nacht einrichten konnten. Es wurde dämmrig. Ich dachte an die berühmten Erstbesteiger der Achttausender. Wo hatten diese mutigen Männer überall die

Nacht verbracht! Hermann Buhl am Nanga Parbat – dieser unglaubliche Alleingang – und diese Gedanken zogen mich wieder hoch. Innerlich sprach ich mir Mut zu. Würde meine Kraft reichen?

Da sah ich, wie Herbert stutzte. Was hatte er gesehen?
„Schaut her! Spuren am Gletscherrand!“
Jetzt bemerkten wir sie auch: Fußspuren die steil über den Gletscher führten. Es waren unsere eigenen Aufstiegsspuren! Über Schnee, Fels und Schutt stolperten wir an ihnen entlang talwärts. Nach einer weiteren guten Stunde sahen wir in der Dunkelheit unsere Zelte, die aussahen wie kleine Schneehügel. Was für ein Glück, dass wir sie unter diesen Umständen überhaupt entdeckt hatten!
Mit letzter Kraft wischten wir den schweren Neuschnee von den Zeltdächern ab und krochen in unsere trockenen Schlafsäcke. Gerettet.

Zurück im Urwald

Es wurde spät, als wir uns am nächsten Morgen aus unseren Schlafsäcken schälten. Zu lange hatten wir gefroren und genossen die Ruhe und Wärme! Doch der Tag begann schön, keine Wolke trübte den Himmel.
„Wir bekommen Besuch!“ Ich erkannte in der Ferne winzige Gestalten. Eine andere Expedition? Unwahrscheinlich.
Die Gestalten kamen näher. Wir erkannten unsere drei Träger, die wir zurückgelassen hatten. Sie waren ins Hauptlager aufgestiegen, weil sie keine Lust mehr zum Warten hatten! Das war ein deutliches Signal. Aber unser Werk war ja auch vollbracht, wir waren am Ziel unserer Wünsche und mussten uns nun mit dem Gedanken an den bevorstehenden Rückmarsch befassen.
Es standen uns wieder fast einhundert anstrengende Kilometer Rückmarsch durch das bergige Sumpfgelände bevor. Die Frage war, ob Hermanns Knie das aushalten würde. Auch Herbert war wieder geschwächt durch einen neuerlichen Darminfekt.

Wir ließen schweren Herzens unsere Bergsteiger-Ausrüstung im Hochlager im Meren-Tal zurück. Unter einem Felsen hatten wir alles vergraben, denn der Rücktransport der schweren Ausrüstung hätte zu viele Schwierigkeiten mit sich gebracht. Die Träger waren ohnehin am Ende ihrer Kräfte. Das schlug sich in unserem Tempo nieder. Unser kleiner Trupp brauchte für die Aufstiegsstrecke von einem Tag nun abwärts volle zwei Tage. Mühselig und langsam quälten wir uns bergab. Ein Träger konnte kaum noch gehen, er hatte sich an beiden Füßen eine Infektion zugezogen. Wir verabreichten ihm ein Antibio-

▲ *Feuer – auch für die Danis unverzichtbar zum Überleben.*

Träger-Streik! Das bedarf wortreicher Verhandlungen und Geschenke. ▼

▲ *Schorsch Kirner will wissen wie das Wetter wird.*

Blick über den 4200 m hohen Neuseeländer-Pass zur Nordwand. ▼

Die Carstensz-Spitze 5030 m – Pyramide über den Wolken.

Firngrat hoch über dem Dschungel von Neuguinea.

tikum. Zwei seiner Kameraden stützten ihn, bis er langsam wieder alleine laufen konnte.

Als wir an unser erstes Lebensmittel-Depot kamen, stellten wir bestürzt fest, dass es leer war. Die vor uns zurückgegangenen Träger hatten alles aufgegessen. Wir mussten nun das Wenige, das wir noch hatten, stark rationieren.

Wie geplant erreichten uns am nächsten Tag ein paar aus Ilaga neu angekommene Träger. Sie waren gutgelaunt und im Vollbesitz ihrer Kräfte. Gleich lief alles bedeutend besser! Die Lasten wurden neu verteilt, und in einem Zehn-Stunden-Marsch schafften wir eine 35 Kilometer lange Strecke mit vielen Höhenunterschieden, Sumpfgebieten und einem halben Dutzend Flussdurchquerungen! Zu unserer Enttäuschung waren auch die nächsten Depots geleert, nun hatten wir nichts mehr zu essen.

Hungrig und triefend nass übernachteten wir in schlammigen Grashütten.

In den nächsten Tagen erfolgte der Abstieg vom Hochplateau, der Urwald hatte uns wieder. So ganz hatte ich den Wechsel von eisigem Hochgebirge zu dämpfigem Urwald noch nicht vollzogen! Es ging wieder los mit den täglichen Regengüssen, doch das konnte uns nichts mehr anhaben. Eine Holzhütte beherbergte uns in der letzten Nacht im Busch, während die Danis um ihre Feuer lagerten. Noch nie haben mir gebratene Süßkartoffeln, die uns die Träger gaben, so gut geschmeckt.

An einem strahlenden Sonntagvormittag, dem 3. Februar 1974, trafen wir wieder an unserem Ausgangspunkt in Ilaga ein.

Menschen der Steinzeit

In der Zeit, die wir mit den Danis verbrachten, konnte ich das unglaubliche Volk näher kennen lernen. Dabei half uns ein Dolmetscher, der seit Jahren Kontakt zur Missionsstation hatte.

Negroid und mit schwarzem Kraushaar waren mir die Danis auf den ersten Blick furchterregend erschienen. Doch das hatte sich bald geändert. Sie wurden uns treue Weggefährten, die sehr am Gemeinwohl interessiert waren. Sie teilten untereinander stets ihr Essen. Das bestand meist aus Kartoffeln, dazu jagten sie Fledermäuse und verschiedene Vögel. Das Essen wurde gebraten, Feuer war ihr Lebenselixier. Einmal wollte ich unterwegs, dass kein Feuer gemacht wurde. Der beißende Rauch stieg mir jeden Abend in die Augen. Doch die Träger protestierten geschlossen, ohne Feuer würden sie künftig keinen Schritt mehr tun.

Fast jeder Dani hatte Narben an Armen, Beinen und Schultern. Sie rührten von Verbrennungen her, die sich die Danis in der Nacht zuzogen. Sie legten sich ums Lagerfeuer, schliefen ein und die aufsprühenden Funken flogen auf ihre Körper.

Teller, Töpfe oder überhaupt Gefäße hatten die Danis keine. Einmal habe ich sie aus einem Trinkbecher aus Kürbis trinken sehen. Wenn sie nicht unterwegs waren und Kartoffeln brieten, kochten sie manchmal ihr Essen. Dazu hoben sie ein Ofenloch aus der Erde aus. Zuerst legten sie Blätter hinein, dann füllten sie große, heiße Steine ein. Zwischen die Steine stapelten sie Gemüse oder Früchte. Darauf kamen noch einmal Blätter und heiße Steine. Im so entstandenen Ofen wurde das Ganze in der Hitze gegart. Genau wie die anderen aß ich das fertige Essen mit den Händen und mithilfe von Blättern. Es schmeckte leicht süßlich und ein bisschen nach Erde. Gut!

Im Dorf gab es Männer- und Frauenhäuser. Bei Tag war man zusammen, in der Nacht schlief, auch wer verheiratet war, getrennt voneinander.

Die Danis sind ein glückliches Volk. Nichts liegt ihnen so am Herzen wie ihr Land, das nach traditionellem Recht den dörflichen Gemeinschaften gehört und nicht verkauft werden kann. Doch solche Grundsätze zählen wenig angesichts der Entwicklungswut der Regierung in Djakarta. Immer neue Siedler werden in das Land, das etwas größer ist als Deutschland, gebracht. Die Ureinwohner werden an den Rand gedrängt. Und mit ihrem festen Wertesystem, das dem Teilen einen höheren Wert zumisst als dem Verkaufen, sind sie natürlich keine Konkurrenz für die Geschäftemacher aus Java.

Wir nahmen Abschied, und zwei Tage nach unserer Ankunft in Ilaga hatte uns die Heimat wieder. Vier deutsche, sehr glückliche Bergsteiger landeten auf dem Münchner Flughafen. Und als ich, auf meinen Rucksack wartend, schon zum Ausgang schielte, sah ich meine Frau Renate in der ersten Reihe stehen.

So kam ich zu ihr zurück von meiner ersten Expedition ohne sie, im Gepäck die Erinnerung an einen Berg von unvorstellbarer Schönheit, der im krassen Gegensatz zu seiner tropisch feuchten Umgebung über 5000 Meter zum Himmel emporragt.

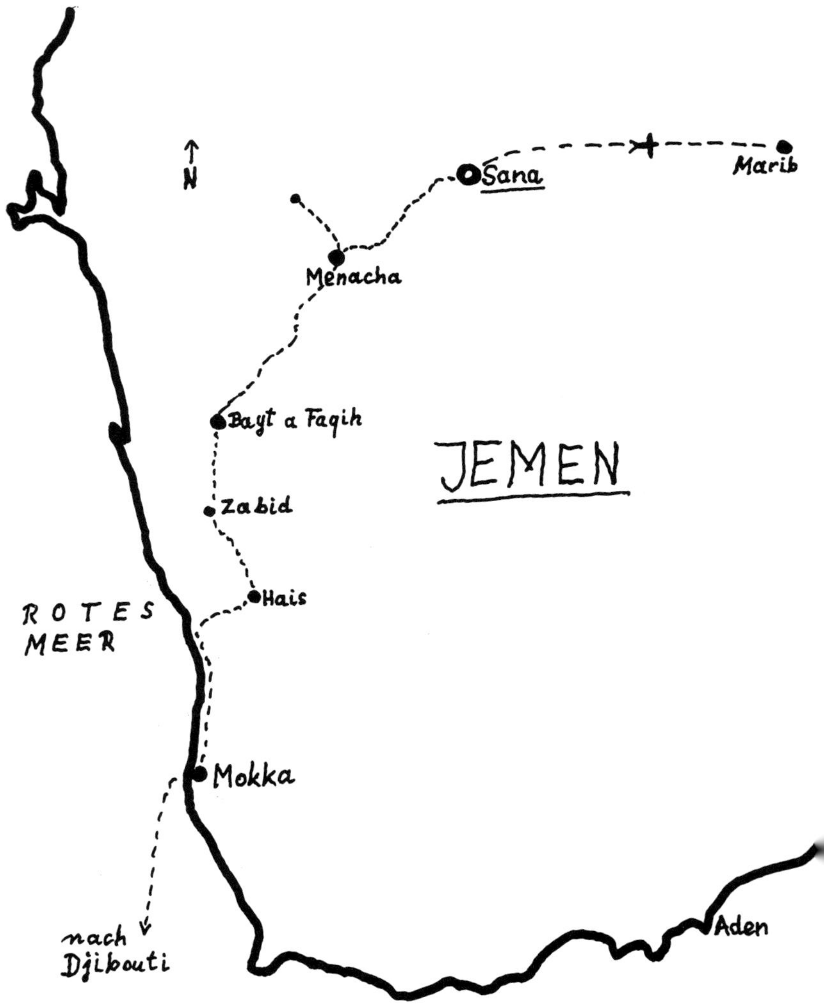

Sana
Marib
N
Menacha
Bayt a Faqih
JEMEN
Zabid
Hais
ROTES
MEER
Mokka
nach
Djibouti
Aden

Jemen

Eine Odyssee

1979

Wohnburgen im Sand

Sana: Stadt auf dem Bergplateau in 2200 Metern Höhe. Stadt aus Tausendundeiner Nacht, von der Abendsonne in warmem Licht angestrahlt, die mehrgeschossigen romantischen Wohnburgen leuchteten orangerot. Aquamarin und türkis glitzerte es von den Moscheen, der Muezzin rief in der Ferne seine Einladung zum Abendgebet.

Wie hab ich das verdient, an diesem wunderbaren Ort zu sein, dachte ich bei mir, auf einem kleinen Hügel sitzend, auf die Stadt zu meinen Füßen herabblickend. Diese Reise war bisher sehr gut verlaufen. In den Jemen war ich gekommen, um den Spuren der einstigen Hochkultur nachzuforschen. Ich suchte die Stadtanlagen des alten Jemen, und wollte die Entstehung und den Zweck der faszinierenden Wohnburgen studieren. Es gab diese stattlichen Bauten lange Zeit bevor im Abendland das erste Hochhaus gebaut wurde. Auch wollte ich den Anfängen des berühmten Kaffees nachspüren, in der alten sagenträchtigen Stadt Mokka, die in der ganzen Welt berühmt wurde.

Die Reise hatte sich gut angelassen, die Leute waren sehr freundlich, ich hatte keine Schwierigkeiten, mich in dem fremden Land zu bewegen. So, dachte ich, würde es auch weitergehen, nicht im Mindesten ahnend, dass diese eine meiner dramatischsten und gefährlichsten Reisen überhaupt werden sollte.

Am nächsten Morgen stieg ich in eine ziemlich altersschwache DC 3, um den kleinen Ort Marib im Osten des Landes zu besuchen.

Als ich gerade beim Einsteigen war, brach auf einmal heftiges Gerangel aus. Es kam für mich aus heiterem Himmel, den-

noch blieb ich völlig ruhig. Ich hatte schon eine sehr hohe Gelassenheit darin entwickelt, wenn um mich herum Aufruhr entstand. Zumeist war ich selber oder mein Erscheinen dafür die Ursache, ohne dass ich es wollte. So bezog ich den Lärm zunächst unwillkürlich auf mich. Aber diesmal war ich es nicht. Eine Polizeikontrolle untersuchte alle Passagiere auf Waffen. Was mich zum Stutzen brachte, war, was sie alles fanden! Ich traute meinen Augen kaum: Unter den knöchellangen Gewändern kamen Revolver, Pistolen, Messer und jede Menge Munition zum Vorschein. Fast jeder war bis an die Zähne bewaffnet! Wollte ich wirklich noch mitfliegen? Ich nahm es jedoch hin, wunderte mich über das bewaffnete Volk und schon hob die Maschine ab. Neben mir saß ein alter Jemenit, dem sie seinen Krummsäbel abgenommen hatten, sein Zeichen von Würde und Freiheit. Er schimpfte und fluchte den ganzen wackeligen Flug über.
Kaum hatte das Flugzeug auf der holprigen Landepiste in Marib aufgesetzt, verließen meine Mitreisenden das Flugzeug, nahmen ihre Waffen wieder in Empfang und dankten Allah für seine Großzügigkeit, dass sie wieder heil auf die Erde zurückgekehrt waren. Danach strömten sie eiligen Schrittes aus dem mit Stacheldraht umzäunten Flugplatz. Während ich gerade noch darüber nachdachte, wohin sie denn alle gehen wollten – denn auch vom Flugzeug aus konnte ich keine Dörfer in der Nähe des Flugplatzes erkennen – kamen überall hinter den Dornenbüschen oder Sandhügeln kleine Gruppen von Menschen hervor, die mit ihren Kamelen dort auf ihre Freunde gewartet hatten. Bald verschwanden sie alle am Horizont, nur ich stand ganz allein am Flugplatz und wusste nicht recht, wohin. Das war mir neu, dass mir keiner Hilfe anbot, ja, dass mich überhaupt keiner zur Kenntnis genommen hatte!

Zu Fuß folgte ich einer Sandpiste, die ja irgendwann in einen Ort hineinführen musste. Nach einiger Zeit kam ich an ein paar Bauern vorbei, die zu dritt selber einen kleinen Pflug mit den Händen zogen. Sie winkten mir zu und luden mich zu sich nach Hause ein. Ich war froh und folgte ihnen, eine kleine Hütte erwartend.
Wie staunte ich, als wir bei Einbruch der Dunkelheit an einer imposanten Wohnburg ankamen! In der Wohnburg war allerdings kein Zimmer mehr frei, so schlief ich auf dem Flachdach, wo die Familie Hirse und Gerste zum Trocknen ausgebreitet hatte. Das war mir sehr recht, ich aß mein mitgebrachtes Brot, trank heißen Tee und schlief unter dem hell leuchtenden Sternenhimmel ein.

Am nächsten Tag besah ich mir meine Umgebung. Die Wohnburg bestand aus vier Stockwerken und war aus Lehm und Steinen gebaut. Sorgfältig behauene Balken aus Palmenholz bildeten die Fußböden in den Stockwerken. Durch ein raffiniertes System wird der spärliche Regen auf dem Flachdach aufgefangen und in eine Zisterne geleitet. Von meiner Dachterrasse aus blickte ich in die kahle Landschaft ringsum, dann ging ich die schmale Steintreppe in den ersten Stock hinunter.
Dort saßen schon etwa zwanzig Familienmitglieder mit gekreuzten Beinen auf dem Fußboden und warteten auf mich.
„Salam aleikum“, sagte ich freundlich in die Runde.
„Wa aleikum as-salam“, erwiderten sie und winkten mich zu sich.
Da erhoben sich die stark vermummten Frauen und verließen den Raum. Die Männer rauchten eine Wasserpfeife. Ihr weißgelber Schlauch schlängelte sich durch den Raum, die Pfeife

blubberte. Alle kauten Kat, mit dem ich hier meine erste Begegnung hatte. Die Blätter der Kat-Pflanze sind wie ein Ersatz für den von Allah verbotenen Alkohol und haben eine berauschende Wirkung. Aber nicht auf jeden.
Natürlich probierte ich davon, aber ich wurde nicht high, sondern mir wurde speiübel. Nach einer halben Stunde saßen alle noch da, ihre verklumpten Katblätter in den Backen verstaut wie Hamster, die ihre Wintervorräte heimbringen. Ich konnte das Zeug nicht behalten und spuckte es auf der Toilette wieder aus.

Mein Ziel war der berühmte Staudamm, das heißt, was davon noch übrig war. Er war acht Kilometer entfernt. Wo einst blühendes Leben gewesen war, befanden sich nur noch Sand und ein paar kärgliche Sträucher. Deutlich sah ich noch die Mauern des Dammes und die einwandfrei erhaltenen Schleusen, durch die das ganze Tal bewässert und somit fruchtbar gemacht wurde. Auch der Koran erwähnt diesen Damm im heutigen Jemen und dass Allah mit dem Dammbruch das frevelhafte Treiben der hier lebenden Bewohner bestraft hätte. Während ich überlegte, warum der Damm tatsächlich gebrochen war – wegen seiner Verschlammung oder wegen eines Erdbebens – winkte mir ein Hirte zu, der mühsam seine wenigen Ziegen einzeln mit Wasser versorgte. Ich setzte mich zu ihm ans Feuer, denn es war sehr kühl. Die Wärme der Flammen tat uns gut.
Nicht weit von uns waren die Ruinen des ehemaligen Tempels der sagenhaften Königin von Saba. Im Schlafsack liegend betrachtete ich das fahle Licht des Mondes, das durch die Ruinen fiel. Ich wusste von einer Steintafel, die von Wissenschaftlern gefunden und übersetzt worden war. Auf ihr ist die Rede

von einer Pyramide in der Wüste von riesigen Ausmaßen, die mit der Spitze nach unten im Sand vergraben ist.
Was, wenn die Pyramide hier ganz in der Nähe ist, zugedeckt von Wüstensand?, dachte ich bei mir. Mich erfasste das aufregende Gefühl des Archäologen, der unmittelbar vor einem sensationellen Fund steht. Was für ein geheimnisvoller Ort! Während ich noch überlegte, ob ich vielleicht zu graben anfangen sollte, schlief ich ein.

Zwischen den Fronten

Als ich am nächsten Morgen darüber nachdachte, gab ich diesen Gedanken wieder auf. Die politische Lage zwischen Nord- und Südjemen, deren Grenze genau hier verläuft, erlaubt es keiner archäologischen Forschergruppe, unter dem Wüstensand nach Spuren dieser alten Kultur zu suchen.
Wegen der großen Hitze und des Mangels an Wasser konnte ich mich nur zwei Tage bei diesen Ruinen aufhalten, dann wanderte ich wieder zurück nach Marib.
Während ich mir den Ort besah, hörte ich Gewehrschüsse. Ich hielt sie für Übungseinheiten der zahlreichen Soldaten hier. Das war ein Irrtum.
Plötzlich tauchten aus den Ruinen des Ortes Soldaten auf, die bis an die Zähne bewaffnet waren. Sie liefen in Richtung Staudamm. Während ich das Geschehen aus der Distanz noch verblüfft verfolgte, war ich selber schon von drei Soldaten umringt. Sie packten mich grob bei den Schultern und stießen mich vor sich her. Viel zu überrascht, wehrte ich mich nicht. Es ging über Stock und Stein. Ich hatte überhaupt keine Ahnung, was das sollte und wohin es ging, ich lief einfach stolpernd mit.
Nach etwa einer halben Stunde kamen wir in einer Art Bunker außerhalb des Ortes an. Zwei der Soldaten stießen mich unsanft hinein und nahmen mir meine gesamte Ausrüstung ab. Einer der beiden bewachte mich mit seinem geladenen Gewehr, der andere wollte meine Foto- und Filmausrüstung zerschlagen, weil ich angeblich militärische Einrichtungen fotografiert hatte.
„Halt!“, schrie ich in meiner Aufregung auf Deutsch. Ich versuchte sie zu beschwichtigen und redete auf sie ein. Ich sei nur ein Tourist und ausschließlich an den antiken Bauwerken

interessiert, nicht im Mindesten an Politik. Am allerwenigsten wollte ich in eine Nord-Süd-Jemenitische Auseinandersetzung geraten! Es hatte zumindest zur Folge, dass sie meine Ausrüstung verschonten, allerdings musste ich weiterhin in dem heißen muffigen Bunker bleiben. Sie schienen das Interesse an mir verloren zu haben, so hielt sich auch meine Angst in Grenzen. Ich beobachtete die Männer. Ihr blitzschneller Griff zu den Gewehren beeindruckte mich. Sie mussten nicht überlegen, konnten reflexartig handeln, weil sie stets mit gefährlichen Situationen rechneten. Das galt übrigens für alle Männer im Jemen. Jeder Mann war jederzeit darauf eingestellt, sich zu verteidigen.
Der Bunker blieb für weitere drei Tage mein Quartier. Meine Bewacher wechselten ständig, keiner sprach ein Wort mit mir. Die Zeit wurde mir sehr lang, meine Vorräte gingen zur Neige. Endlich kam ein Sanitäter, der seine Verpflegungsration und sein Wasser mit mir teilte. Er kam direkt von der Front und berichtete, dass er auf keinen Fall auf seine Landsleute schießen würde. Er selbst war erst seit fünf Jahren hier im Nord-Jemen, seine zwei Brüder aber lebten noch auf der anderen Seite der künstlichen Grenze. Ich erzählte ihm, dass es in meinem Land ähnlich sei. Bald wurde aus meinem Bewacher ein Freund.
Er erreichte, dass ich den Bunker verlassen durfte. Noch am selben Tag flog ich mit dem Flugzeug, das die Verwundeten aus dem Kampfgebiet brachte, nach Sana zurück. Ich erkannte in der Maschine dieselbe, die mich hierher nach Marib gebracht hatte, die gleiche alte DC 3. Jetzt war sie zu einem Sanitätsflugzeug umfunktioniert worden.
Verletzte junge Männer lagen schreiend vor Schmerzen auf dem Fußboden der Maschine. Sie waren notdürftig verbun-

den und verlangten nach Wasser, was wir jedoch nicht an Bord hatten. Zudem stank es furchtbar. Die Blicke der Verletzten durchbohrten mich, während ich als Gesunder ihnen nicht helfen konnte. Erleichtert verließ ich in Sana das Flugzeug.

Nach den Erfahrungen der letzten Tage sah ich die Stadt nun mit anderen Augen. Es war dieselbe Stadt, aber das Idyll war trügerisch, das Land war in Aufruhr. Nachdem ich diesem Konflikt gerade noch hatte entrinnen können, zog es mich nun in ein anderes Gebiet. Schließlich war ich hier, um der früheren Kultur nachzuspüren und vielleicht Überreste davon zu finden. Ich hatte keine Ahnung, dass mein Erlebnis lediglich ein Vorgeschmack auf den weiteren Verlauf meiner Reise war. Hätte ich gewusst, was das Schicksal für mich bereithielt, so hätte ich die Reise sofort abgebrochen.

Aber so plante ich nichts ahnend mein Weiterkommen nach Mokka, dem einst wichtigsten Hafen für den Kaffeehandel. Von Mokka aus wurde Kaffee in die gesamte arabische Welt verschifft.

Bei den Bergbauern

Mit einem Sammeltaxi fuhr ich nach Menacha, das oben im Gebirge mitten im Kaffeeanbaugebiet liegt. Von dort aus wollte ich weiter nach Mokka. Ich wusste nicht einmal sicher, ob die Stadt mit dem legendären Ruf noch existierte. Unterwegs sah ich sie wieder: die malerischen, stolzen Wohnburgen auf den Gipfeln der kahlen Berglandschaft. Bis zu acht Stockwerke hoch bieten sie Platz für eine ganze Sippe. Sie sind ohne Zement und Mörtel gebaut und stehen seit Jahrhunderten als Wohnwehrburgen auf den hohen Bergen, Mensch und Tier innerhalb ihrer Mauern vor den Feinden schützend.
In Menacha fand ich Quartier in solchen Wohnburgen und studierte sie ausgiebig von innen wie von außen: Ich bewunderte die mit schönen Mustern verzierten Fußböden. Zu den oberen Stockwerken führten Treppen; oben wohnte man während der heißen Jahreszeit, weil da die Luftbewegung leichte Kühlung versprach, war es kalt, zog man nach unten. In die engen Gassen zwischen den Wohnburgen kam kaum Sonnenlicht. Sowohl die Gassen als auch die Menschen schienen dem Märchenbuch aus Tausendundeiner Nacht entsprungen zu sein: Jemeniten mit weißen Gewändern und dem Krummdolch, verschleierte Frauen mit großen, wassergefüllten Krügen auf dem Kopf.
So wie die Stadt faszinierte mich auch die Umgebung. Auf den Terrassenfeldern hoher Berge bearbeiteten Bauern ihren kargen Boden. Sie hackten auf einer spärlichen Humuskruste herum, während ein Ochse eine Astgabel hinter sich herzog, mit ihrer Spitze die Erde umpflügend. Um es aus der Nähe betrachten zu können, ging ich schnurstracks zu den Terrassenfeldern, doch ich war nicht willkommen. Die Kinder fin-

gen an zu weinen, als sie mich sahen, die Hunde bellten und einige der Männer drohten mir mit ihren Hacken und vertrieben mich.

Frustriert ging ich zurück nach Menacha. Wer könnte mir helfen? Ich müsste eine Art Dolmetscher finden, um Kontakt zu den Bergbauern zu bekommen. Auf dem Markt lernte ich Mohammed kennen, einen 25-jährigen Studenten aus Sana. Er erklärte sich bereit, mit mir zu gehen. Zuerst kaufte er sich von meinem Vorschuss ein Bündel Katblätter, die er gierig kaute und in einer Backe als Kugel lagerte. Ich wurde misstrauisch, zumal er danach auch keine Lust mehr verspürte, mit mir zu gehen. Es brauchte viel Überredungskunst, bis er schließlich, torkelnd wie ein Betrunkener, mit mir aufbrach.
Nach einer guten Stunde Marsch kamen wir wieder bei den Leuten an, die mich am Vortag vertrieben hatten. Mohammed sprach längere Zeit auf sie ein. Sie legten ihre Arbeit nieder, nahmen den mitgebrachten Kat meines Begleiters an und diskutierten heftig miteinander. Zum Kat tranken sie Wasser aus ihren Tonkrügen. Da legte sich einer der Bauern einfach um, blinzelte in die Sonne und einen Augenblick später war er eingeschlafen. Ich sah ihn verwundert an. Schlagartig war er müde geworden! Dann der nächste. Sie wurden immer schweigsamer und nach einer Stunde waren alle nacheinander eingeschlafen. Die Katblätter waren aufgegessen. Nur ich stand da, stocknüchtern, und wusste nicht, was ich anfangen sollte!
Mohammed hatte, als er wieder aufwachte, das Interesse an mir verloren und reichte mich quasi an Ali weiter, einen älteren Mann unter den Bergbauern. Bei ihm durfte ich wohnen. Er klärte mich über die schwindende Bedeutung des

Kaffee-Anbaus auf. Viel mehr würde sich der Kat-Anbau lohnen. Das eine war der Preis: Für ein Kilo Rohkaffee bekam er umgerechnet acht Mark, für ein kleines Büschel Kat jedoch bis zu dreißig Mark. Das andere war die Beschaffenheit der Pflanzen: Eine Kaffeestaude ist sehr empfindlich und bringt erst vier Jahre nach der Pflanzung die ersten Bohnen. Kat braucht fast keine Pflege und trägt schon im ersten Jahr Blätter, die sich gut verkaufen lassen.
Ich wohnte und arbeitete bei meinen Bergbauern, alles war in bester Ordnung. Diese Zeit genoss ich, bis mir eines Nachts ein Missgeschick passierte, das meinen Reiseplan durch den Jemen völlig umwarf und das mich später mehrmals in Lebensgefahr brachte.

Medikus wider Willen

Es begann damit, dass ich mitten in der Nacht aufstand, um vor die Tür zu gehen. Der viele Tee meldete sich! Dabei hatte ich wohl einen Hund in seiner Ruhe gestört und bin ihm in der Dunkelheit aus Versehen auf den Schwanz gestiegen. Er sprang auf, schnappte nach mir und erwischte meine Wade. Ich schrie auf, der Hund jaulte und die Dorfbewohner wachten auf. Es gab einen Riesenaufruhr. Alle schimpften und gestikulierten wild durcheinander. Vor allem Ali war außer sich, dass ausgerechnet seinem Gast so etwas passiert war. Er brachte mich in die Wohnburg, säuberte die Bisswunde mit heißem Wasser und rief Allah an, mir zu helfen. Ein anderer Mann legte Kräuter auf die Wunde.

Da griff ich – nach dem Schreck wieder handlungsfähig – in das Geschehen ein. Ich packte meinen Verbandskasten aus dem Rucksack aus und tupfte mir selber Jod auf die Wunde. Danach nahm ich vorsichtshalber eine Penicillintablette und legte schließlich einen kleinen Verband an. Damit hielt ich es für erledigt, obwohl es eine tiefe Verletzung war. Die Dorfbewohner hatten meiner Behandlung schweigend zugesehen.

Die folgenden Tage schonte ich meinen Fuß. Es ging mir zusehends besser. Als ich nach ein paar Tagen den Verband wieder abnahm, schauten mir dabei mehr als fünfzig Menschen zu. Langsam wickelte ich den Verband auf. Ich hörte ein Raunen rundum. Zum Vorschein kam eine gut verheilte Bissstelle, etwas verschwollen noch und bläulich gefärbt, aber nicht entzündet oder blutig. Ich hatte Glück gehabt. An den ungläubigen Blicken der Umstehenden erkannte ich, dass das keineswegs normal war. Viele waren schon an Bissen und darauf folgenden Blutvergiftungen oder Entzündungen gestorben. Meine Heilung schien ihnen wie ein Wunder. Die Augenzeugen holten ihre Familien und Freunde herbei. Die Kunde meiner „Wunderheilung“ verbreitete sich wie ein Lauffeuer und begründete fortan meinen Ruf als Heiler.

Schon am nächsten Tag stand in aller Herrgottsfrühe ein kleiner Mann mit einer Blessur am Arm vor meiner Tür, aus einer tiefen Schürfwunde tropfte frisches Blut. Er sah mich mit hoffnungsvollen Augen an und hielt mir vertrauensvoll seinen Arm zur Behandlung hin.
„Sadik Alemani“, der „deutsche Freund“, konnte mit seiner geheimnisvollen Medizin im Nu einen Hundebiss heilen. Wer weiß, was er sonst noch konnte!
Von diesem Tag an kamen laufend Leute zu mir, die kleine oder größere Schmerzen hatten. Bald gab es niemanden im Dorf, der nicht eine Tablette von mir geschluckt oder einen Verband angelegt bekommen hatte.
Mir war nicht wohl bei der Geschichte, als ahnte ich irgendwie, dass mir das letztendlich zum Verhängnis werden könnte. Aber hatte ich eine Wahl? Meine Hilfe verweigern konnte ich ja auch nicht.
Ein paar Tage später stand auch mein Begleiter Ali vor meiner Tür. Mir schwante nichts Gutes: Er hatte heftige Zahnschmerzen und bat um meine Hilfe. Ich sah ihm in den Mund: Mehr als die Hälfte seiner Zähne war schwarz. Mir wurde flau. Ich hatte keinerlei zahnärztliche Kenntnisse. Aber er hörte nicht auf, mich zu bedrängen. Irgendetwas musste ich unternehmen, schließlich hatte er starke Schmerzen. Das einzig Sinnvolle schien mir die Entfernung der kaputten Zähne. Ich entschied mich für das Nahe liegende und überwand mich. Kurzerhand nahm ich meine Kombizange, die ich sonst für

kleinere Reparaturen am Rucksack oder an den Schuhen benützte, setzte an und riss damit dem Mann vier kaputte Zähne. Es ging erstaunlich leicht. Alis Gesicht war zwar schmerzverzerrt, aber er bedankte sich sehr für meine Dienste. Anscheinend ging es ihm daraufhin wirklich besser. Die gezogenen Zähne hob er sich auf und diskutierte mit seinen Freunden über ihren Wert. Vielleicht konnte man sie einem anderen, der überhaupt keine mehr hatte, wieder einsetzen?

Meine „Operation" hatte einen angenehmen Nebeneffekt: Sie hinderte den einen oder anderen daran, ebenfalls Zahnschmerzen zu bekommen. Ich hatte etwas mehr Ruhe.

Mein kleiner Vorrat an mitgebrachter Medizin ging langsam zur Neige. Ich begann, mir Sorgen zu machen. Wie leicht konnte es passieren, dass ich selber krank werden würde und dafür brauchte ich meine Notfallmedikamente dringend.

Ich drängte Ali, weiter zu ziehen und ritt mit ihm und seinen Trageeseln auf den Markt, um dort seine Kaffee-Ernte zu verkaufen. Ich freute mich auf die Abwechslung und hoffte im Stillen, dass mein Ruf noch nicht hierher gedrungen war und ich in Zukunft Ruhe von den Medizinmann-Spielen hatte.

Wir zogen auf den Marktplatz, wo bereits reges Treiben herrschte. An den Marktständen gab es Tomaten, Nüsse und Säcke voller Kaffeebohnen. Die Händler saßen auf bunten Tüchern auf dem Boden und hatten ihre Ware in kleinen Häufchen neben sich liegen. Ich bestaunte das bunte Treiben und bemerkte erleichtert, dass mich niemand zur Kenntnis nahm. Auch eine junge Frau, die humpelte, ging an mir vorbei. Ich atmete auf. Doch ich hatte nicht mit Ali gerechnet. Er begrüßte redselig seine vielen Bekannten und Verwandten auf dem Markt. Interessiert stand ich daneben, bis sie mir ihre

Aufmerksamkeit schenkten und mir war sofort klar, was jetzt kam:
„Oh nein, Ali, wie konntest du nur", flüsterte ich entsetzt.
Er hatte voller Stolz jedem, der es hören und sehen wollte, von meinen „Wundertaten" und medizinischen Erfolgen erzählt, seine Löcher im Mund und sein Pflaster hergezeigt. Voller Respekt und Anerkennung nickten die Umstehenden mit dem Kopf. Unausweichlich bildete sich vor mir eine Schlange und es ging los. Es wurde ein Riesenspektakel. Alis Freunde hatten Zahnschmerzen und wollten Heftpflaster auf neue und alte Wunden. Ich sah mich mitten auf dem Marktplatz in der Falle, packte resigniert meinen Rucksack aus und fing an, einen nach dem anderen notdürftig zu verarzten.

Als es an die hundert Zuschauer und Patienten waren, brach ich die Behandlungen ab. Mir reichte es entgültig. Ich sagte Ali, dass mein Material zu Ende wäre. Er sah es ein und brachte mich in das Haus seines Bruders. Ich atmete auf.
Doch nur einen Moment lang. Seine Schwägerin erwartete mich schon an der Tür. Ein Ring war ihr in den Finger eingewachsen und sie benötigte dringend Hilfe. Mit meiner Zange zwickte ich den Ring aus dem stark angeschwollenen eitrigen Finger. Dann verband ich die Wunde und verabreichte der Frau noch Penicillin, in der Hoffnung, dass sich nichts entzündete. Aus Dankbarkeit durfte ich in ihrer Wohnburg bleiben, was ich erschöpft annahm. Ihre Wohnburg war eine besonders schöne mit einer großen Zisterne. Nach drei Tagen entfernte ich den Verband vom Finger der Frau, und siehe da, er war gut verheilt. So sehr ich mich darüber freute, sah ich es auch mit gemischten Gefühlen. Schließlich festigte es mein Image als Heiler noch mehr.

Mehrere Tage blieb ich bei meinem neuen Gastgeber. Ich half bei der Kaffee-Ernte, reparierte die Mauern der Terrassenfelder, erneuerte mit den Bauern kleine Brücken und zog neue Wassergräben für die Versorgung der einzelnen Felder. Ehrfürchtig sah ich den Frauen im Dorf zu, wie sie die zwanzig Liter fassenden Steingefäße, die bis obenhin voll mit Wasser waren, den stundenlangen Marsch von der Zisterne zu den Terrassenfeldern trugen, um den wertvollen Kaffeepflanzen das lebensnotwendige Wasser zu bringen. Unermüdlich gingen sie den ganzen Tag bergauf und bergab. Auch kleine Kinder liefen schon mit, barfuss die steilen, steinigen Treppen und Wege hinauf zu ihren Feldern. In der Mittagshitze saßen sie im Schatten, aßen in Tücher eingewickelten Reis und tranken dazu Kaffee. Auf den selbst angebauten Kaffee freute ich mich sehr, setzte die Schale an den Mund und nahm einen ordentlichen Schluck. Am liebsten hätte ich alles sofort wieder ausgespuckt! Ich behielt das Gebräu mit Mühe im Mund und würgte es anschließend hinunter. Was um Himmels willen hatten sie mir ins Glas getan? Das letzte, woran es mich erinnerte, war Kaffee.
Doch es war ihr „Kaffee“. Die Kaffeebauern können sich selber keinen richtigen Kaffee leisten, den sie so mühsam anbauen und ernten. Sie brauen sich lediglich ein Kaffee-ähnliches Getränk aus den Schalen der Kaffeebohne, das sie „Kschirr“ nennen. Als Würze kommt Ingwer hinein. Die Bauern kochen es in Konservendosen und trinken es aus Porzellanschalen. Leider war dieses Getränk absolut nicht mein Geschmack und verleidete mir das Kaffeetrinken.
Nach solchen arbeitsreichen Tagen gab es zuhause ein Abendessen, das immer aus einer großen Schüssel Reis bestand. Wir aßen ihn mit den Händen, dann zogen sich alle in die ver-

schiedenen Wohnräume zurück und schliefen auf den Fellen, die auf dem Steinboden lagen, nach kurzer Zeit ein.

In dem romantischen Bergdorf in wunderschöner Lage mit seinen freundlichen Menschen hätte ich es gut ausgehalten und wäre gerne noch geblieben. Doch immer wieder kamen Leute in der Hoffnung auf Hilfe zu mir. So entfernte ich dann doch wieder einem Nachbarn seinen eingewachsenen Zehennagel und tröpfelte dem anderen Augentropfen in die entzündeten Augen. Zu meinem Schrecken sah ich einmal, dass ein junger Kerl, dem ich ein Pflaster auf seine Wunde geklebt hatte, es nach zwei Tagen ablöste und es seinem ebenfalls verletzten Kameraden auf dessen Wunde anbrachte.
So konnte es nicht weitergehen. Die Situation wurde immer belastender.
Meine Beteuerungen, kein Arzt zu sein und keine Medikamente mehr zu haben, glaubten sie mir nicht.
Ich versuchte es mit Erklären: Immodium hilft nun mal nicht gegen wunde Haut und Aspirin nicht gegen einen gebrochenen Fuß. Aber es schien ihnen egal zu sein, Hauptsache, sie bekamen irgendein Medikament. Sie hatten unerschütterliches Vertrauen in meine nicht vorhandenen Künste. So gab ich ihnen Salztabletten, die richteten zumindest keinen Schaden an und brachten mir ein Weilchen Ruhe. Aber so konnte es natürlich nicht weitergehen. Sie waren auf arabische Art ungemein beharrlich in ihrem Drängen.
Dem Ansturm war ich nicht mehr gewachsen.
Mein Ruf beunruhigte mich immer mehr. Viele der Kranken hätten einen wirklichen Arzt gebraucht oder in ein Krankenhaus gehört. Ich konnte die Verantwortung für ihr Leben nicht mehr übernehmen.

Wie konnte ich meine unfreiwillige Karriere als Wunderdoktor beenden? Sollte ich bei Nacht und Nebel abhauen? Je mehr ich darüber nachdachte, umso mehr schien mir die Flucht der einzige Weg aus diesem Dilemma zu sein. Auf keinen Fall wollte ich weiteres Aufsehen erregen. Eines Abends stand mein Entschluss fest: Ich wollte am nächsten Tag um drei Uhr früh das Dorf verlassen.

In den Händen der Entführer

Nur meinen Gastgebern hatte ich Bescheid gesagt, wie es die Höflichkeit erforderte, packte meine Siebensachen ein und schlich aus dem Haus. Es war noch dunkel und ich wanderte vorsichtig, um keinen zu wecken.
Gerade mal fünfzig Meter weit kam ich. Da lief ich einer Truppe wild dreinblickender Männer in die Hände, die mich, mit Knüppeln und Gewehren bewaffnet, umringten. War meine Flucht schon zu Ende, kaum, dass sie begonnen hatte? Vor Schreck blieb ich stehen, doch sie wollten gar nichts von mir. Es handelte sich nur um Männer aus dem Dorf, die für diese Nacht die Nachtwache übernommen hatten. Sie bildeten eine flexible Schutztruppe, da es keine Polizei und kein Gericht gab. Verstöße gegen das Allgemeinwohl, Diebstähle und alle derartigen Vorfälle wurden von der jeweiligen „Dorf-Polizei" geregelt. Sie bewachten ihr Dorf auch gegen räuberische Banden, die durch das Land zogen, Vieh raubten und Menschen überfielen. Jedes Scheichtum hatte seine eigene Schutztruppe. Die Männer erlaubten es mir nicht, zu dieser Morgenstunde das Dorf zu verlassen.
Zähneknirschend wartete ich auf die Morgendämmerung. Doch ich hatte Glück, ich konnte mit den ersten Sonnenstrahlen, unbemerkt von den anderen Dorfbewohnern aufbrechen. Und je weiter ich mich von dem Dorf entfernte, umso leichter wurde mir ums Herz. Hatte ich diese Odyssee endlich überstanden?
Es gab immer nur einen Dorfverbindungsweg, also ging ich einfach in die damit vorgegebene Richtung. Ich wanderte an einem schön gelegenen Dörfchen vorbei, an ein paar Bergbauern, an einem kleinen Brunnen. Mein Ziel war ein hoch

oben in den Bergen gelegenes Dorf, das man weithin sehen konnte. Auf dem Weg zeigten mir unbekannte Leute dankbar ein von mir aufgeklebtes Pflaster oder einen Zahn, den ich ihnen gezogen hatte. Sie waren alle sehr freundlich und sprachen noch allerlei mit mir, was ich allerdings ohne Dolmetscher nicht verstehen konnte. Aber eines hätte ich doch verstehen müssen. Dass nämlich jeder, dem ich erzählte, dass ich zu dem Bergdorf gehen wollte, mit einem „Hanna misch quois“ antwortete. „Dort ist es schlecht“. Die Veränderung auf ihren Gesichtern, wenn ich von dem Dorf sprach, hätte ich bemerken müssen. Die schlechten Anzeichen erspürte ich nicht. Ich sah keinen Grund, meine Pläne zu ändern und schlug ihre Warnungen in den Wind.

Gleich am Ortseingang erwarteten mich zehn Mann mit geladenen Gewehren. Allmählich fand ich mich damit ab, dass das eine der kriegerischsten Reisen meines Lebens wurde. Sie waren von der Privatarmee des Scheichs. Einen von ihnen hatte ich sogar schon behandelt. Wenigstens dieses Mal kam mir das zugute.
So schien zunächst alles in Ordnung. Alle wollten mich beherbergen. Nach einigen Diskussionen wurde mir das Haus des Bäckers zugewiesen. Er war ein freundlicher Mensch und sprach gut Englisch. Um nicht falsche Hoffnungen zu wecken, erklärte ich ihm als erstes, dass meine Vorräte an Medikamenten auf ein Minimum geschrumpft wären und ich nichts mehr davon abgeben konnte. So war der freundliche Mann gar nicht mehr freundlich. Schlagartig war meine Anwesenheit nicht mehr interessant für ihn, er hatte sich auch ärztliche Versorgung erhofft.
Notgedrungen erklärte ich mich dazu bereit, für ihn und seine

Familie zu sorgen, dafür würden meine Vorräte noch reichen, aber für mehr nicht. Im Stillen hoffte ich, dass niemand krank werden würde. Zum ersten Mal war ich so genervt, dass ich daran dachte, meine Reise allmählich zu beenden.
Das Wasser aus der Zisterne, das ich täglich trank, war bräunlich und schmeckte überhaupt nicht. Ich hoffte, davon nicht selber krank zu werden. Aber wenn ich noch in dem Dorf bleiben wollte, hatte ich keine andere Wahl.

So schön und romantisch das Dorf auch war, so lag auch eine seltsame Spannung in der Luft. Die Menschen waren mir gegenüber abweisend und schienen von einer starken Unruhe erfüllt, für die ich keinen Grund erkannte. Noch ein paar Kleinigkeiten fielen mir auf. So hatten die Bauern auch auf den Feldern Gewehre dabei. Sie trugen sie nicht offen, aber immer griffbereit. Ansonsten hielten sich die meisten in unmittelbarer Nähe ihrer Häuser und Familien auf. Es herrschte eine merkwürdig ruhige Stimmung im Dorf.
Mit dem Dorfschmied hatte ich mich ein wenig angefreundet und sah ihm oft stundenlang zu, wie er Krummdolche schmiedete. Eines Tages saß ich wieder bei ihm und schmierte einem seiner Freunde ein wenig Salbe auf das Bein. Da kam ein junger Mann, den ich nie vorher gesehen hatte, herein und setzte sich neben mich. Ich maß ihm keinerlei Bedeutung zu, da ich schon wieder von einigen Menschen umringt war, die mir beim Verbinden zusahen. Er war nur einer mehr, außerdem würden sie ohnehin bald alle in die nahe gelegene Moschee zum Gebet gehen und ich hätte meine Ruhe. Doch diese Begegnung wurde mir zum Schicksal.
Die Sonne verschwand hinter den Bergen, ein frischer Wind kam auf und ich stand auf, um in die Wohnburg meines Gast-

gebers zurück zu gehen. Ich fuhr herum, als ich eine Hand auf meiner Schulter spürte:
„Sadik dal“, sagte er, „komm mit, Freund“. Ich sah ihn an und für einen kurzen Moment zögerte ich. Irgendetwas schwang in seiner Stimme mit, das mir nicht gefiel.
„Sadik dal, dal!“, rief er noch einmal und sah mich mit seinen dunklen Augen eine Spur zu eindringlich an. Er schien unter Druck zu sein.
Ich hielt es für eine Einladung in sein Haus zum Kaffee und versprach ihn, am nächsten Tag zu kommen.
Da ergriff er meine Hand und zog mich mit sich fort. Es widerstrebte mir, mit zu kommen, mein Gefühl warnte mich vor diesem Menschen. Er sprach mit drängenden Worten auf mich ein, sie hätten zu Hause einen Kranken, der unbedingt von mir geheilt werden müsste. Im nächsten Augenblick hatte er schon meinen Verbandskasten und mein Gepäck geschnappt und wollte es tragen. Überrumpelt stolperte ich neben ihm her. Ich hatte nicht einmal mehr Zeit, meinen Gastgeber zu informieren, wollte ich nicht, dass er mit meinem Gepäck davonging. Ärgerlich redete ich auf ihn ein. Er ignorierte meine Worte und drängte voran durch die verlassene, steinige Gegend.

Mein ungutes Gefühl verstärkte sich während unseres Weges immer mehr. Wir benutzten nicht den normalen Pfad, stattdessen marschierten wir querfeldein über steiles und schwieriges Gelände, es ging ständig bergauf. Immer verlassener wurde die Gegend. Befremdet wollte ich wissen, wohin wir denn gingen. Sonst würde ich ihm nicht mehr folgen! Statt einer Antwort forcierte er das Tempo. Verstand er mich nicht? Ich hinterher. Mir war jetzt völlig klar: Etwas stimmte nicht.

Nach einer Stunde stieß der junge Mann lang gezogene Schreie aus.
„Joooooooohh!"
Nach einiger Zeit wurden diese Rufe beantwortet.
„Jiiiiiiiiiiiiiiihh!"

In der hereinbrechenden Nacht erreichten wir eine einzelne düstere Wohnburg. Eine Holztüre öffnete sich und drei Männer mit ihren Krummdolchen traten heraus. Ich bückte mich, trat in die Wohnung und erfasste mit einem Blick die Situation. Ein kleiner Raum, dürftig von einer Petroleumlampe beleuchtet, mit verdreckten Teppichen am Boden, worauf ein Mann mittleren Alters lag. Er war verletzt, doch das war es nicht, was mich alarmierte. Es waren die Männer in der hinteren Ecke, die mich mit Maschinenpistolen in den Händen feindselig anstarrten. Das waren keine gewöhnlichen Soldaten, das sah ich sofort. Und ich war nicht freiwillig hier.
Der Verletzte schob bei meinem Eintreten einen alten Lumpen von seinem Bein. Was darunter zum Vorschein kam, ließ mir für einen Moment das Blut in den Adern gefrieren. Der Unterschenkel war so zerfetzt, dass der Knochen aus der Wunde ragte. Gelblicher Eiter rann heraus, auf dem ständig Fliegen zu landen versuchten. Die ganze Wunde stank fürchterlich. Ich schluckte und zwang mich, im Schein der Petroleumlampe noch genauer hinzusehen.
Zwei Dinge waren mir klar: Die Verletzung konnte nur von einer Schusswunde stammen und es gab hier keine Rettung. Mir war aber auch klar, warum sie mich hergebracht hatten. Ich war ihre einzige und letzte Hoffnung.
Der Verletzte stöhnte leise. Keiner der Umstehenden gab ei-

nen Laut von sich. Die Atmosphäre schien unwirklich. Knisternde Spannung. Ich durfte keinen Fehler machen.
„Misch mumken“, sagte ich beklommen in die Stille. „Unmöglich“.

Einer der Männer löste sich aus dem Halbdunkel und kam auf mich zu. Er sagte mit leiser drohender Stimme, vor deren Kälte ich zurückschrak:
„Misch mumken?“ Ich nickte.
„Misch mumken?!“, schleuderte er mir entgegen, zog seine Maschinenpistole aus seinem Umhang hervor und bohrte sie mir in den Rücken.
Ich saß in der Falle. Half ich dem Kranken nicht, so würde er augenblicklich schießen, daran hatte ich nicht den geringsten Zweifel. Half ich ihm – was ich ja gar nicht wirklich konnte – und er starb, würde sein Tod mir angelastet werden. Mein Schicksal war so oder so mit dem Todkranken besiegelt.
Nie in meinem Leben werde ich den Gesichtsausdruck des Kranken vergessen. Sollte er eine Chance haben, so musste er auf der Stelle in ein Krankenhaus. Das war jedoch nur über einen beschwerlichen Fußmarsch von mehreren Tagen zu erreichen.
Beklommen riss ich die Ärmel meines Hemdes ab und verarbeitete sie zu einem Verband. Ich suchte den Rest meiner Tabletten zusammen.
Der Mann hatte große Schmerzen und litt unsäglich. Die ganze Nacht saß ich neben ihm und hielt ihm meine Hand hin, an die er sich Linderung suchend klammerte. Ich trocknete ihm den Schweiß von der Stirn, redete beruhigend auf ihn ein, wenn er im Fieber fantasierte.
„Doktor Alemani“, bald murmelte er, bald schrie er diese Worte. Das hatte ich nun von meinen Behandlungen, die ich

niemals wollte. Hierher hatte es mich gebracht. Ich saß bei einem Sterbenden, dessen einzige Hoffnung auf mir ruhte, zwischen zwielichtigen Gestalten, die zu allem bereit waren. Wer waren sie wohl? Soldaten, Rebellen?
Gegen die aufsteigende Panik versuchte ich anzukämpfen und zwang mich, sitzen zu bleiben. Wie lange würde er wohl noch leben?

So verbrachten wir die Nacht. Ein Sterbender, den das Schicksal gnädigerweise immer wieder in Ohnmacht fallen ließ, und ich, der aufgrund seiner mitgebrachten Medikamente und seiner fremden Herkunft irrtümlich für einen Arzt gehalten wurde. Hinter mir stand die ganze Nacht der Mann mit der Maschinenpistole, die er mir sofort wieder in den Rücken stieß, wenn ich umsinken wollte.
Im Morgengrauen desinfizierte ich die Wunde noch einmal mit Jod und legte einen neuen Verband an. Der Verletzte merkte nichts davon, er war in einen ruhigen Dämmerschlaf gefallen.
Offensichtlich hielten seine Freunde es für ein Zeichen der Besserung, denn die Stimmung entspannte sich etwas. Eine Frau kam herein, in dunkelblaue Tücher gehüllt, das schwarze Haar darunter versteckt. In der Hand hielt sie eine Konservendose. War da Kaffee drin? Ich ergriff die Chance und erklärte, aus meiner Wohnburg könnte ich noch weitere Medizin holen. Sie berieten darüber. In mir stieg ein Hoffnungsschimmer auf.
In diesem Moment erhob sich vor dem Haus lautes Geschrei. Mir schien, als wären die Bewohner genauso überrascht davon wie ich. Der junge Mann, der mich hergebracht hatte, lief zur Tür. Ich stand auf und ging ans Fenster und konnte nicht glauben, was ich sah.

Flucht

Eine aufgebrachte Menschenmenge stand vor dem Haus, Männer, Frauen, Soldaten. Es galt zweifellos mir.
„Doktor Alemani enter misch quois!“, verstand ich. „Deutscher Arzt, du bist ein schlechter Mensch“!
Die Menschen schleuderten wütend Steine in meine Richtung und schlugen mit Fäusten auf den jungen Mann ein, der inzwischen unten war.
Die Männer um mich herum durchsuchten meinen Rucksack. Sie entdeckten eine angebrochene Packung Schlaftabletten, die ich für Langstreckenflüge dabei habe. Und da schoss mir eine Idee durch den Kopf. Die schickte der Himmel.
„Das ist gut für die Kraft und Ausdauer“, erklärte ich ihnen mit leuchtenden Augen. „Wenn ihr wollt, dann gebe ich euch welche.“ Und ob sie wollten! Ich verabreichte jedem von ihnen feierlich zwei Schlaftabletten, die sie hoffnungsvoll schluckten. Es dauerte keine zehn Minuten, dann sank einer nach dem anderen auf den Teppich und schlief ein.
Ich ballte die Fäuste. Jetzt nichts wie weg hier! Unten vor dem Haus war die Menge nicht mehr zu bremsen, Tumult brach aus, alle riefen durcheinander, Schüsse fielen. Ich erkannte meine Chance und zündete mit den Fackeln im Zimmer die Vorhänge an der dem Volk zugewandten Seite an. Sie fingen sofort Feuer und brannten lichterloh. Die Ereignisse überschlugen sich. Einen Moment lang achtete niemand auf mich. Geistesgegenwärtig nutzte ich das heillose Durcheinander, riss meine verbliebenen Sachen vom Boden hoch und öffnete das andere Fenster. Drei Meter unter mir war der Weg. Ich sprang aus dem Fenster des ersten Stockes und rannte barfuß wie ich war auf und davon.

Einige Männer sahen mich und brüllten mir nach. Von allen Seiten flogen mir Steine entgegen. Sie prasselten willkürlich auf mich ein, ich versuchte meinen Kopf mit den Händen zu schützen und rannte los. Einfach weg, dieser tobenden Menge entkommen. Ich lief unter dem Steinhagel durch, bis ich einen stechenden Schmerz am Kopf spürte, ein Stein hatte mich an der Schläfe getroffen. Ich rannte, stolperte, fiel, rappelte mich hoch und rannte weiter um mein Leben. Auf dem einen Auge sah ich nichts mehr, da von meiner Kopfwunde Blut in Strömen über mein Gesicht lief. Mit der Hand wischte ich es ab und lief auf ein Gehölz zu. Meine Verfolger waren immer noch hinter mir, ich hörte ihre wütenden Schreie und rannte und rannte um mein Leben.
Kurz vor einem metertiefen Abgrund stoppte ich. Mit dem Mut der Verzweiflung sprang ich hinunter, überschlug mich, raffte meine Sachen zusammen und lief durch das Dickicht und, barfuß wie ich war, über kantiges Geröll weiter.
Ich hörte nichts mehr.
Die Verfolger hatten von mir abgelassen. Sie waren mir nicht über die Schlucht gefolgt. Wahrscheinlich nahmen sie an, ich hätte mir das Genick gebrochen.
Trotzdem lief ich immer noch weiter, so lange ich konnte. Am Rande der Erschöpfung gelangte ich zu einer kleinen Höhle, in die ich mich mit letzter Kraft hineinschleppte. Heftig atmend blieb ich liegen. Ich zitterte am ganzen Körper, mein Herz schlug bis zum Hals und ich spürte stechende Schmerzen zwischen den Rippen.
Es dauerte eine ganze Weile, bis ich wieder zu Atem kam. Ich versuchte klare Gedanken zu fassen und betrachtete meinen blutverschmierten Körper genauer. 18 blutende Wunden von den Steinwürfen hatte ich und war übersät von Blutergüssen.

▲ *Ein typisches Dorf mit Terrassenfeldern für den Kaffeeanbau.*

Die Wohnwehrburg, in der man mich gefangen hielt. ▼

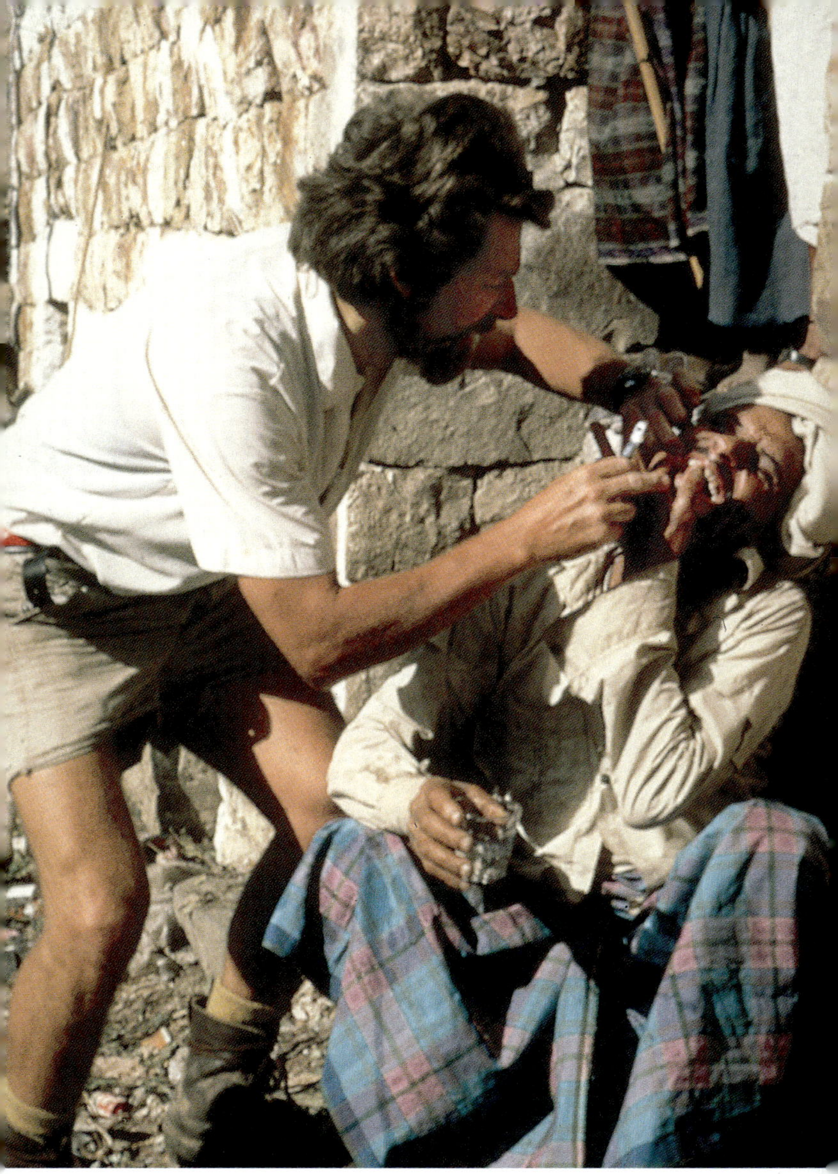

Als „Doktor Alemani" zog ich auch Zähne.

▲ *Mit Ali und seinem Kamel zog ich nach Mokka.*

Aus solchen Zisternen entnahmen auch wir unser Trinkwasser. ▼

Mein „Schlafzimmer" auf dem Schmuggler-Schiff.

Hemd hatte ich keines mehr an, das hatte ich ja als Verband bei dem Kranken gelassen. Mein kleiner rechter Zeh schien gebrochen.
Mehrere Stunden blieb ich einfach nur liegen und konnte den Horror nicht fassen, dem ich entkommen schien. Für die Geschehnisse der letzten Stunden hatte ich keine Erklärung. Warum war die Stimmung der Leute so hasserfüllt und so schlagartig gegen mich umgeschlagen? Warum wollte man mich steinigen?
Aber eines wurde mir auch klar: Ich war ihnen entkommen. Mir war die Flucht aus einer ausweglos scheinenden Lage geglückt.

Ich lag in meiner Höhle und verspürte allmählich Durst. Meine Wasserflaschen hatte ich auf der Flucht weggeworfen. Draußen war alles ruhig. Ich kroch zum Höhleneingang und spähte vorsichtig hinaus. Was, wenn die Verfolger vor der Höhle lauerten, unsichtbar für mich hinter den Bäumen? Obwohl nichts Verdächtiges zu sehen war, traute ich mich nicht aus der Höhle. Der Schock steckte mir noch zu sehr in den Gliedern. Eine Weile blieb ich noch liegen und starrte die Höhlendecke an.
Als die Dunkelheit anbrach, überwand ich mich und schlich ein Stück weit heraus. Ich hielt Ausschau nach einer Wasserquelle, entdeckte nichts und kehrte unverrichteter Dinge wieder zurück.
Die Nacht verbrachte ich damit, meine Wunden mit Blättern zu kühlen, die ich von Büschen vor dem Höhleneingang abriss. Dies verschaffte mir ein wenig Linderung. So verging die Nacht.
Am nächsten Morgen musste ich einen Plan fassen, ob ich

wollte oder nicht. Hier würde ich nicht lange überleben, obwohl ich keine Kraft verspürte, mich irgendwohin zu bewegen. Ich würde versuchen müssen, einen Ort zu erreichen und dort Lebensmittel und vor allem Wasser zu bekommen. Aber ich hatte überhaupt keine Ahnung, wo ich war, in welcher Richtung ein Dorf lag und welche Gefahren in diesem Gebiet lauerten. Keinesfalls wollte ich meinen Verfolgern wieder in die Hände laufen!

Von einer kleinen Anhöhe aus besah ich meine Umgebung. Nicht weit von meiner Höhle entfernt sah ich, wie ein Bauer sein Feld pflügte. Ich sah aber noch mehr, nämlich die Wohnburg, in der der Todkranke gelegen hatte. Ob er noch lebte? Die Burg war von vielen Menschen umlagert. Sofort bekam ich wieder Herzklopfen. Damit mich niemand sah, kroch ich auf dem Bauch wieder zurück. Ich beobachtete, wie vier Frauen mit ihren Wasserkrügen näher kamen. Sie mussten auf dem Weg nahe an mir vorbei, wenn sie, was ich annahm, zu dem Bauern auf das Feld wollten.

Die schickt der Himmel, dachte ich und stellte mich mitten auf den Weg. Instinktiv hoffte ich, dass sich die Frauen barmherziger zeigten als Männer. Doch mir war klar, was für ein Bild ich bot. Ich hatte immer noch kein Hemd, blutete aus mehreren Wunden und hatte noch Beulen dazubekommen, die inzwischen stark angeschwollen waren.

Die Frauen erschraken tatsächlich heftig, behielten aber die Nerven. Ich sah wohl mehr armselig als bedrohlich aus. Ohne ein Wort zu sagen, setzten sie ihre Krüge ab und forderten mich mit Gesten auf, mich hinzusetzen. Mit Wasser aus einer Konservendose wuschen sie mir das Blut vom Körper. Ich war so gierig, dass ich ihnen die Dose entriss, um daraus zu

trinken. Das kostbare Nass war eine abgestandene Brühe, aber das war mir egal. Ich bettelte ihnen die alte Dose ab, durfte sie aus ihren Krügen noch einmal voll füllen und ging zu meiner Höhle zurück. Als ich fast davor stand, fuhr ich vor Schreck zusammen. Am Höhleneingang stand ein Mann.
Auf den zweiten Blick sah ich, dass der Mann unbewaffnet war.
„Salem aleikum", begrüßte er mich und beäugte meinen Rucksack. „ Was machst du hier?"
„Ich warte hier auf meine Freunde", erklärte ich verlegen und merkte gleichzeitig, dass er mir kein Wort glaubte. Er lud mich in sein Haus ein, doch ich lehnte zum ersten Mal eine Einladung ab.
Ich hatte keine Medikamente mehr, kein Hemd und keine Schuhe. Aber ich hatte etwas noch sehr viel Wichtigeres verloren: das Vertrauen in die Menschen, denen ich unvoreingenommen begegnen konnte. Das mir Türen und Tore geöffnet hatte. Dieses Vertrauen war grundlegend erschüttert.

Plötzlich stand ein weiterer Mann vor mir. An seinem roten Turban erkannte ich ihn wieder: Es war der Bauer, der in unmittelbarer Nähe der Höhle gepflügt hatte. Vermutlich hatten ihm die Frauen von meiner Anwesenheit erzählt.
Er hatte einen Ledersack voll Wasser dabei und bot es mir an. Ich riss den Sack so gierig an mich, dass er mich mit einem Seitenblick ansah. Er merkte, dass etwas mit mir nicht stimmte und schenkte mir den ganzen Wassersack. Am liebsten hätte ich ihn dafür umarmt. Den lebensrettenden Behälter – das gegerbte Fell einer Ziege – behielt ich bis zum Ende meiner Reise.

Doch auch dieser freundliche Mann brachte mich nicht aus meiner Höhle. Auch seine Einladung lehnte ich ab. Nachdem er mir noch ein Stück Käse zurückgelassen hatte, brach er wieder auf und ließ mich alleine.

Diese Nacht beschloss ich noch in der Höhle zu bleiben. Doch ich tat keine Minute die Augen zu, ständig plagte mich die Angst, die Verfolger könnten mich doch noch finden.
Ein Laut! Woher kam das? Ich kroch zum Eingang. Niemand zu sehen. Es war mitten in der Nacht. Um mich zu beruhigen, legte ich ein Depot mit Steinen an und suchte mir noch einen großen Prügel zur Verteidigung.
Aber es blieb die ganze Nacht über ruhig, bis auf ein paar Tiere, deren Schnauben mich jedes Mal aufs Neue zusammenfahren ließ. Meine Verletzungen schmerzten. Mir war es ein Rätsel, wie ich in dieser Verfassung jemals von hier weg kommen sollte. Ich wusste nicht, wo ich war. Ich wusste nicht, wohin ich sollte und von wo ich eventuell auf einem Lastwagen mitfahren konnte, außerdem konnte ich kaum laufen. Eines der Probleme war, dass ich keine Schuhe mehr hatte und meine Füße von den Steinen wund gelaufen waren. Meine Schuhe, meine Landkarte und mein Kompass waren in fast greifbarer Entfernung in der Wohnburg. Aber ich hatte nicht den Mut, diese Dinge zu holen.
Ich lag in der Höhle und dachte an meine Zeit als Hirte auf der Alm. Damals war ich von Mai bis Oktober barfuß gelaufen und es hatte mir nichts ausgemacht. Doch ich war kein Kind mehr. Meine Großmutter kam mir in den Sinn. Was würde sie jetzt zu mir sagen, wenn sie mich so verängstigt in der Höhle sitzen sähe?
„Geh Bub, du wirst doch jetzt nicht aufgeben!“

Ja, das würde sie sagen. Und sie hatte Recht. Aufgeben kam nicht in Frage.

Am Himmel sah ich ein Düsenflugzeug seine Bahn ziehen. Sehnsüchtig blickte ich ihm nach. Es schien aus einer anderen Welt zu stammen. Unerreichbar für mich.
Ich beschloss, mit Hilfe der Sonne als Orientierung in Richtung Tihama aufzubrechen. Tihama lag an der Küste. Und ich machte mich auf einen Weg, an den ich mein Leben lang denken sollte.

Spießrutenlauf

Käse und Wasser gab es zum Frühstück, dann brach ich auf. Ich folgte dem Weg am Feld des Bauern vorbei, immer weiter weg von der verhängnisvollen Wohnburg. Mit jedem Schritt, der mich von ihr entfernte, ließ ich ein bisschen mehr von meinen Erlebnissen zurück. Der Weg führte mich über Felder und steinige Pfade, bis die Mittagshitze über mich hereinbrach. Da sah ich auf einmal sehr nahe ein Dorf. Erleichtert steuerte ich darauf zu. Wasser würde ich da gewiss bekommen, wenn ich Glück hatte, auch einen Träger oder Begleiter zum nächst größeren Dorf. Oder zumindest ein Tragetier. Auf dem Weg zum Dorf sah ich mehrmals Menschen auf einem hohen Stein oder auf einer Bergkuppe sitzen. Sie sahen mich und stießen spitze Schreie aus. Solche Laute hatte ich noch nie zuvor gehört, aber sie klangen nicht bedrohlich, so maß ich ihnen keine Bedeutung zu. Ich täuschte mich gründlich.

Hoffnungsfroh ging ich auf das Dorf zu. Am Dorfeingang stand wieder einmal ein Dutzend mit Knüppeln bewaffnete Männer. Fast schon an solche Bilder gewohnt wollte ich ihnen erklären, was mich hierher geführt hatte und was ich wollte. Aber soweit kam es nicht. Bevor ich noch mein Anliegen aussprechen konnte, versperrten sie mir den Weg, bedrohten mich mit ihren Knüppeln und riefen laut:

„Barra barra!“ „Hau ab!“

Ich war wie vor den Kopf gestoßen: Was hatte ich ihnen getan? Warum warteten sie in so einer drohenden Haltung auf mich?

Noch einen letzten Versuch machte ich – vielleicht lag irgendein Irrtum vor – und zeigte ihnen meinen leeren Wassersack.

„Barra barra!!“
Ich begriff, dass sie mich nicht haben wollten, und ich begriff auch, dass jede weitere Diskussion lebensgefährlich gewesen wäre. Verständnislos kehrte ich um. Wohin sollte ich gehen? Da riefen mir zwei Männer hinterher. Als ich mich umdrehte, zeigten sie mir mit Gesten einen Weg. Wenigstens etwas, dachte ich bei mir, vielleicht ein Brunnen? Ich folgte ihrem Rat und landete kurz darauf bei der stinkenden Dorflatrine. In der Ferne hörte ich ihr hämisches Gelächter.
So setzte ich meinen Weg fort, ohne Wasser und Lebensmittel. Ich hätte weiß Gott was dafür gegeben, jetzt etwas zu trinken zu bekommen. Meine Füße bluteten, als ich mich über den steinigen Weg dahin schleppte. Hoffentlich würden sie sich nicht entzünden.
Gegen Abend kam wieder ein Dorf in Sicht. Endlich! Wieder hörte ich diese lang gezogenen spitzen Schreie. Aufmerksamer als beim ersten Mal lauschte ich. Diesmal wurde mir mulmig zumute. Galten sie mir? Sie wurden von Mensch zu Mensch weitergegeben, die Leute saßen auf ihren Steinen oder Anhöhen. Aber was die Rufe bedeuteten, blieb mir verborgen. Obwohl mir nichts Gutes schwante, wankte ich halbverdurstet ins Dorf. Ich hatte keine Wahl, lange würde ich sowieso nicht mehr durchhalten.
Der Empfang war derselbe wie im ersten Dorf. Am Eingang standen die Männer, die die Rufe erwiderten und mir wurde klar: So übermittelten sie ihre Nachrichten! Sie mussten mich die ganze Zeit schon verfolgt haben, jeden meiner Schritte im Auge behaltend. So informierten sie jedes Dorf von meiner Ankunft. Ihre Verständigungsrufe beinhalteten eindeutig feindliche Botschaft. Ich hatte keine Chance. In diesem Dorf hatten sie sich eine andere Schikane ausgedacht: Sie schickten

mich zu einer ausgetrockneten Zisterne. Die Tränen stiegen mir in die Augen, als ich sie mit letzter Kraft erreichte.
Es schien, als hätte sich die ganze Welt gegen mich verschworen und ich hatte keine Ahnung, warum.

Da half mir das Schicksal. Etwas außerhalb des Dorfes stieß ich in einer Talsenke auf einige Frauen, die mit Wasserkrügen des Wegs kamen. Ohne zu zögern füllten sie meinen Beutel auf. Ich war sehr dankbar für diese mitfühlende Hilfe, die mir wieder Kraft gab.
Jetzt konnte ich weitergehen. Zwar hatte ich Wasser, aber nichts zu essen. In meiner Not suchte ich Beeren, die ich jedoch nicht kannte. Ich probierte sie; wenn sie bitter schmeckten, spuckte ich sie sofort wieder aus. Den Rest aß ich, ich konnte nur hoffen, dass sie nicht giftig waren.

Mein Spießrutenlauf ging weiter. Die Laute verfolgten mich und kündigten im nächsten Dorf die Ankunft eines Feindes an, der nicht wusste, warum er ein Feind war. Ich hatte mich damit abzufinden, dass ich es niemals erfahren würde. Persona non grata. Ich war doch kein Monster! Aber ich musste etwas ändern: Es hatte keinen Sinn, meinen eingeschlagenen Weg zur Küste fortzusetzen. Diese würde ich nie erreichen, wenn das so weiterging. Deshalb änderte ich meine Richtung und stieg stattdessen den nächst besten Steig hinauf ins Gebirge. Und siehe da – die Schreie, die mich begleiteten, wurden schwächer und schwächer, bis ich sie schließlich überhaupt nicht mehr hörte. Meine Verfolger schienen zurück geblieben zu sein.

Wasser

Bei klarer Luft und fast unheimlicher Stille stieg ich bergauf. Allmählich hörte ich wieder das Singen der bunten Vögel, die auf Kakteen saßen, und das Summen der Bienen und Hummeln. Ein Weilchen ging ich fast vergnügt auf meinem Weg dahin. Da musste ich mir schon wieder neue Sorgen machen. Gab es hier ein Bergdorf? Oder wanderte ich ins menschenleere Niemandsland?
In der Ferne sah ich einen Bauern in dieser schier heiligen Ruhe mit seinem Ochsen ein Terrassenfeld pflügen. Er konnte noch nicht vorgewarnt sein. So stieg ich zu ihm hin und sah erleichtert sein erstauntes, aber freundliches Gesicht. Ich wollte ihm etwas Brot und Käse abkaufen, aber das wollte er mir lieber schenken. Und er erklärte mir, ich hätte eine Scheichtumsgrenze überschritten. Offensichtlich war ich für die Menschen im neuen Scheichtum aus irgendeinem Grund nicht mehr interessant. Mir sollte das recht sein. Ich hatte noch genug Probleme.

Mein Weg führte weiter. Das Wasser des freundlichen Bauern war bald schon wieder aus. Je weiter ich ins Gebirge hineinkam, umso karger wurde die Landschaft. Mit wenig Nahrung konnte ich auskommen, aber dieser fürchterliche Durst! Bei dieser Hitze und Anstrengung benötigte ich dringend Wasser und musste mich deshalb wieder in tiefer gelegene Gebiete begeben. Also stieg ich wieder ab und irrte weg- und steglos im Gebirge umher. Ich wusste nicht mehr, wo ich war und wohin ich ging. Mein Rucksack drückte arg, obwohl fast nichts mehr darin war.
Wieder einmal hatte ich sieben Stunden nichts getrunken. In

kleinen Senken und Felsnischen suchte ich nach Wasser. Eine grünliche Brühe fand ich schließlich, die ich ausschlürfte. Alles hätte ich getrunken! Die Welt drehte sich um mich herum. Die Bäume um mich begannen zu verschwimmen, ich sank im Schatten einer Kakteengruppe nieder. Grünliche Punkte umkreisten mein Gesicht, mehrere Vögel schwirrten zu einem großen oben abgebrochenen Baumstamm. Ich kniff meine Augen zu und starrte wieder hin: Träumte ich jetzt oder war das Wirklichkeit? Aber es stimmte: Einige Vögel flogen in den Baumstamm hinein und kamen nass wieder heraus. Nass!!

Ich nahm mich zusammen und kletterte auf den Baum. Mindestens zwei Liter sauberes Wasser waren im Stamm. Wie nur sollte ich dahin kommen? Denn es war ganz tief unten! Ich suchte mir einige Halme, die innen hohl waren, steckte sie ineinander und saugte so das Wasser heraus. So einigermaßen erfrischt, begann ich zu träumen. Ich würde zu einem Markt kommen, auf dem es alles gab. Brot, Käse, Tomaten, Wasser, Milch! Alles Essbare würde ich in mich hineinschlingen. Dann würde ich mir ein paar Schuhe kaufen und sie an meine schmerzenden Füße anziehen. Zur Krönung würde ich mich waschen, keine stinkende Kloake mehr trinken und eine Matratze zum Schlafen haben. Ein Paradies eben!

Während ich mir so ausmalte, fünf Hühner zu kaufen und alle alleine aufzuessen, sah ich nicht weit entfernt einen Weg und auf dem Weg einen Mann, der auf einem Esel ritt. Dieser Mann sollte in den folgenden Wochen noch eine wichtige Rolle für mich spielen. Doch keiner von uns beiden ahnte zu diesem Zeitpunkt etwas davon.

Asyl

Mit schnellen Schritten holte ich ihn ein und fragte ihn nach Wasser. An seinem Esel hingen links und rechts Wasserkrüge, doch sie waren leer.
„Dal“, meinte er. Komm mit.
Schwach und wund gelaufen wie ich war humpelte ich hinter ihm her und konnte sein Tempo nicht halten. Doch bald schon kamen wir an einen Tümpel, wo er seine Krüge auffüllte. Den Tümpel benutzten auch Kühe und sein Esel.
Oh Gott, dachte ich nur, als ich die braune Kloake sah. Ich war mir todsicher, dass mir dieses „Wasser“ eine Krankheit einbringen würde. So zog ich ohne Wasser weiter. Lediglich das Blut wusch ich mir ab. Der Mann mit dem Esel blieb auf einem Feld zurück.
Ich hoffte, auf Menschen zu treffen. Und so war es auch, sie gaben mir Wasser, dem ich zumindest nicht ansah, ob es ebenfalls aus dem Tümpel stammte. Mit aller Kraft versuchte ich mir vorzustellen, dass es aus einer klaren Gebirgsquelle wäre, und schluckte es.

Nach etwa zwei weiteren Stunden erreichte ich ein Steingebäude, vor dem zwei Kamele und ein paar Ziegen standen. Gleich kam ein Bewohner herausgelaufen, der mich sofort mit Wasser versorgte, das gut schmeckte. Dann bat er mich ins Haus, in dem fünf Menschen mich umsorgten. Es war angenehm kühl darin. Ich durfte mich auf die am Boden liegenden Schaffelle legen. Vor Schwäche und Erschöpfung schlief ich auf der Stelle ein.

In einem wunderschönen Raum erwachte ich. Er war zwar

schmucklos, aber die Fenster reichten bis nach unten. Der Schrei eines Esels hatte mich aus dem Schlaf gerissen. In Panik griff ich nach meinem Rucksack. Waren meine Sachen noch da? Ich kannte die Leute ja nicht. Erneut kam mir der Schock aus der Wohnburg mit dem Schwerverletzten und den darauf folgenden Ereignissen hoch. Diese hatte ich noch lange nicht überwunden. Doch alles lag an seinem Platz. Die Menschen lächelten mich freundlich an. Trunken vor Müdigkeit wehrte ich mich mit aller Macht gegen das Erwachen. Unerbittlich dröhnten die Stimmen der Menschen auf mich ein. Sie bohrten sich in meine Ohren, in meinen Kopf, so empfand ich es. Wieder schlug ich die Augen auf, nachdem ich keine andere Wahl hatte. Es saßen nur fünf Personen um mich herum. Sie gaben mir ein heißes Getränk, das stark nach Ingwer schmeckte. Aber egal, ich schluckte mehrere Tassen davon und schlief abermals ein.

Als ich wieder aufwachte, stand der Mann mit dem Esel vor mir – er war hier der Hausherr! Er setzte sich neben mich, wusch mir die wunden Füße und massierte sie mit einem Öl. Dann brachte er einige saubere Tücher und verband mich damit. Ich war gerührt, soviel Fürsorge hatte ich seit langem nicht mehr genossen.

Seit elf Tagen war ich nun auf der Flucht. Die Strapazen aus dieser Zeit kamen jetzt richtig zum Ausbruch. Meine Kraft fiel in sich zusammen. Ich war nicht mehr fähig, aufzustehen, so geschwächt war ich. Mein Hausherr versorgte mich mit Fladenbrot und Fleisch, was ich ihm niemals vergessen werde.

Ich lag auf meinem Schaffellplatz und dachte an die Zeit als Hirte bei meiner Großmutter. Wie ich in der einsamen Alm saß und unbedingt hinter die hohen Berge schauen wollte und sehen, wie die Welt dahinter aussah. Und jetzt, da ich hier war, kam auch ein junger Hirte und schaute mich neugierig an, mich, der ich aus der weiten Welt kam. Wahrscheinlich konnte er sich genauso wenig vorstellen, wie die Welt hinter seinen Bergen aussah.

Die Odyssee geht weiter

Die Tage vergingen mit Ausruhen und Pflegen meiner Wunden. Ich merkte, wie erschöpft ich in Wirklichkeit war. Während der Flucht hatte ich sämtliche Kraftreserven aufgebraucht und war noch weit darüber hinausgegangen. Ich hatte Raubbau an meiner Gesundheit betrieben, betreiben müssen. Und mein Körper brauchte viel Zeit, um wieder zu Kräften zu kommen und sein Reservoir aufzufüllen.
Bald konnte ich wieder klare Gedanken fassen. Mit jedem Tag, den es mir besser ging, schmiedete ich mehr Pläne. Als erstes wollte ich einen Markt aufsuchen. Lebensnotwendige Dinge brauchte ich: Schuhe vor allem.
Am Morgen kam mein Hausherr, Mohammed, meist zu meinem Schlafplatz. Er hatte mich nicht ein einziges Mal gefragt, woher ich käme und wohin ich wollte. Nicht einmal, woher ich meine Verletzungen hatte. Dafür war ich ihm dankbar. Doch was hielt er in den Händen? Zwei Stück alte Autoreifen? Erst auf den zweiten Blick erkannte ich die Sandalen in seinen Händen. Die Sohlen waren tatsächlich aus Autoreifen gefertigt, das Oberteil bestand aus Lederschlaufen. Wie aufmerksam von ihm! Ich zog sie gleich an. Natürlich schmerzte der Gummi beim Gehen, wenn er an meinen leidlich verheilten Wunden scheuerte. Aber es war deutlich besser, als barfuß zu gehen.
Und noch eine Neuigkeit hatte Mohammed dabei: Er wollte in den nächsten Tagen zu einem der umliegenden Märkte ziehen. Seine Arbeit war es, von anderen gekaufte Waren mit seinen Kamelen an ihre Zielorte zu transportieren. Ob ich nicht Lust hätte, mitzukommen?
Nichts lieber als das, ich fühlte mich auch schon gut bei Kräf-

ten. Neun Tage lang hatte ich nun Mohammeds Gastfreundschaft genossen. Jetzt war es Zeit für einen neuen Aufbruch.

Schon um vier Uhr morgens gingen wir los. Es irritierte mich, dass wir in die Richtung zogen, aus der ich gekommen war, allerdings auf einem befestigten Weg. Gegen zehn kamen wir beim Markt an. Ich konnte mein Glück kaum fassen – war ich hier im Schlaraffenland? Gierig stürzte ich mich auf alles, was meine Augen in Hülle und Fülle erblickten: Stände voll mit Brot, Nüssen, Fischkonserven, Verbandsmaterial und – Armee-Schuhen! Sie waren zwar gebraucht, aber sie passten mir einigermaßen. Im Überschwang kaufte ich noch drei Hühner, die ich am Abend verzehren wollte. Ich setzte mich in den Schatten neben Mohammed, wir verzehrten unsere Schätze. Plötzlich war ich der glücklichste Mensch auf der Welt.

Endlich sind die Strapazen vorbei, dachte ich. Auf keinen Fall wollte ich mehr zu Fuß gehen. In ein paar Tagen würden wir auf einer Autostraße sein, dort wollte ich dann mit einem LKW oder mit einem Bus nach Mokka fahren, dann nach Hause. Doch es sollte ganz anders kommen. Ich war noch nicht einmal bei der Hälfte meines Abenteuers angelangt.

Mohammed wollte nach Hause, ich zu einer Straße, also würden sich unsere Wege trennen. Während wir so im Schatten saßen und an unseren Abschied dachten, passierte etwas völlig Unvorhergesehenes: Zwei bewaffnete Männer kamen auf mich zu, packten mich am Arm und sagten in drohendem Englisch, ich solle sofort verschwinden! Ansonsten würden sie mich umbringen! Obwohl ich mir keinerlei Schuld bewusst

war, war mein erster Reflex: weg! Auch Mohammed hatte ein Mann gepackt und schrie wie wild auf ihn ein. In Sekundenschnelle umringten uns zahlreiche Menschen – wir waren ja mitten auf dem Marktplatz – und es gab ein heftiges Gerangel. Einige ergriffen Partei für Mohammed, denn er hatte hier viele Freunde und war sehr beliebt. Die Situation drohte, außer Kontrolle zu geraten, da brachten die beiden Männer ihre Gewehre auf die Menge in Anschlag und brüllten:
„Doktor Alemani misch quois!“
Ich zuckte zusammen. Das kannte ich doch! Die Worte aus dem Zimmer des Todkranken! Mir brach der Schweiß aus. Warum hatte ich mich bloß wieder in dieses Gebiet gewagt! Was sollte jetzt aus mir werden? An Flucht war nicht zu denken, inmitten dieser chaotischen Menge und mit zwei Gewehren im Anschlag. Die Menge kam immer näher. Hilfe suchend blickte ich zu Mohammed. Dieser schrie auf die Leute ein und nahm mich beschützend in seine Arme. Wir sind Freunde, sollte das heißen. Aber gegen die aufgebrachten Massen hatten wir auch zu zweit keine Chance. Ich sah uns schon untergehen, da bahnte sich ein Mann einen Weg durch die Menge bis zu uns. Er rief lautstark Worte in die Menge und gab den beiden Bewaffneten Anweisungen. Zu meiner Verblüffung ließen sie ihre Gewehre sinken. Auch die Menge schien ihm zuzuhören. Wer war der Mann, der diese Macht besaß?

Es war der Mann, der den Schlüssel zu all den rätselhaften Ereignissen der letzten Wochen hatte. Stück für Stück löste er die Rätsel auf und brachte Licht in mein Erlebtes. Er war der Scheich des Gebietes, in dem ich mich befand. Ich hätte es an den wertvollen Stoffen seiner Kleidung sehen können. Wir zogen uns in ein Zimmer einer seiner Wohnburgen zu-

rück. Die beiden Männer mit ihren Gewehren gehörten zu seiner Privatarmee. Der Todkranke, den ich behandeln sollte, gehörte einer Gruppe von grausamen Terroristen an. Drei Tage vorher hatten sie das Dorf, in dem ich auch war, überfallen, Menschen getötet und alles geplündert. Sie flohen mit ihrer Beute, wobei einer der Täter angeschossen wurde. Aber auch seine Spur verlor sich im Gebirge.
Nachdem bekannt wurde, dass ein Fremder diesem Mann geholfen hatte, ihn verarztet hatte, war klar, dass der Fremde mit den Terroristen unter einer Decke stecken musste. So hatte der Scheich meine Vertreibung angeordnet und mich im ganzen Scheichtum suchen lassen. Die Posten von Dorf zu Dorf hatte er aufstellen lassen, sie sollten alle Bewohner vor mir warnen. Seine Wächter und Spitzel hatten mich vom ersten bis zum letzten Tag in seinem Scheichtum im Auge behalten. Bis zum jetzigen Zeitpunkt. In den Dörfern glaubte man, ich sei im Gebirge verdurstet.
Eindringlich erklärte ich ihm, dass ich überhaupt kein Arzt war und dass ich völlig unschuldig in die ganze Misere geraten sei. Aufgrund meiner Hilfsbereitschaft war ich in eine Falle gelockt worden. Zum Glück glaubte er mir. Doch obwohl es jetzt für alles eine Erklärung gab, war mir damit nicht wirklich geholfen. Mein Hab und Gut hatten sie verbrannt, das Scheichtum musste ich so schnell wie möglich verlassen. Auch der Scheich konnte nicht mehr für mein Leben garantieren. Er hatte ja den Befehl zu meiner Jagd erteilt und den konnte er nicht wieder zurücknehmen. Er konnte nicht für die aufgebrachte Menge garantieren.
Während der Scheich so erzählte, zog er mehrmals seinen silbernen Krummsäbel aus der Scheide und spiegelte sich in der blitzenden Klinge. Dann klatschte er in die Hände und ließ

uns durch einen Diener Tee servieren. Er schmeckte so fürchterlich, dass ich spontan an Gift oder Schlafmittel dachte. Woher sollte ich wissen, ob er wirklich der Scheich war? Und warum war er mir eigentlich gewogen? Ich hatte ihm ja soviel Scherereien bereitet.

Zwei Männer brachten den zerzausten Mohammed herein. Der Scheich sprach eine Weile mit ihm. Er gab Mohammed den Auftrag, mich bis ans Ende meiner Reise, also bis nach Mokka, zu begleiten. Und Mohammed hafte mit seinem Leben dafür, dass mir kein Leid geschähe. Er sollte solange bei mir bleiben, bis ich auch wirklich das Land verlassen hätte. Dann reichte mir der Scheich seine Hand zum Abschied.

So waren wir wieder zu zweit, Mohammed und ich. Ich wusste, dass er auf seine Aufgabe keine Lust hatte, doch ich wusste auch, dass er seinen Auftrag trotzdem mit allem Einsatz erledigen würde.
Mohammed bat um einen Vorschuss. Ich blieb bei den Kamelen, Mohammed verschwand für einige Stunden auf dem Markt. Auch Verpflegung sollte er von dem Geld kaufen. Endlich kam er wieder, mit einem Sack Reis und einigen Beuteln Hirse und Gerste. Und – er hatte plötzlich eine moderne, leuchtend rote Jacke an! Außerdem erstand er noch eine Wasserpfeife, die er von da an hütete wie einen Schatz.
Wir bepackten schweigend die Kamele und machten uns auf den Weg. Mohammed sah mich mit einem langen Blick an. „Womit habe ich das verdient", hieß der Blick. Er wusste genau, wie strapaziös und gefährlich ein Marsch nach Mokka werden würde. Keine Chance auf einen fahrbaren Untersatz. Ich zuckte die Achseln, ich hatte das alles nicht gewollt. Zeit-

lebens war ich mit lebensfeindlicher Natur in der Arktis, in Neu-Guinea oder in der Sahara gut zurecht gekommen. Mit mir feindlich gesinnten Menschen jedoch nie.
Ich hatte wieder Schuhe an den Füßen, aber sie scheuerten an meinen wundgelaufenen und noch nicht richtig verheilten Stellen – ich konnte wieder nicht richtig laufen. Um die Schmerzen zu lindern, schnitt ich die drückenden Stellen aus den Schuhen heraus. So ging es etwas besser.

Schon bald kamen wir auf einen gut befestigten Karawanenweg, dem wir die nächsten Wochen folgen konnten. Täglich kamen uns mehrere kleine und große Karawanen entgegen oder überholten uns. Immer, wenn wir auf solche Karawanen trafen, schlossen wir uns ihnen an, denn die Gegend war nicht ungefährlich. In den Bergen lebten räuberische Stämme, die mit Vorliebe Reisende überfielen.
Der Karawanenweg war so angelegt, dass wir jeden Abend in ein Dorf kamen, in dem wir schlafen konnten. Etwa alle drei Tage kamen wir auf einen Markt. Das kam mir sehr gelegen, denn so konnte ich auch leicht verderbliche Waren einkaufen wie Melonen oder Tomaten. Die Märkte faszinierten mich. Ein buntes Treiben von Menschen, Tieren und unterschiedlichsten Waren. Diese lagen entweder auf dem Boden oder auf hoch aufgeschichteten Steinhaufen. Aus den Gesichtern der Händler konnte man ihre Herkunft aus Äthiopien oder Schwarzafrika erkennen, die mit dem Jemen schon seit uralten Zeiten Handel trieben. Und mir war klar: Dieser alte Karawanenweg, auf dem wir schon seit mehr als einer Woche gingen, war Teil der alten Weihrauchstraße.
Auf den Märkten beobachtete ich folgendes Phänomen: In den Vormittagsstunden wurde gehandelt und gefeilscht, was

das Zeug hielt. Doch am Nachmittag, wenn Händler und Kunden anfingen, ihren Kat zu kauen, dann erlosch das bunte Leben und Treiben. Die Leute saßen oder lagen überall herum und träumten geistesabwesend vor sich hin. Kam jemand, um etwas zu kaufen, dann wurde nur irgendein Preis genannt und der Käufer akzeptierte ihn oder auch nicht. Gehandelt wurde nicht mehr.

Die Märkte im Hochland des Nord-Jemen sind auch ein Treffpunkt für Freunde, Verwandte oder Bekannte. Auch Wunderheiler, Märchenerzähler, Haarschneider und Blutschröpfer habe ich gesehen. Und wer heiraten oder ein Testament verfassen wollte, der war hier auch richtig: Mit einem Daumenabdruck wurde das Schriftstück besiegelt.

So waren wir zwei Wochen unterwegs, jeden Tag übernachteten wir irgendwo anders, in Wohnburgen, Steinhäuschen oder kleinen Hütten. Die Türen standen uns offen, die Menschen nahmen uns freundlich auf. Wir näherten uns einer der heißesten Gegenden der Welt, der Tihama. Bayt a Faqih war unser Ziel, was soviel heißt wie „Ort des Gelehrten".

Reise ohne Wiederkehr

Wir verließen das romantische Bergland und kamen immer mehr in das feuchtheiße Klima der wüstenähnlichen Tihama. Nicht nur die Landschaft veränderte sich von Stunde zu Stunde, auch die Menschen hatten andere Gesichtszüge und andere Kleidung. Ihre Strohhüte mit weiter Krempe schützten sie vor der erbarmungslos herab brennenden Sonne. Zum nächsten Brunnen waren es gute vierzehn Stunden. Wir ließen deshalb sogar die Mittagspause ausfallen. Als wir am Abend bei dem Brunnen ankamen, schöpften ein paar Männer das kostbare Nass aus vierzig Metern Tiefe heraus. Drei Frauen zogen mit lautem Geschrei an einem Seil. Der Behälter, mit dem das Wasser geschöpft wurde, war ein gegerbter Kamelmagen. Ich lieh mir den Behälter aus und schöpfte mit Hilfe der Frauen auch Wasser aus der Tiefe. Weit beugte ich mich über den Brunnenrand und zog gerade konzentriert an dem Seil, als ich im rechten Arm einen plötzlichen stechenden Schmerz spürte. Ich fuhr herum und ließ das Seil vor Schreck fallen. Eines unserer Kamele hatte mich in den rechten Arm gebissen! Ausgerechnet in die Stelle, wo mich vor Wochen ein Stein meiner Verfolger getroffen hatte. Sie war noch nicht gut verheilt gewesen.

Mohammed rannte schnell herbei, doch die Wunde war schon aufgebrochen, blutete stark und tat sehr weh. Alle waren außer sich über diesen Biss. Ich selber ärgerte mich furchtbar. Mohammed war sehr betroffen, war er doch für mein Wohl verantwortlich. Er kniete sich hin gen Mekka und bat Allah um Hilfe. Eine der Frauen verband meinen Arm mit einem alten Lappen; ich war zu schwach, um mich dagegen zu wehren.

So war ich wieder zu einer Zwangspause verurteilt. Wenigstens hatten wir genug Wasser, um die Wunde und danach mich wieder einmal richtig zu waschen, seit Wochen das erste Mal. Auch meinen Füßen tat die Pause gut, sie schmerzten mich während des gesamten Marsches. Blut und Eiter klebte an ihnen. Da der steinige Untergrund der Gebirgspfade vorbei war, lief ich ab jetzt im weichen Wüstensand wieder barfuß.
In der Nacht konnten wir in den Strohhütten bleiben. Ich legte mich zum Schlafen, was mir normalerweise selbst unter widrigsten Umständen sofort gelang. Aber ich wartete vergeblich auf erlösenden Schlaf. Stattdessen stöhnte ich leise, denn mein Arm schmerzte sehr. Und außerdem kribbelte und krabbelte es. Mengen von Ungeziefer stürzten sich gierig auf meine Wunden. Ich lag auf dem Fußboden. So verbrachte ich die Nacht damit, das Ungeziefer abzuschütteln.

Bei drückender Hitze zogen wir am nächsten Tag weiter. Mohammed hatte schweren Herzens das Kamel verkauft, das mich gebissen hatte. Mit einem Beutel voller Geld, aber einem unglücklichen Gesicht ging er neben mir her.
In der nächsten Nacht konnte ich endlich gut schlafen. Die Wunde im Arm pochte zwar, aber das war auszuhalten. Erschöpft schloss ich die Augen. Doch mitten in der Nacht fuhr ich hoch, weil ich einen argen Hustenreiz verspürte. Schlaftrunken hustete ich und hörte gleichzeitig ein lautes Sausen und Brausen um mich herum.
„Was ist das?“, ächzte ich und versuchte angestrengt, etwas zu erkennen.
„Das ist Wüstensand“, lautete die undeutliche Antwort. Mohammed hielt sich Tücher um Mund und Nase. Ein Sand-

sturm fegte über uns hinweg und erwischte uns unerwartet. Wir campierten auf offenem Gelände und hatten keinerlei Schutz. So pressten wir uns Tücher vors Gesicht, legten uns hinter die Kamele und atmeten flach.
Nach unendlich langer Zeit ließ der Sturm nach. Wir gruben unsere verschütteten und verwehten Taschen und Waren wieder aus. Überall war Sand, unsere Haare, unsere Kleidung, alles knirschte, das Schlimmste aber waren die Augen: Sie waren völlig verklebt. Vor dem nächsten Brunnen würden wir keine Linderung erfahren – halbblind suchten wir den Weg.
Wir fanden einen Brunnen, doch dort wartete die nächste Überraschung auf uns. Schon von weitem sahen wir mehrere Karawanen um den Brunnen lagern. Das verhieß nichts Gutes. Ich seufzte, wollte ich doch nichts außer meine Augen auswaschen. Beim Näherkommen bemerkten wir, dass die Männer wild gestikulierend um das Brunnenloch herumstanden und in die Tiefe starrten. Ihre Worte verstand ich nicht, aber ich roch es ganz deutlich: Unten im Brunnen musste ein Tierkadaver liegen. Wahrscheinlich war ein junges Kamel aus Unachtsamkeit in die Tiefe gestürzt. Aber das Wasser dieses Brunnens war für Mensch und Tier lebensnotwendig. So gab es nur eine Lösung: Das tote Tier musste heraus.
Die Männer banden einem jungen Burschen einen langen Strick um den Bauch und ließen ihn dann in das finstere Loch hinunter. Der Junge band unten das Kamel an den Strick, die Männer zogen beide ächzend und stöhnend wieder herauf.
Alle dankten Allah für seine Hilfe und holten sofort Wasser aus dem Brunnen. Ich musste mich fast übergeben beim Anblick des aufgedunsenen Tierkadavers. Dieses Wasser sollte ich nun trinken? Aber mir blieb nichts anderes übrig, ein

anderes gab es nicht. Beherzt fasste ich den Becher und trank.

So kamen wir in Zabid an. Am ersten Tag schon war Mohammed verändert. Er sprach kein Wort, nicht einmal mit seinen Kamelen. Da stimmte doch was nicht. Am nächsten Morgen lag er zusammengekrümmt in unserem Funduk. Er wirkte schwerkrank. Unser Gastgeber holte einen Arzt, der Mohammed Medikamente und Spritzen gab. Auch meine wunden Füße behandelte er mit.

Mohammed war überzeugt davon, dass er sterben würde und betete unablässig zu Allah. Er warf sich hin und her und haderte mit seinem Schicksal.

„Warum musstest du nur damals in meine Steinhütte kommen?"

Es stimmte, ich war verantwortlich für die dramatische Wendung, die sein Leben durch unsere Begegnung genommen hatte. Aber das war nicht meine Absicht gewesen. Tag und Nacht blieb ich an seinem Bett und sprach ihm Trost und Hoffnung zu. Mehr konnte ich nicht für ihn tun. Ich machte mir Sorgen. Fieberkrämpfe schüttelten ihn, sein dunkles Gesicht wirkte farblos und leer. Er hatte natürlich auch von dem verseuchten Wasser getrunken. Was hatte er sich dabei zugezogen?

Was immer es war, er überwand es. Eines Morgens war wieder Leben in ihn zurückgekehrt. Er erholte sich langsam. Es war uns allen klar, dass er die Reise nicht mehr fortsetzten konnte, der Rückmarsch würde für ihn anstrengend genug sein. Aber Mohammed dachte nicht im Traum daran, mich allein weitergehen zu lassen! Er bestand darauf, mit mir nach Mokka zu gehen. Ich sah ein, dass ich ihn nicht daran hindern konnte; so waren wir weiterhin ein Team.

Wir zogen direkt am Strand entlang, von Fischerdorf zu Fischerdorf. Entsprechend ernährten wir uns von einer Vielzahl feinster Fische, deren Namen ich nicht kannte. Wir kochten sie in Salzwasser und aßen sie mit Brot. Bald mussten wir in der Stadt sein.
Schon von weitem erkannten wir das Minarett der großen Moschee von Mokka. Es wurde dunkel, und wir waren angekommen am endgültigen Ziel meiner Reise. So dachte ich. Auf den ersten Blick sah ich voll bepackte Lastwagen und im Dunkeln herumhuschende Männer. Schmuggler? Mokka stellte sich als internationales Schmugglernest heraus. Man beachtete uns kaum, da wir nicht reich aussahen und nichts kaufen würden.
Wir fragten uns zu einem Funduk, einer Herberge durch. Ich sank auf das Bett und fiel sofort in einen ohnmachtsähnlichen Schlaf, der sechzehn Stunden dauerte. Der Hausherr hatte mehrfach erfolglos versucht, mich zu wecken, um mir etwas zu essen und zu trinken zu geben. Jetzt war es kurz vor Mittag. Aber ich spürte weder Hunger noch Durst. Überhaupt, ich fühlte mich gar nicht wohl. Ich wollte aufstehen und einen Schluck trinken, doch ich konnte es nicht. Ich kam überhaupt nicht vom Bett hoch! Meine Beine waren so schwer, dass ich sie nicht bewegen konnte. Meine Stirn fühlte sich heiß und feucht an und da war es mir klar: Jetzt hat es mich auch erwischt. Wie Mohammed vor mir. War es Malaria, oder hatte ich es mir aus den üblen Brühen geholt, aus denen ich getrunken hatte? Oder hatten sich meine offenen wunden Füße entzündet?
Auf mich warteten schlimme Tage. Alles, was ich zu mir nahm, erbrach ich sofort wieder. Ich wollte nichts trinken, nichts essen, überall hatte ich Schmerzen. Mir war schwach

und elend zumute. Mohammed kümmerte sich rührend um mich: Er brachte mir Nüsse, Salat, Brot, Wasser, verband meine Wunden. Nichts half. Würde ich hier bleiben müssen, war das das Ende dieser unsäglichen Reise?
Erst am vierten Tag bekam ich langsam wieder Appetit. Von da an ging es mit mir bergauf. Auch ich hatte es überstanden. Auf Mohammed gestützt konnte ich schon bald wieder umherhumpeln. Auch mein Lebensmut kam in vollen Zügen zurück. Die Waren am Markt ließen mich aufleben: Orangen, Zitronen, Grapefruits. Ich kaufte mir Socken und richtige Sandalen in meiner Größe. Bis ich wieder ganz hergestellt war, tauchte ich ein in die Welt des Kaffees und seiner Stadt Mokka.

Unter Schmugglern

Mokka war in früherer Zeit eine der führenden Städte im Jemen. 1683 hinterließen die Türken nach der Belagerung der Stadt Wien hier mehrere Säcke Kaffee. Das Getränk wurde Tagesgespräch und Mokka zur blühenden Handelsstadt. Davon war nicht mehr viel übrig, nur noch Reste von Stuckähnlichen Fassaden zeugten von dieser Zeit. Zwischen ehemaligen Palästen lagen afrikanische Strohhütten, die von niedrigen Lehmmauern umgeben waren. Die Hauptstraße begann im Geröll und Gerümpel und endete im Sand vor den alten, ehemaligen Handelshäusern. Ein paar arabische Seeleute mit buntem Turban dösten unter alten Bastmatten in der Mittagshitze. Wildernde Hunde streunten durch die Gassen. Die Stadt wird immer mehr mit Wüstensand zugedeckt.
Als ich abends in unser Quartier kam, empfing mich mein Hausherr mit der Nachricht, ich müsse mich bei der Polizei melden, da ich schon zwölf Tage in der Stadt sei.
Da fuhr mir der Schreck in alle Glieder. Nicht wegen der zwölf Tage. Sondern wegen meines Visums! Ich hatte ja nur eines für vier Wochen. Und aufgrund der Entwicklungen meiner Reise, die ich nicht im Entferntesten hatte ahnen können, waren daraus mehrere Monate geworden! Um meine Aufenthaltsgenehmigung hatte ich mir keine Gedanken gemacht.
Ohne Genehmigung im Land zu sein, war ein schlimmes Vergehen – und ich wollte nicht auch noch die Gefängnisse des Landes kennen lernen. Das fehlte mir gerade noch. Nahmen denn die Verhängnisse auf dieser Reise gar kein Ende?

Ich versuchte, Ruhe zu bewahren und überlegte fieberhaft, was ich tun könnte. Sollte ich fliehen, mit dem nächsten Last-

wagen von hier verschwinden? Nach Sana zu kommen konnte ich versuchen, doch spätestens am Flughafen würde man das überzogene Visum bemerken und danach handeln. Außerdem steckte mir der Schock mit den Terroristen nach wie vor in den Gliedern. Wer weiß, ob sich meine „Hilfe“ für die Terroristen nicht bis nach Sana herumgesprochen hat! Möglich wär's. Ich sah keinen Ausweg. Außer einem.
Noch in derselben Nacht schlich ich zum Hafen und knüpfte Kontakte zu den Männern mit den Schmugglerbooten.
„Wo geht's denn hin mit der Ware?“
Misstrauisch blickten sie mich an. Offensichtlich wollte ich nichts kaufen. Von der Polizei war ich auch nicht. Was also ging es mich an?
„Die Küste entlang“, lautete die lapidare Antwort.
Doch ich gab mich nicht zufrieden. Die kannten mich schlecht.
„Ich muss rüber nach Afrika, könnt ihr mich mitnehmen?“
Die Gesichter verdunkelten sich noch mehr. Was sollten die mit einem unnötigen Mitwisser!
„Ich kann euch bezahlen.“
Leicht erhellten sich ihre Mienen. Doch ich sah nicht aus wie einer, der Geld hat. Konnte man mir trauen? Tatsächlich machte ich einen dunklen Gesellen ausfindig, der nach Djibuti wollte. Lange zähe Verhandlungen folgten, ich ließ nicht locker. Schließlich hatte ich ihn soweit. Er erklärte sich bereit, mich in ein paar Tagen auf seine Tour mitzunehmen.
Erleichtert kehrte ich heim. Doch die paar Tage hatte ich nicht mehr. Mein Vermieter drängte mich, zur Polizei zu gehen. Er könne mich nicht mehr länger beherbergen. Also musste ich sofort weg. Ich lief wieder zum Meer. Das Schiff lag weit draußen, es war nicht zu sehen. Gegen einen Vorschuss erklärte sich

der Eigner bereit, mich hinzubringen. Damit uns keiner beobachtete, sollte ich um Mitternacht drei Kilometer außerhalb Mokkas an einer alten Fischermühle sein.
Mir war diese zwielichtige Geschichte überhaupt nicht geheuer. Aber es war meine einzige Chance, von hier weg zu kommen. In meiner Not weihte ich Mohammed und den Vermieter in mein Vorhaben ein, mit einem alten arabischen Holzschiff übers Meer nach Djibuti flüchten zu wollen. Beide waren bestürzt. Sie wussten, welch großes Risiko ich damit einging. Auch war diesen Männern nicht zu trauen. Aber ich blieb schweren Herzens bei meinem Vorhaben. Noch am Tage ging ich mit Mohammed zu dem Treffpunkt, damit ich die Stelle in der Nacht fände.
Abends packte ich den kümmerlichen Rest meines Gepäcks zusammen und steckte den Lohn für Mohammed in ein Kuvert. Ich beschloss, ihm auch noch meine Uhr zu geben, die er stets bewundert hatte. Er hatte derartig viel wegen mir durchmachen müssen, dass ich es mit Geld ohnehin nie bezahlen könnte. Ich war bereit, da klopfte es an der Tür. Mohammed, dachte ich und machte auf. Vor mir stand ein Polizist. Der, zu dem ich hätte dringend gehen müssen. Einen Moment lang starrte ich ihn an, dann verwickelte ich ihn geistesgegenwärtig in ein Gespräch. Ich redete um mein Leben. Am Ende erwirkte ich einen Aufschub bis morgen früh um neun Uhr. Ich musste ihm versprechen, in sein Büro zu kommen. Mit einer Reihe weiterer Notlügen rettete ich mich aus dieser prekären Situation.
Jetzt war ich doppelt in Gefahr. Die Polizei konnte mich auf der Flucht erwischen. Dazu die Gefahren einer solchen Überfahrt! Und überhaupt: Die ganze Überfahrt könnte eine Falle der Schmuggler sein. Ich dachte nicht weiter.

Mohammed wartete draußen vor dem Haus. Gemeinsam machten wir uns auf den Weg zu der Stelle, wo ich mit einem Ruderboot auf das Schmugglerschiff gebracht werden sollte. Heimlich verließen wir Mokka durch dunkle Gassen. Mohammed nahm sein Versprechen sehr ernst, mich bis zum Verlassen des Landes zu begleiten. Er war mein Freund geworden. Und doch würde ich für ihn immer ein merkwürdiger Mensch bleiben. Er hatte es einfach nie fassen können, dass ich in meinem Land keine Kamele hatte und keinen Kaffee anbaute.

Als wir zum vereinbarten Treffpunkt kamen, hörten wir gedämpfte Stimmen. Vorsichtig näherte ich mich, sehen konnte ich noch nichts. Schemenhaft stiegen zwei Schatten aus dem Dunkel, zwei Männer im Ruderboot, die offensichtlich schon auf mich warteten. Ohne ein Wort zu sagen, warfen sie meinen Rucksack ins Boot und drängten, ich solle schnell einsteigen. Ich umarmte Mohammed, sprang ins Boot und sah meinen treuen Freund mit seinem Kamel in der Finsternis verschwinden. Ich schloss die Augen und lauschte dem regelmäßigen Plätschern der Ruder. Allmählich stellte ich mich darauf ein, dass ich einer ungewissen Flucht auf einem Schmugglerboot entgegenfuhr.

Doch soweit war es noch nicht. Plötzlich durchbrachen laute Stimmen die Ruhe der Nacht. Ich riss die Augen wieder auf und wollte mich erheben, da drückten die Bootsleute mich auf den Boden des Bootes und flüsterten leise „Police“.

Das Schicksal holte jetzt wohl zum letzten Schlag gegen mich aus. Undeutlich sah ich den hektischen Schein von Taschenlampen am Ufer und erkannte, dass zwei Männer Mohammed festgenommen hatten und ein weiterer die Fracht auf seinem Kamel untersuchte. Sie schrieen lautstark auf ihn ein und

packten ihn grob. Das war zuviel. Gegen den Widerstand der Männer auf dem Boot packte ich die Ruder und ruderte energisch zurück ans Land.
„Verrückter Fremder, was tust du da!“, zischten mir die Männer zornig zu. „Du lieferst uns der Polizei aus!“
Ich stand im Boot auf und schrie in die Dunkelheit, dass ich mit ihnen reden wollte. Meine Rechnung ging auf. Sofort zog ich die Aufmerksamkeit auf mich: Ein Europäer im Ruderboot – und das mitten in der Nacht. Sie ließen Mohammed los und leuchteten mir mit ihren Lampen ins Gesicht. Ich wartete erst gar nicht, bis meine erschrockenen Bootsleute an Land ruderten, sondern sprang aus dem Boot ins hüfthohe Wasser und watete an Land.
Den Männern stand die Überraschung ins Gesicht geschrieben. Ich redete auf sie ein, dass Mohammed ein harmloser Kaffeebauer sei und nichts mit Schmugglerbanden am Hut habe. Die Polizisten wollten meinen Pass sehen. Ich erklärte ihnen, er sei irgendwo im Gepäck. Sie gaben sich erst zufrieden, als ich ihnen eine größere Summe Dollar anbot. Zum Glück gingen sie auf den Handel ein und ich konnte uns tatsächlich freikaufen. Da waren wir noch einmal glimpflich davongekommen! Mohammed war die ganze Zeit zerknirscht daneben gestanden und hatte übersetzt. Jetzt konnte er mit seinem Kamel weiterziehen und ich durfte wieder ins Boot steigen. Die Überfahrt begann von neuem.
War es Zufall, dass uns die Polizisten erwischten? Vielmehr hatte ich das Gefühl, verraten worden zu sein. Wahrscheinlich vom Wirt des Dorfes, bei dem wir täglich gegessen hatten. Er hatte dabei wohl unsere Gespräche belauscht. Was nützte das Überlegen, ich saß ja schon wieder im Boot.
Es kam mir alles gespenstisch vor. Am Ende, und ich hoffte

so sehr, dass es tatsächlich das Ende sei, am Ende einer solchen Reise musste ich noch außer Landes geschmuggelt werden. Das hatte ich mir alles so anders vorgestellt. Die jemenitische Kultur wollte ich studieren. Und jetzt schaukelten mich zwei Bootsmänner durch die Stille der Nacht bis zu ihrem weit draußen wartenden Holzschiff, einer arabischen Dau, die mich wegbringen sollte. Allein, wie sie das Schiff überhaupt fanden, war mir schon ein Rätsel. Aber nach etwa einer Stunde rudern tauchte es plötzlich vor uns auf. Die Männer hievten mich und meinen Rucksack an Bord, die Ruderer verschwanden lautlos in der Nacht.

Am Ende der Nacht

Ich sah mich um. Das Schiff war beinahe leer. Was hatte sich der Kapitän so angestellt!
Die Planken wankten auf und ab. Wir lagen noch einen Tag draußen vor Anker. In der Sonne war es brütend heiß. In der Nacht legten mehrere kleine Ruderboote an, die weitere Ladung an Bord brachten. Was es war, erfuhr ich nicht. Ich wollte es auch gar nicht so genau wissen, denn dass es keine Gebetbücher waren, war mir klar.
Einmal klopfte ich an die Seitenwände des Schiffes. Es klang hohl. Alle Wände des Holzschiffes waren doppelt gebaut, die Zwischenräume waren, wie ich später erfuhr, mit Munition aufgefüllt.
Endlich holten die Männer den Anker ein und unsere Überfahrt nach Djibuti begann.
Die Matrosen und ihr Kapitän waren alles andere als Vertrauen erweckend. Normalerweise hätte ich einen weiten Bogen um sie gemacht. Sie sahen aus wie Seeräuber aus Sindbads Abenteuern. Mich ignorierten sie vollkommen, sie passten lediglich auf, dass ich mich nicht zu sehr für die Ladung interessierte.
In den Balken ächzte und krachte es, als sich das Schiff in Bewegung setzte. Ich befürchtete schon, dass dieser alte Seelenverkäufer jeden Moment auseinander brechen könnte. Er war wohl der älteste, den es noch gab auf der Welt. Keinerlei Navigationshilfen, kein Funk, nichts. Nur das Meer und der Himmel lotsten uns weiter.
Unser Trinkwasser war in einem alten, rostigen Teerfass gelagert und mit Salzwasser vermischt. Ich versuchte, möglichst wenig zu trinken. Unser Essen bestand aus Reis und aus den

Fischen, die die Männer unterwegs fingen. Als Brennmaterial dienten alte, kaputte Autoreifen. Genauso schmeckte auch das Essen. Den Koch erkannte ich daran, dass seine Hände geringfügig sauberer waren als die der andern: Beim Kochen ging der Dreck am besten ab. Das erste Essen an Bord war mir eine Lehre: Ich erwischte überhaupt nichts. Es galt das Überlebensprinzip: Alle aßen aus einer gemeinsamen Schüssel: Wer am schnellsten war und die größten Hände hatte, bekam auch das meiste.

Die See war unruhig vom ersten Tag an. Mir waren die Anzeichen sofort klar: Schwindel, Magenkribbeln. Kein Hunger. Ich war seekrank, und mir war hundeelend.
Ich zog mich zurück auf meinen „Platz“, ein unbrauchbares Rettungsboot, das ganz nahe an der Reling lag. Das war für mich von unschätzbarem Vorteil: Ich hatte nicht weit zu laufen, wenn mir übel wurde. Und das war unablässig der Fall.
Ein weiterer Vorteil meines „Bootes“ bestand darin, dass ich vor den unzähligen Kakerlaken, Ratten und sonstigem Ungeziefer, das sich auf dem Schiff befand, einigermaßen sicher war. Mein Essen weniger: Immer wenn ich mir ein Stück Brot aufbewahrt hatte, um es später zu essen, wurde es von den Ratten aufgefressen.
So verlief der erste Tag. Die meiste Zeit hatte ich ohnehin keinen Hunger, lag vor Erschöpfung schweißnass auf den schwankenden Planken und wollte nur noch eins: sterben. Stunde um Stunde verging. Mit jedem Schaukeln des Schiffes drehte sich mir der Magen erneut um. Schloss ich die Augen, machte es das nur noch schlimmer.
Es wurde Nacht. Die Schmuggler schliefen mit einem alten Sack zugedeckt auf dem Schiff verteilt, je nachdem, wo ge-

rade eine waagrechte Fläche auf dem Deck war. Abwechselnd hielten sie Wache, damit ich nicht versehentlich zu nahe an ihre wertvolle Fracht kam. Aber davon war ich weit entfernt. Ich war mit Überleben beschäftigt. Und dazu gehörte, im Dunkeln auf dem stark schwankenden Schiff die Toilette zu erreichen. Ich tastete mich vorwärts, an der Reling entlang, über Taue und Fässer steigend. Da trat ich auf einen weichen Sack. Ungewöhnlich nur, dass er sich bewegte! Darunter kam ein laut schreiender Schmuggler hervor, der mit den Armen wild um sich schlug und mich am Kragen packte. Zum Glück beruhigte er sich wieder und schlief ein.

Wohin waren wir unterwegs? Kein Land war in Sicht, ich konnte nur hoffen, dass unser Ziel tatsächlich Djibuti hieß. Ich fragte den Kapitän. Ja, den Hafen würden wir ansteuern, meinte er. Halbwegs beruhigt schleppte ich mich wieder zu meiner Schlafstätte. Djibuti, das klang gut.

Aber so weit war ich noch nicht. Erschöpft war ich in der dritten Nacht in einen unruhigen Schlaf gesunken. Da rüttelte jemand an meinem Arm. Erschrocken fuhr ich hoch: Polizeikontrolle? Sturm? Der Kapitän stand vor mir und sagte leise: „Djibuti“ und zeigte mit einer Handbewegung übers Meer. Schlaftrunken folgte ich seiner Geste, doch im fahlen Schein des Mondlichts konnte ich nichts sehen. Aber ich sah ein Ruderboot neben unserem Schiff. Die beiden Gestalten darin winkten mir eindringlich zu: Ich sollte zu ihnen ins Boot kommen. Wollten sie mich jetzt loswerden? Einen Moment lang zögerte ich.

„Verschwinde“, fuhr mich daraufhin der Kapitän grob an. „Ich kann dich hier nicht mehr brauchen!“

Mein Rucksack und mein Schlafsack flogen über Bord ins

Boot. Da sprang ich hinterher und die Beiden packten die Ruder und ruderten in Richtung Hafen. Aber nirgends sah ich Land. Mit jeder Minute sank meine Hoffnung, jemals in Djibuti anzukommen.
Da, endlich. Am Ende der Nacht sah ich Lichter, weit entfernt erst, dann die Umrisse von Hütten. Ich entlohnte meine nächtlichen Begleiter und als das Meer nur noch knietief war, sprang ich aus dem Boot und watete langsam auf die Hütten zu. An der erstbesten klopfte ich an, trat ein und sah mich der Hafenpolizei gegenüber.
So standen wir Auge in Auge und starrten uns an: vier angetrunkene Polizisten und ein patschnasser weißer Fremdling. Ich fasste mich und erfand eine Mitleid erregende Geschichte. Ein Segler sei ich, dessen Schiff in wilden Stürmen gesunken sei. Gerade noch hätte ich mich selber an Land retten können, aber mein Pass, sei leider unwiederbringlich verloren. Innerlich verdrehte ich die Augen über meine eigene Flunkerei. Die Polizisten aber hörten beeindruckt zu und unterbrachen mich kein einziges Mal. Sei es, dass sie meine Geschichte tatsächlich glaubten oder einfach nur ihre Ruhe wollten, auf jeden Fall gaben sie mir ein Visum für 24 Stunden. Das reichte.

Hier fand meine Odyssee, an die ich bis heute mit einer Gänsehaut denke, ihr Ende. Der Rest ist schnell erzählt. Von Djibuti aus trat ich die Heimreise über den Sudan an. Wie ein verlorener Sohn tauchte ich zuhause auf. Ich hätte ja längst zurück sein sollen. Ein paar Wochen nur hatte ich im Jemen bleiben wollen, um die Überreste aus alter Zeit zu studieren. Welch unglaublichen Verlauf meine Reise nehmen würde, hatte niemand auch nur im Entferntesten ahnen können.

Flugzeugabsturz
1981

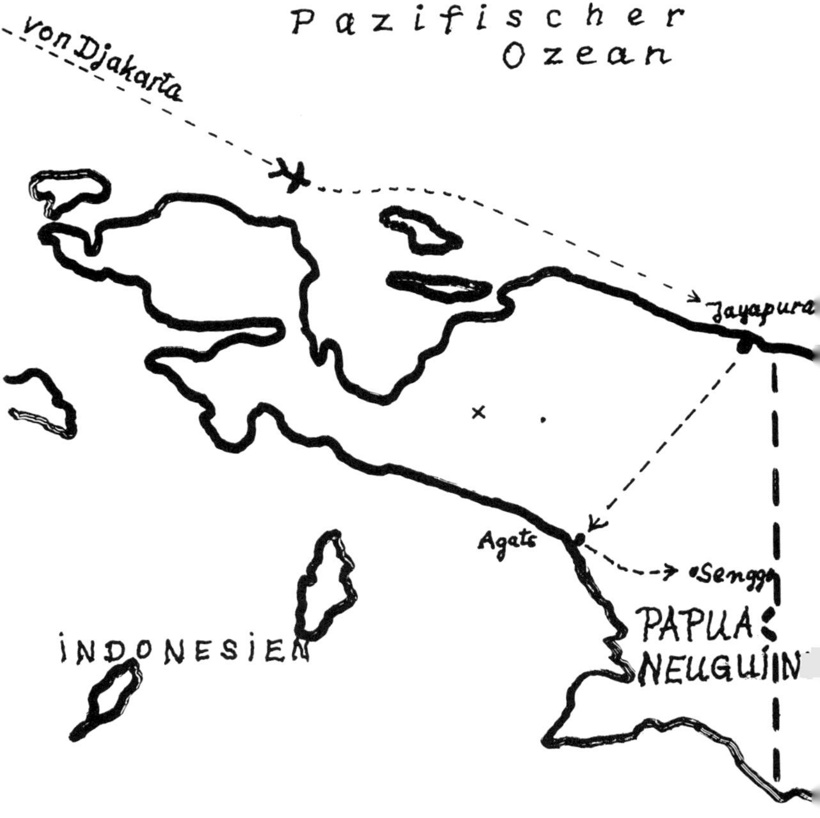

Pazifischer
Ozean
von Djakarta
Jayapura
Agats
Sengga
PAPUA
NEUGUIN
INDONESIEN

Medikamente für Senggo

In meinem Leben habe ich drei Flugzeugabstürze überlebt. Einmal war ich auf einem Linienflug unterwegs von Hongkong nach Manila. Das Flugzeug zerschellte kurz vor Manila an einem Berg. An Bord waren 56 Passagiere. 52 kamen bei dem Absturz, über den weltweit berichtet wurde, ums Leben. Vier Personen, darunter ich, überlebten schwerverletzt.
Ein weiteres Mal flog ich mit einem Piloten und einer Krankenschwester über die Insel Borneo. Als der Pilot einem Unwetter weitläufig ausweichen musste, ging der Treibstoff aus. Die Maschine kam ins Trudeln und stürzte schließlich ab. Zum Glück bremsten die Bäume den Aufprall ab. Wieder hatte ich unwahrscheinliches Glück und überstand die Tragödie.
Doch der spektakulärste Absturz, der spielte sich im Jahr 1981 in Neuguinea ab.

Als wir 1974 von der Besteigung der Carstensz-Spitze aus Neuguinea zurückkamen, fanden die Berichte über unsere erfolgreiche Expedition viele interessierte Zuhörer. Zum einen war der Berg selber ungewöhnlich, zum anderen die Tatsache, dass wir es lediglich mit vier Mann geschafft hatten. Ich hatte einen Film über diese Expedition gedreht und zeigte ihn auf vielen Vorträgen.
Der Zufall wollte es, dass mich Jahre später ein Mann ansprach. Ich kannte ihn nicht. Er erzählte mir, einen meiner Vorträge über unsere Besteigung gehört zu haben. Unser Abenteuer hatte so etwas wie eine Initialzündung bei ihm ausgelöst. Damals noch Medizinstudent, hatte er sich geschworen, als Arzt in dieses Land zu gehen und den Menschen dort zu helfen.

Sein Traum war in Erfüllung gegangen: Inzwischen war er Arzt in einem kleinen Missionskrankenhaus in Senggo, Neuguinea. Im Moment war er auf Urlaub in Deutschland. Er suchte jemanden, der ihm Hilfsgüter zu seinem Krankenhaus in Neuguinea brachte. Mit der normalen Luftfracht hatten diese Lieferungen, die hauptsächlich aus Medikamenten bestanden, oftmals den Weg zu ihm nicht gefunden. Einige wurden abgefangen oder geplündert, andere verschwanden ohne weitere Nachricht in dunklen Kanälen.
Ich war sofort einverstanden, ihm in ein paar Monaten die Lieferung mit den Hilfsgütern nach Neuguinea zu bringen. So könnte ich seine Arbeit direkt vor Ort kennen lernen. Das Land hatte mich ohnehin so fasziniert, dass ich es noch einmal besuchen wollte. Und damit diente die Reise gleich noch einem guten Zweck. Begeistert verabredeten wir uns bei ihm in seiner Station.

Die Vorbereitungen verliefen planmäßig, so dass ich bereits zwei Monate später im Linienflugzeug nach Djakarta saß. Im Gepäckraum reisten meine hundert Kilo schweren und speziell verpackten vier Koffer mit Medikamenten, deklariert als Hilfssendung.
Problemlos brachte ich sie durch den Zoll und flog weiter nach Jayapura, der Hauptstadt West Irians. Hier waren die Missionsflugzeuge für Versorgungsflüge ins ganze Land stationiert, wie ich wusste. Mit dem ersten möglichen Flug wollte ich weiter zu meinem befreundeten Arzt. Doch die Realität sah anders aus: Für mich war hier erstmal Schluss. Im Moment hatten sie große Versorgungsschwierigkeiten mit Treibstoff. Sie hatten fast kein Kerosin mehr und starteten ihre Flugzeuge nur noch für Krankentransporte und Notfälle.

Mein Fall war weder das eine noch das andere, außerdem nahmen sie Passagiere schon gar nicht mit. Sie wussten zwar von meiner Ankunft und wollten mir gerne helfen. Doch ein Extraflug war nicht drin, ich müsste ungewisse Zeit warten.

Auf Rockefellers Spuren

Bereits am nächsten Tag hatte ich Glück. Es ging zwar kein Flug nach Senggo, dafür nach Agats an der Südküste. Dorthin konnten mich die Missionare mitnehmen. Ich wusste, dass in diesem Gebiet der Stamm der Asmat lebt, der noch wenig Kontakt zu Fremden hatte. Sofort war ich bereit mitzufliegen.

Da auch meine Koffer mit Medikamenten noch Platz hatten, nahm ich sie mit in der Hoffnung, dass ich von Agats aus doch noch einen Flug nach Senggo bekommen würde. Da auch die Missionsstation in Agats dringend Medikamente brauchte, überließ ich ihnen als Gegenleistung für den Flug einige davon. Als ich nach einem wackeligen Flug auf der Station eintraf, empfing mich der Bischof. Er war sehr froh über die medizinische Versorgung, und auch darüber, dass er wieder einmal mit jemandem sprechen konnte.

„Jetzt bin ich seit zehn Jahren hier bei den Asmat", sagte er mit frustriertem Gesichtsausdruck. „Seit zehn Jahren erzähle ich ihnen die Geschichte von Himmel und Hölle und von Adam und Eva. Letzte Woche war ein Begräbnis, und, was ist? Sie fallen wieder in ihren alten Ritus zurück. Ich weiß nicht, was ich hier noch länger tun soll. Sie glauben mir meine Geschichten schlichtweg nicht."

Höflich bedauernd schüttelte ich den Kopf, obwohl ich die Urwaldbewohner durchaus verstand.

„Was glauben sie denn stattdessen?"

„Sie glauben, dass ihr Gott Fumeripits in den Urwald ging und Bäume fällte. Aus den Stämmen schnitzte er männliche und weibliche Figuren. Dann schlug er auf seine Trommel und die Holzfiguren begannen zu leben."

Ich fand es nicht unähnlich der Geschichte von Adam und Eva, entstanden aus einer Rippe und durch göttlichen Atem zum Leben erweckt, aber ich sagte nichts.
„Willst du uns nicht einmal begleiten in einem Einbaum auf meinem halbjährlichen Weg durch ihre Gebiete?"
Natürlich wollte ich das gerne. Was für eine wundervolle Gelegenheit, unmittelbar etwas über die ursprünglichen Bräuche der Urwaldbewohner zu erfahren! Vor allem die kunstvollen Schnitzereien der Asmat interessierten mich.
Zusammen mit fünf Missionaren stakten wir in einem Boot einen Urwaldfluss hinauf. Unterwegs warnten sie mich vor einem Dorf namens Otsjanep. Die Ureinwohner des Dorfes könnten sehr aggressiv werden.
„Warum?", wollte ich wissen. „Da muss es doch einen Grund geben. Haben sie schlechte Erfahrungen gemacht mit Weißen?"
Da hörte ich die Geschichte von Rockefeller.

Seit Ende des Jahres 1961 war der Sohn des damaligen Gouverneurs von New York, Michael Rockefeller, auf rätselhafte Weise in Neuguinea verschollen. Er war mit einem Boot unterwegs, das gekentert ist. Während sein Begleiter am Boot geblieben ist, versuchte Rockefeller, schwimmend das Land zu erreichen. Ob ihm das gelang, weiß niemand. Was man aber weiß, ist, dass er vorher von den Ureinwohnern viele Totenköpfe gekauft und damit ein Museum eingerichtet hatte. War es dabei zu Konflikten gekommen?

Der Empfang war wie erwartet kühl. Abweisende Augen blickten mich an, während die Missionare unbeeindruckt ihr Boot ausluden. Ich fühlte mich unwohl in dieser fast feindseligen Atmosphäre und schaute mich um, ob ich mich vielleicht nützlich machen könnte. Das einzige, was ich fand, war ausladen. In dieser knisternden Spannung kam ein älterer Mann finsteren Blickes und schnellen Schrittes auf mich zu und schimpfte los. Ich verstand zwar kein Wort, aber sein Tonfall war eindeutig. Er brüllte auf mich ein. Der Missionar übersetzte. Ob ich auch so einer von denen wäre, die Totenköpfe bei ihnen kauften? Das nämlich hatte Rockefeller getan, und weil er ihnen so viel Geld dafür bot, wurde die Kopfjagd, die eigentlich schon der Vergangenheit angehörte, auf einmal wieder lukrativ!

War Rache der Grund für Rockefellers rätselhaftes Verschwinden? Dem alten Mann und weiteren hinzugekommenen Eingeborenen beteuerte ich, dass meine eigenen Absichten ganz andere waren.

„Ich bin kein Käufer, auch kein Missionar. Ich möchte lediglich euer Leben kennen lernen." Noch während ich sprach, merkte ich, dass sie mir kein Wort glaubten. Wie konnte ich ihnen sonst noch meine friedliche Absicht demonstrieren? Da tat ich etwas, was eigentlich gegen meine Gewohnheit war. Ich versuchte, ihnen Tipps für ihre Schnitzereien zu geben. Ein Missionar übersetzte. Er sah mich dabei allerdings schief an, was ich aber in meinem Eifer übersah.

„Schaut mal, ich halte das Messer etwas schräger, dann kann man es besser schärfen. Mit einem scharfen Messer kann ich auch genauer und feiner schnitzen", erklärte ich in bester Absicht, denn Schnitzen zählt zu meinen Hobbies. „Da, wo ich herkomme, benützt man weiches Holz zum Schnitzen, das kann man leichter bearbeiten."

Am Gesicht des Missionars sah ich, wie meine gut gemeinten Ratschläge ihr Ziel verfehlten. Dann erkannte ich es in jeder einzelnen Miene. Sie waren beleidigt und nannten mich einen Dummkopf und Besserwisser. Meinen Mund sollte ich halten. Sie würden jetzt erst einmal mich belehren. Vor etwa einem Monat war ihr alter Medizinmann gestorben. Das hatte natürlich einen großen Verlust für ihren Stamm bedeutet. Der neue Medizinmann hatte kurz darauf eine Vision: Er sah die Seele des alten Medizinmanns in einen großen, majestätischen Baum fahren. Er suchte diesen Baum, den er dann zusammen mit den Stammesmitgliedern fällte. Gemeinsam bauten sie ein Kanu daraus sowie einige sakrale Gegenstände. So war der Geist des alten Medizinmannes immer in ihrer Nähe. Er lockte die Fischschwärme an ihr Kanu und er war im Männerhaus in Form der sakralen Kunstfiguren spürbar. So sollte ich mich nicht in ihr Schnitzwerk einmischen, zumal ich auch nicht einer von ihnen wäre und ihre Geschichte nicht kannte.

„Geht fort“, sprachen sie unmissverständlich zu den Missionaren, nachdem wir nur einen Tag lang da waren, „wir brauchen euch nicht. Und nehmt euren Freund gleich mit.“

Es blieb uns also nichts anderes übrig, als nach ein paar weiteren Stunden, in denen wir uns noch stärkten, unser Kanu zu packen und flussabwärts wieder abzulegen.

Drama in den Wolken

Zurück in Agats empfing mich ein Missionar mit den Worten, er habe eine gute Nachricht für mich. In Bälde würde eine Maschine nach Senggo starten können. Ich verbrachte aber noch sieben weitere Tage in Agats mit Warten auf diesen Flug. Endlich war es soweit. Zusammen mit Jim, einem amerikanischen Piloten, sollte ich die Medikamente in das Urwaldkrankenhaus meines Arztes Doktor Ibscher bringen.
„Hier ist Kirner, ich habe ein Flugzeug gefunden, in ein paar Stunden sehen wir uns bei Ihnen!“, funkte ich Doktor Ibscher zu.
„Guten Flug, ich freu mich!“, kam die Antwort.
Voller Vorfreude stieg ich ein und Jim ließ die kleine Maschine an.
Von oben bot der Urwald ein wunderschönes Bild. Nicht enden wollendes sattes Grün, durchwachsen von lichtem Resedagrün, Dunkelgrün und glänzenden Brauntönen. Undurchdringlicher Dschungel, soweit das Auge reichte. Ich konnte mich nicht satt sehen.
„Wie schön das aussieht!“, brüllte ich Jim an, der vor mir saß. Die alte Maschine machte einen Höllenlärm.
„Das ist der echte Urwald“, antwortete dieser. „In etwa zwei Stunden sind wir da.“
Eifrig machte ich Fotos, um alles für meine Frau Renate im Bild festzuhalten und malte mir bereits aus, wie es wohl in dem Urwaldkrankenhaus aussehen würde. Mit welchen Instrumenten würden sie arbeiten, wie waren sie wohl eingerichtet? Diese und mehr Gedanken gingen mir durch den Kopf, als sich Doktor Ibscher noch einmal per Funk meldete.

„Hört ihr mich? Bei uns hier ist ein starkes Unwetter. Die Landepiste steht einen halben Meter unter Wasser. Over.“
„Roger“, antwortete Jim. „Wir versuchen, das Gewitter zu umfliegen. Wenn es nicht funktioniert, landen wir bei einer anderen Missionsstation. Over.“
Zu mir gewandt meinte er:
„Jede Missionsstation hat eine Graspiste zum Landen. Wir fliegen lieber einen kleinen Umweg.“ Und schon flog er eine scharfe Kurve. In der Ferne sah ich einen grauen Vorhang. Ich hielt es für eine gute Entscheidung; da ich selber Flieger war, beunruhigte es mich nicht im Mindesten. Wie oft hatte ich schon eine Gewitterfront umflogen!
Die nächsten Minuten, beziehungsweise Stunden, kann ich nur bruchstückhaft wiedergeben. Als wir die Kurve geflogen hatten und wieder auf Kurs waren, tat es einen wahnsinnigen Knall. Bis heute weiß ich nicht, was passiert war. Entweder war die Kurbelwelle gebrochen, oder es hatte der Blitz eingeschlagen. Aber ich kann mich noch genau an den ohrenbetäubenden Knall erinnern. Ich fuhr vom Sitz hoch und sah Jim hektisch herumfuchteln.
„Verdammt!“, schrie dieser, „der Motor ist ausgefallen. Der Höhenmesser funktioniert nicht mehr. Die Hydraulik ist weg, alle Anzeigen sind tot!!“ Im Flugzeug krachte alles durcheinander.
„Wir stürzen ab!“ In Panik sah ich Jim über die Schulter. Doch auch ich erkannte an den Anzeigen, dass alles ausgefallen war. Die kleine Maschine war nicht mehr manövrierfähig. Trotzdem versuchten wir in verzweifelter Hektik, alle Hebel in Bewegung zu setzen. In der Kabine war die Hölle los. Jim riss in Todesangst das Steuerruder herum und lenkte die Maschine auf die höchsten Bäume der Umgebung zu. Unsere Maschine fiel

nicht wie ein Stein vom Himmel, sondern sank im Schwebeflug gen Boden. Immer näher kamen die Bäume, immer lauter schrie Jim und immer schwindliger wurde mir. Das Flugzeug fiel auf die riesigen Bäume, die den Sturz abfingen und uns wie Spielzeug hin und her schaukelten, bis wir dann endgültig zu Boden krachten, dann wurde es dunkel um mich.

Mühsam schlug ich die Augen auf und sah nichts. Ich schloss sie wieder und strengte meine Gedanken an. Wo war ich? Meine Gedanken blieben leer, so öffnete ich die Augen wieder. Jim war nicht an seinem Platz. Wer fliegt dann die Maschine, schoss es mir durch den Kopf. Da sah ich Jim. Ein paar Meter weiter kletterte er in den Wrackteilen herum. Über mir und an den Seiten lagen Flugzeugteile, meine Beine steckten darunter fest. Ich fühlte nichts, ich sah nur die leeren Wrackteile, von denen auch ich ein Teil war.

Mein Blick ging in eine andere Richtung. Da sah ich sie: Wie aus einer anderen Welt – unverwandt dreinblickende Augenpaare, mit denen mich mehrere fast nackte Menschen aus einiger Entfernung musterten. Ich war vollkommen verwirrt. Wo kamen die denn her? Wer waren sie überhaupt? Und wo war *ich* überhaupt?

Träumte ich oder wachte ich? Ich war mir nicht sicher. Vorsichtig sah ich mich um: dichter Urwald ringsum. Dann blickte ich wieder hin. Sie standen immer noch da.

Mehrere Augenblicke benötigte ich, um zu begreifen, dass ich irgendwo im Urwald gestrandet war. Wir waren mit unserem Flugzeug abgestürzt und am Boden zerschellt, die Menschen waren wohl Zeugen des Unglücks. Ja, so musste es sein. Traum und Wirklichkeit begannen, wieder in ihre jeweilige Welt zurückzukehren.

▲ *Neugierig betrachten uns die Bewohner eines Asmat-Dorfes.*

Kunstvoll schnitzen die Asmat ihre Zeremonien-Pfähle. ▼

▲ *Jim der Pilot mit mir und seiner Maschine.*

Flug über das unwegsame Gelände von Neuguinea. ▼

▲ *Diese Ur-Menschen retteten mich aus dem „Göttervogel".*

Bei der Behandlung meiner gefühllosen Beine. ▼

Dieses einfache Floß brachte mich wieder in die Zivilisation zurück.

Die hier lebenden Menschen hatten unser Unglück beobachtet. Flugzeuge kannten sie schon als federlose Vögel, die manchmal über ihnen Güter abwarfen – Missionsflugzeuge versorgten sie von Zeit zu Zeit aus der Luft. Die Menschen glaubten, es seien Geschenke ihrer verstorbenen Stammesangehörigen aus dem Reich der Toten. Jetzt waren sie dem merkwürdigen Vogel bis an seine Absturzstelle nachgeschlichen. Da standen sie nun und verfolgten das Geschehen, sichtlich erstaunt, dass diesmal auch Menschen mit abgeworfen worden waren.
Ich zog und zerrte an meinen Beinen, doch sie bewegten sich keinen Millimeter. Schweiß rann mir die Stirn herunter. Mit dem Handrücken wischte ich ihn ab. Da sah ich, dass es Blut war. Die Menschen starrten mich an. Ich rief nach Jim.
„Hilf mir doch heraus!“
Sofort kam er her, Erleichterung im Gesicht. Bis auf ein paar Kratzer war er unverletzt.
„Du bist aufgewacht, was für ein Glück!“ Er versuchte, die Blechteile über mir hochzudrücken. Sie bewegten sich keinen Millimeter. Jim schob seinen Körper in die Kabine und stemmte mit den Schultern dagegen. Er ächzte und stöhnte, doch das Material blieb liegen, wie es war. Es hatte keinen Sinn.
Die Menschen schauten unverändert unserem seltsamen Schauspiel zu. Was machten wir merkwürdigen Geschöpfe da?
„Ich schaff's nicht.“ Jim brach den Rettungsversuch ab. Er griff sich Karte und Kompass. „Die Missionsstation kann nicht mehr weit sein. Ich versuche, mich dahin durchzuschlagen und hole Hilfe.“
Natürlich sah ich das ein. Es war das Vernünftigste, auch

wenn ich hier alleine zurückbleiben musste, für wer weiß wie lange Zeit. Er marschierte los.
Es sollte das letzte Mal sein, dass ich ihn sah. Jim, der Pilot, ist nie wieder aufgetaucht. Weder kam er bei der Missionsstation an, noch kam er zu mir zurück.

Unerwartete Hilfe

In meinem Gefängnis aus zerbeultem Blech lag ich und harrte der Dinge. Nach einer Weile kamen die Menschen näher. Langsam setzten sie einen Fuß vor den anderen. Ich hatte keine Angst vor ihnen, meine Lage war ohnehin aussichtslos ohne Hilfe. Als sie fast bei mir waren, begann der Mann an der Spitze mit den anderen zu sprechen. Ein paar Männer versuchten, was Jim versucht hatte: die Tragfläche hochzustemmen. Resigniert schaute ich zu. Als ich ihre Anweisungen nicht verstand, verzogen sie sich wieder. Das war's dann wohl, dachte ich, sie schaffen es auch nicht. Wenigstens haben sie versucht, mir zu helfen. Wo blieb nur Jim?

Einige Zeit später hörte ich im dichten Wald lautes Rascheln. Die Männer tauchten wieder auf, diesmal mit langen Holzstangen in den Händen. Sie hatten sie frisch von den Bäumen geschlagen. Unter lautem Gerede schoben sie die Stangen unter die Wrackteile und rückten mich zurecht. Sie legten die Stangen aufeinander und hebelten mit einem Ruck das Wrack in die Höhe. Gleichzeitig packten mich mehrere Hände und zogen mich darunter hervor. Ich war befreit.

Sie legten mich drei Meter neben dem Flugzeug, beziehungsweise dem, was davon noch übrig war, auf den Boden. Sofort versuchte ich aufzustehen. Dabei vergaß ich aber, dass ich meine Füße nicht bewegen konnte und sank auf der Stelle wieder um. Erneut wurde es mir schwarz vor den Augen.

Als ich wieder aufwachte, standen sie im Halbkreis um mich herum. Sofort versuchte ich meine Beine zu bewegen, doch ich konnte sie nicht spüren. Da geriet ich in Panik. Wie sollte ich von hier wegkommen, wenn meine Beine gelähmt waren! Würden sie es mein Leben lang bleiben? Die schiere Ver-

zweiflung hatte mich gepackt. Ich richtete meinen Oberkörper auf und versuchte, mit aller Gewalt auf meine Beine einzuschlagen.
Da drehte sich einer der Männer um und riss ein Blatt von einem Baum. Dann schabte er etwas vom Stängel einer anderen Pflanze. Nur schemenhaft kann ich mich an diese Vorgänge erinnern, da ich ja mit meinen Beinen beschäftigt war und mich überdies in einem verzweifelten Zustand zwischen Traum und Wirklichkeit befand. Der Mann zerdrückte noch einen Stängel und rieb ihn zwischen seinen Fingern, dann wickelte er die Mischung in das Blatt und drehte daraus eine Zigarette. Er reichte sie mir.
Entsetzt drehte ich mich weg. Auf keinen Fall würde ich jetzt eine Zigarette rauchen! In meiner unmittelbaren Nähe befanden sich große Mengen Kerosin, außerdem war Rauchen das allerletzte, was ich jetzt wollte.
Der Mann war viel größer als ich und im Vollbesitz seiner Kräfte. Er schob mir mit entschlossener Geste die angezündete Zigarette in den Mund und bedeutete mir nachdrücklich, sie zu rauchen. Ich gab auf und nahm einen Zug. Wärme stieg in meinen Kopf, ich sah den über mir stehenden Mann in Wolken voller Nebelschleier, er sprach immer langsamer, immer leiser, ich schloss die Augen und fiel in einen Tiefschlaf. Wie sich später herausstellte, befand sich in der Zigarette ein narkotisierendes Kraut, das mir der Mann gegen die Schmerzen und die Panik verabreicht hatte.
Wie lange der Tiefschlaf dauerte, weiß ich bis heute nicht. Einige Stunden waren es bestimmt, vielleicht ein Tag.

Als ich die Augen wieder aufschlug schaute ich auf ein Blätterdach. Schon wieder war ich in einer mir unbekannten Umgebung. Entlang des Daches hingen geschnitzte Kunstwerke. Ich lag auf dem Boden, aber auf einer Art Matte aus Fasern. Es war heller Tag, Lichtstrahlen drängten sich durch die Ritzen. Offenbar war ich allein. Und ganz sicher war ich nicht mehr an der Absturzstelle.

Ich machte stille Selbst-Inventur und versuchte herauszufinden, wie es mir eigentlich ging. Langsam bewegte ich einen Muskel nach dem anderen. Mein Kopf schmerzte, aber meine Gedanken waren klar. Meine Arme und Hände waren unversehrt, sah man einmal von den Schrammen und Kratzern ab. Nur die Beine. So sehr ich mich auch konzentrierte, ich fand keine Verbindung zu ihnen. Sie waren wie abgeschnitten von mir. Wieder kämpfte ich gegen die aufsteigende Panik.

Da kamen einige Frauen und Männer herein, in den Händen eine ölige Tinktur. Einer der Männer setzte sich neben mich, deutete auf meine Beine und schmierte die Paste auf meine Füße. Dann begann er, sie zu massieren. Ich spürte nichts. Er sah mich fragend an, ich schüttelte den Kopf und setzte mich auf. Er deckte meine Schenkel mit kühlenden Blättern zu. Dabei sah ich mich um. Offensichtlich hatten mich die Menschen in ihren Kral getragen. Der Raum, in dem ich mich befand, war das Männerhaus.

Ein anderer Mann brachte mir eine Schüssel mit Süßkartoffeln. Nach den ersten beiden Bissen merkte ich erst, wie hungrig ich eigentlich war. Gierig schlang ich die Mahlzeit hinunter, was mich so erschöpfte, dass ich mich umgehend wieder hinlegen und ausruhen musste.

Diesmal weckte mich lautes Geschrei. Ich fuhr hoch. Zwei Männer schrieen mich an, besser gesagt, sie schrieen auf einige Stellen an meinem Körper ein. Es war eine Art Schmerzaustreibung. Es war so laut, dass ich mich aufrichtete. Doch

weiter als zum Sitzen kam ich nicht. Zwei ruhige Hände drückten mich wieder auf die Matte, diesmal von einer Frau. Sie stieß lockende Töne aus und träufelte mir aus einer Kalebasse milchig weiße Flüssigkeit ein. Es schmeckte bitter, aber ich schluckte es widerstandslos. Die Tatsache, dass sich überhaupt jemand um mich kümmerte, tat mir schon wohl, so elend fühlte ich mich. Ich war ihnen dankbar für alles, wenngleich ich überhaupt kein Vertrauen in ihre Heilkünste hatte. Aber ich wäre zu schwach für Widerstand gewesen. Alles, was ich konnte, war liegen, ein bisschen sitzen, essen und trinken. Trinken war das Beste. Literweise schüttete ich Flüssigkeit in mich hinein. Zu essen bekam ich alles, was sie selber aßen: Wurzeln, Käfer, Larven, Süßkartoffeln.
Meine Gedanken kreisten unentwegt um den Absturz. Was war geschehen? Noch immer nicht konnte ich mich genau erinnern. Und wo war Jim geblieben. Ob er es geschafft hatte? Das Nachdenken war unendlich anstrengend für mich. Immer wieder fiel ich vor Erschöpfung in einen tiefen Schlaf. Manchmal war es hell, wenn ich wieder erwachte, manchmal dunkel. Aber jedes Mal waren Menschen um mich. Und sie fuhren beharrlich mit ihren Behandlungen fort. Jeden Tag bekam ich mehrere Massagen mit einem Öl, dazu bittere Medizin und vielerlei Tees, die sich allerdings abwechselten. Ich hatte überhaupt keine Ahnung, was ich alles zu mir nahm. Die Menschen aber agierten sehr sicher in allem, was sie taten. Alle paar Tage kam eine Art Medizinmann zu mir. Er verabreichte mir nichts, doch er sprach in feierlichem Ton Worte, die wie eine Beschwörung klangen.

Nach ungefähr acht Tagen merkte ich, wie die bleierne Müdigkeit, die mich befallen hatte, leichter geworden war. Ich

fühlte mich sogar ein kleines bisschen munter, in meinen Körper war neue Kraft geströmt. War das der Wendepunkt? Licht am Ende des dunklen Tunnels?
Ich überdachte meine Lage. Gestrandet irgendwo im Urwald, nicht fähig, mich zu bewegen, geschweige denn, zu gehen. Aufgenommen von einem Urwald-Volk, das sich rührend um mich kümmerte, und von dem ich nicht ein Wort verstand. Aber ein Gedanke rührte sich unter der Hoffnungslosigkeit: Ich hatte überlebt!
Tatsächlich ging es von diesem Zeitpunkt an bergauf. Langsam zwar, aber ich spürte deutliche Fortschritte. So war ich jeden Tag ein bisschen kräftiger, ich konnte mich sogar sitzend etwas fortbewegen. Als der Mann, der mich massierte, zu mir kam und seine tägliche Behandlung begann, kribbelte mir etwas am Bein. Zuerst nahm ich es nicht wahr, doch dann spürte ich ein leichtes Klopfen. Der Mann merkte sofort, was mit mir los war und sprach laut auf mich ein. Auf seinem Gesicht zeigte sich ein breites Grinsen.
Nach ein paar weiteren Tagen konnte ich meine beiden Beine aus eigener Kraft bewegen. Das war ein unglaubliches Glücksgefühl, ins Leben zurückzukehren. Erste wackelige Gehversuche endeten zwar noch am nächsten Baum oder an der Schulter eines hilfsbereiten Mannes, doch die Fortschritte waren überdeutlich. Den ganzen Tag übte ich, bis meine kraftlosen Beine wieder einigermaßen erstarkt waren und sich Muskeln gebildet hatten.
Meine Füße trugen mich wieder. Ich konnte mich wieder auf mich selbst verlassen. Mir war klar: Das hatte ich einzig und allein diesen Menschen und ihrer Urwald-Medizin zu verdanken. Sie hatten nicht aufgehört, mich zu pflegen, als ich mich schon aufgegeben hatte.

Wo geht's nach Hause?

Mindestens einen Monat war ich bei dem Stamm geblieben, am Ende hatte ich an ihrem Leben teilgenommen. Sie freuten sich über meine Genesung und behandelten mich wie einen der Ihren. Mir ging es inzwischen so gut, dass ich darüber nachdachte, wie ich von hier wegkommen könnte. Irgendwo in der Nähe mussten doch Dörfer sein. Ich versuchte, ihnen das begreiflich zu machen. Sie verstanden, dass ich wegwollte. Zusammen fällten wir zwei Bäume und verbanden sie mit zähen Pflanzenfasern zu einem Floß. Nach einem Tag waren wir fertig.

Einer meiner „Pfleger" nahm meinen Arm in seine Hand, zupfte an meiner Haut und hielt seine Hand mit fünf Fingern in die Höhe. Er machte es mehrmals und eindringlich, doch der Sinn dieser Gesten wurde mir nicht klar, so sehr ich mir auch Mühe gab. Was wollte er mir damit sagen? Wollte er testen, ob meine weiße Hautfarbe echt sei? Einzig die Richtung, in die ich mit dem Floß fahren sollte, war eindeutig: Er zeigte flussabwärts.

Was von meinem Rucksack noch übrig war – das Tragegestell – packte ich auf mein Floß und legte unter den Blicken „meines" Dorfes ab. Mutterseelenallein stakte ich in der gemächlich fließenden Strömung dahin. Irgendwann würde mich der Fluss an ein Dorf führen. War es nicht so, dass am Fluss immer wieder Leute lebten? Zuversichtlich ließ ich mich treiben. Wenn ich Hunger hatte, fing ich mir einen Fisch oder einen Frosch, oder ich grub unter Wasser ein paar Wurzeln aus. Einmal entdeckte ich ein Vogelnest und aß die Eier.

Manchmal trieb das Floß zu langsam oder hing irgendwo fest.

Dann musste ich ins Wasser und es schwimmend vor mir herschieben. War das Wasser seicht, konnte ich es gehend schieben. Eigentlich schob ich das Boot die meiste Zeit vor mir her. Ich stapfte durch das Wasser, bis alles an mir aufgeweicht war: Meine Kleidung sowieso, aber auch meine Füße, Beine, Hände – mein ganzer Körper war vom Wasser aufgeschwemmt. Dann hangelte ich mich wieder aufs Floß und schlief eine Weile ein, obwohl es sich am Ufergestrüpp verfangen hatte.

Nach drei Tagen schwand meine Zuversicht. Nass ohne Unterlass war mein Körper, der noch keine Kraftreserven angelegt hatte, schon völlig ausgepumpt. Kein Zeichen von Zivilisation war zu erkennen. Manchmal schien der Urwald eher dichter statt lichter zu werden. Es goss wie aus Kübeln, aufgeschwemmte Erde machte das Fortkommen noch beschwerlicher, überall rann braune Brühe hinein. Wurde der Regen leichter, fielen Mücken in Scharen über mich her, als wollten sie mich auffressen. Da war ich froh, wenn es wieder zu regnen anfing.

Ich hatte nicht das Gefühl, jemals irgendwo anzukommen. Hätte ich nicht über einen eisernen Willen verfügt, ich hätte an dieser Stelle abermals aufgegeben und mein verfangenes Floß in den dichten Uferpflanzen liegen lassen.

Es dauerte fünf volle Tage, bis ich Licht sah. In der Morgendämmerung erkannte ich in der Ferne einige Hütten, die beim Näherkommen mit Kreuzen geschmückt waren. Ich hievte mich auf dem Floß hoch und in dem Moment wurde mir schlagartig klar, was der Einheimische mir beim Abschied mit seinen fünf Fingern und dem Reiben an meiner Haut sagen wollte:

„Fünfmal muss die Sonne untergehen, dann kommst du zu

einer Hütte, in der wohnt ein Mensch mit der gleichen Hautfarbe wie du.“

Ich war an der Missionsstation angelangt. Erleichtert sprang ich vom Floß und stolperte zur Station. Der Missionar, ein Amerikaner, sah mich misstrauisch an. Zerrissen, blutend, völlig erschöpft, mit wirrem Bart und langen Haaren torkelte ich auf ihn zu. Ein Krankenhaus gab es hier nicht, es war eine andere Missionsstation.
„Was willst du hier?“, fragte mich der Missionar auf Englisch. Den lauernden Unterton hörte ich deutlich. Wofür hielt er mich bei meinem Aussehen?
„Ich war unterwegs zu einem Missionskrankenhaus, um Medikamente hinzubringen. Unsere Maschine ist abgestürzt. Seither lebte ich mit Einheimischen im Urwald.“
Er sah mich ungläubig an.
„Du bist ein Überlebender der Maschine, die vor zwei Monaten abgestürzt ist? Das gibt’s ja nicht! Es hieß, die Insassen seien tot.“ Sofort führte er mich in seine Hütte und versorgte mich mit Nahrung und trockener Kleidung.
„Ich bin einer von ihnen.“
Der andere, Jim, war seither verschollen. Niemand hat je wieder etwas von ihm gehört.

Auch diese Missionsstation verfügte über einen kleinen Flugplatz, an dem mich fünf Tage später eine kleine Maschine aufnahm und nach Jayapura ausflog.
Von dort aus holten mich Bekannte nach Djakarta. Bei ihnen erholte ich mich, bis ich nach Deutschland zurückkehren konnte.

Meine Medikamente sind nach der dramatischen Wendung, die meine Reise nahm, im Urwald verrottet. Ein Teil war im Flugzeugwrack zurückgeblieben, den Rest konnte ich auf meinem Floß nicht mitnehmen.
Mein eigentliches Ziel, die Missionsstation in Senggo und ihren Arzt, habe ich nie erreicht.

BOLIVIEN
Licancabur
N
San Pedro de Atacama
Toconao
Salzsee
CHILE
Catúa
San Antonio de los Cobres
Salta
ARGENTINIEN
ca. 2000 km von Buenos Air

Vergessene Stadt in den Anden
1985

Mit dem Fahrrad auf 5000 Meter Höhe

Als ich über die Anden geflogen bin, habe ich es unter mir genau gesehen: Zu dem heiligen Berg Licancabur führte eindeutig ein Pfad. Und wenn ich ihn aus 30000 Fuß Höhe erkennen konnte, dann würde ich ihn wohl auch auf dem Boden finden.

Allerdings war der Weg mehrere Male unterbrochen. Auch sonst führte keine Straße dorthin. Was steckte dahinter? Sollten mögliche Bergsteiger in die Irre geleitet werden? Warum sollte niemand auf den Berg steigen? So gut es ging machte ich vom Flugzeug aus ein paar Fotos.

Die Bilder legte ich zuhause in meinem Archiv ab, doch die Gedanken an diesen geheimnisvollen Berg, die legte ich nicht ab. Berge hatten es mir ohnehin angetan, also forschte ich nach, was es über dieses Gebiet zu lesen gab. Ich fand nichts.

Das Geheimnis blieb bestehen und lockte mich immer mehr. Einmal würde ich dorthin zurückkehren, beschloss ich, und dem Berg auf die Spur kommen.

Bis dahin vergingen noch mehrere Jahre, aber nun war ich hier. Von Buenos Aires aus war ich 1985 mit meinem Fahrrad gestartet, war über Rosario durch das riesige Land geradelt und vor mir stand jetzt die Anden-Kette. Wie ich schon beim Überfliegen festgestellt hatte, führte in dieses Gebiet keine Straße. Mit einem Bus oder einem Motorrad konnte ich also nicht hinkommen. Ich wollte nun auf dem alten Inka-Weg zum Licancabur und über die Anden-Kette nach Antofagasta gelangen. Von daheim aus hatte ich Kontakt mit argentinischen und chilenischen Fahrradclubs aufgenommen, in der

Hoffnung, dass sie mir Informationen für dieses Unternehmen geben könnten. Die Antwort darauf war jedes Mal dieselbe:

„Impossibile."

Man könne auf keinen Fall mit dem Fahrrad dort hinradeln, hatten sie mir geschrieben. Aber ja, es gäbe einen Pfad zu dem Berg namens Licancabur, doch der wäre in weiten Teilen verfallen. Licancabur bedeutet „Götterthron". Der Götterthron ist knapp 6000 Meter hoch. Er ist ein Kultberg, nicht nur von den Inkas, sondern auch von den Lupaca, dem Volk, das vor den Inkas hier lebte.

Auch andere Radler vor mir hatten versucht, über die Anden zu fahren, doch hätte es keiner geschafft, einige waren an der Grenze zu Chile aufgehalten worden, andere seien sogar bei ihrem Vorhaben ums Leben gekommen. Kurz gesagt, sie rieten mir in allen Aspekten ab.

Natürlich wollte ich es trotzdem versuchen. Und so fuhr ich jetzt Richtung Chile, auf der Suche nach dem „Camina del Inca", dem Pfad, der zu dem Berg führt. Aber wen ich auch fragte, niemand kannte diesen alten Inka-Weg. Doch dann half mir ein glücklicher Zufall. Ich geriet an einen alten Schäfer, den ich nach dem Camina del Inca fragte. Er war verdutzt, von einem Fremden nach diesem unbekannten Weg gefragt zu werden. Doch er gab bereitwillig Auskunft. Zum Glück war ich bereits in der richtigen Richtung unterwegs. Das letzte Stück wollte mir der Schäfer selbst zeigen, denn dahin wanderte er mit seinen Schafen ohnehin gerade.

Am Beginn des Weges trennten wir uns und ich war glücklich, dass sich meine Beharrlichkeit gelohnt hatte.

Der Weg wand sich in immer enger werdenden Serpentinen bergwärts. Ein Weg war es eigentlich nicht, sondern ein tief zerfurchter, mit Steinen übersäter Pfad. Wie so oft endete auch dieser hier vor einem breiten Fluss. Ich stieg ab, verschnaufte eine Weile und blickte unschlüssig auf die braunen Wassermassen, die schäumend ins Tal schossen. Es half nichts, auch diesmal musste ich mein Rad samt Gepäck auf meine Schultern wuchten und mich durch die Wellen ans andere Ufer kämpfen.

Das Wasser ging mir bis zu den Hüften, triefend stieg ich am anderen Ufer wieder heraus.

Auf den nächsten 20 Kilometern musste ich 1200 Höhenmeter überwinden. Unter großen Anstrengungen kam ich zu dem kleinen Ort Catua, dessen Trostlosigkeit ich im ersten Moment gar nicht wahrnahm, so groß war meine Erleichterung, endlich irgendwo angekommen zu sein.

▲ *Schwierig war die Suche nach dem alten Inka-Weg.*

Die zwei heiligen Berge Quimal (links) und Licancabur (rechts). ▼

▲ *Der Licancabur (Götterthron) im Abendlicht.*

Notdürftig versorge ich meinen verletzten Begleiter. ▼

▲ *Abschied vom Missionar – Aufbruch ins Ungewisse.*

Auf schmalen Pfaden gehen wir dem Abenteuer entgegen. ▼

▲ *Unser Traum ging in Erfüllung – vor uns liegt die alte Inka-Festung.*

Es wird ein Geheimnis bleiben, wer dieser mumifizierte Inka war. ▼

Unter Indios

Catua war ein mitten in die öde Landschaft gebautes Dorf, bestehend aus ein paar strohgedeckten Hütten. Der Lehrer des Dorfes eilte herbei und ließ mich auf dem Schulgelände mein Zelt aufschlagen. Ich hörte ihm erst mal begierig zu, so entwöhnt war ich nach dieser sieben Tage langen Strapaze von menschlichen Lauten.

Für mich war Catua ein kleines Paradies. Die dort lebenden Indios waren – im Gegensatz zu ihrer geographischen Lage und ihrer Umgebung – alles andere als trist: Freundlich und offen begegneten sie dem Gringo mit den hellen Haaren, der Sonnenbrille und dem Fahrrad. Und obwohl ich eigentlich gleich hatte weiterfahren wollen, hielt es mich volle fünf Tage in dem kleinen Ort, der die Ausgangsbasis für die weitere Überquerung der Anden-Pässe war.

Für die Kinder der kleinen Schule war ich eine Sensation. Sie bekamen spontan schulfrei. Auf Spanisch, gemischt mit etwas Bayerisch, erzählte ich von dem Land, aus dem ich kam. Und als Höhepunkt fuhr ich die Kinder nacheinander mit dem Rad ums Dorf herum. Als Dank haben mich die Kinder gezeichnet – die Bilder habe ich heute noch.

Jeder der Indios wollte mir helfen, als ich da so allein ankam. Besonders angetan hatte ich es einer temperamentvollen Senora mittleren Alters. Als sie hörte, welche Strapazen ich hinter mir hatte, und dass ich nur – wegen des Gepäckgewichts – Gefriergetrocknetes und Riegel aß, überkam sie das große Mitleid. Sie sah mich mit einem Blick an, als hätte sie mich am liebsten adoptiert.

„Du bist so lange unterwegs, du hast bestimmt Hunger und Durst“, rief sie mir auf Spanisch zu. „Magst du eine Zuppa?“
„Und wie gern“, antwortete ich ihr, ebenfalls auf Spanisch, denn mir hing der Magen schon in den Kniekehlen.
„So komm her“.
Sie schritt zu ihrem Herd, der aus ein paar aufeinander geleg-ten Steinen bestand, und kochte mir sogleich eine warme Suppe. Sie setzte mir die dampfende Suppe in einem alten Aluminium-Topf vor. Ich probierte – und mir blieb die Luft weg! Um ein Haar hätte ich sie sofort wieder ausgespuckt.
„Die Zuppa ist aber sehr bitter“, bemerkte ich vorsichtig. „Was ist denn da alles drin?“
„Nichts Besonderes“, antwortete sie einfach.
„Aber von nichts schmeckt sie doch nicht so bitter“, beharrte ich. Vor meinem geistigen Auge stiegen alle möglichen Zutaten auf.
„Das kann nicht bitter sein, denn ich habe als einziges Gewürz einen Frosch mitgekocht.“
Während sie das sagte, holte sie mit einem Holzstecken einen handtellergroßen Frosch aus dem Topf. Die Zunge hing ihm aus dem Maul. Der bittere Geschmack rührte von seiner Galle her, er war nicht ausgenommen worden.
Es schüttelte mich. Die wohlwollende Senora war zwar im ersten Moment etwas beleidigt gewesen, musste aber dann doch über meinen unverhohlenen Ekel herzlich lachen. Fürsorglich fragte sie mich noch, ob ich denn genügend warme Socken für die Kälte in den Bergen bei mir hätte. Sie hatte meine Socken gesehen, die schon ziemlich durchlöchert waren. Ich musste doch gescheite Socken haben! Wie sollte ich sonst über die Anden-Pässe fahren können?
„Dieses Paar Socken muss mir für die ganze Fahrt reichen“,

erklärte ich. „Ich habe sonst zuviel Gewicht auf meinem Radl".

„Hast du denn keine Freunde, dass du so alleine unterwegs bist?", fragte die Senora mitleidig.

„Doch, habe ich schon", beruhigte ich sie. „Aber die einen haben keine Zeit gehabt, anderen ist die Tour zu anstrengend."

„Ja, aber hast du keine Frau?" Das ging der Senora wieder ans Herz.

„Meine Frau ist zu Hause geblieben, sie meint, ein Verrückter in der Familie reicht schon!"

„Oh!", schrie sie entsetzt auf. „Die arme Senora in Alemania ist ganz allein und hat auch so kaputte Socken wie du, oder?"

„Nein, sie kauft sich immer Plastikstrümpfe", erklärte ich ihr.

„Die sind aber jeden Augenblick kaputt. Sie muss sich immer wieder neue kaufen."

„Da kann ich dir und deiner Senora helfen", rief sie erfreut aus. Sie ging ins Haus und brachte mir zwei dicke Strümpfe aus Schafwolle, die sie soeben erst fertig gestrickt hatte. Jeder war über einen halben Meter lang.

Jetzt war ich wieder in der Bredouille. Ich konnte niemals mit diesen Strümpfen radeln, sie kratzten und juckten und waren außerdem viel zu schwer. Aber ich konnte ihr Geschenk unmöglich abweisen.

Die Frau legte das Paar Strümpfe mit aller Entschiedenheit auf meinen Rucksack. So packte ich sie halt ein. Dazu noch eine kleine Steinfigur, ebenfalls für meine Senora. 45 Kilo Gepäck hatte ich jetzt auf meinem 16 Kilo schweren Mountainbike. Dabei hatte ich mir anfangs jedes Gramm genau überlegt. Inständig hoffte ich, dass es jetzt mit Geschenken vorbei war.

Diese Hoffnung zerschlug sich, als eine Nachbarsfrau mit einem schätzungsweise drei Kilo schweren riesigen Käselaib ankam! Ihn drückte sie mir in die Hand. Im Gebirge würde ich die Verpflegung dringend brauchen, meinte sie. Das wäre doch nichts mit meinen kleinen Essensvorräten. Mich traf fast der Schlag.
„Muchas gracias", wehrte ich ab, ich konnte auf gar keinen Fall einen Drei-Kilo-Laib Käse im Gebirge spazieren fahren! Aber die ganze Abwehr half nichts, ich schnallte den Käselaib auf mein Gepäck. Mir war klar, dass ich mich bei der nächsten Gelegenheit seiner entledigen würde. Aber zunächst einmal musste er mit.
So wurde die ehrlich gemeinte Freundlichkeit zum größten Problem, das ich hatte. Jeder bestand darauf, mir irgendetwas mitzugeben, ich konnte mich buchstäblich vor Geschenken nicht mehr retten. So gab es nur noch einen Ausweg: Ich musste so schnell wie möglich weiter. Da sie mich noch länger hier behalten wollten, schlich ich mich heimlich in der Nacht davon. An der letzten Hütte des Dorfes stand noch ein Mann, in der Hand einen Poncho.
„Nimm den mit, in der Kälte der Berge wirst du froh um ihn sein."

Die zusätzlichen Kilos auf meinem Fahrrad spürte ich gewaltig. Doch trotz der drückenden Last brachte ich es nicht fertig, die gut gemeinten Spenden einfach wegzuwerfen.
Der Morgen graute, als ich auf einen Hirten stieß. Er war sehr hager und ich dachte: Das ist genau mein Mann.
„Magst du einen Käse essen?"
Er grinste erfreut, und wir machten uns gemeinsam über den Laib her. Und wir schafften es tatsächlich, ohne jede Zutat

den ganzen Laib Käse aufzuessen. Zu zweit! Aber das bittere Ende folgte auf dem Fuß. Wen wundert's, der Käse lag mir wie ein Stein im Magen. Es wurde so schlimm, dass ich nicht mehr weiterfahren konnte. Dem Hirten schien es ebenso zu gehen.

„Ich kann es nicht mehr aushalten", stöhnte ich.

„Am besten machen wir uns jetzt einen Tee", schlug der Hirte vor.

Ich war einverstanden. Er hatte bestimmt irgendwelche hilfreichen Kräuter, die er zubereiten könnte. Ich sammelte Schachtelhalme, angewehtes Papier und vertrocknete Wurzeln, mit denen wir Feuer anfachten. Als Ofen legte er drei Steine hin, zog aus seinem Poncho eine verrostete Konservenbüchse und machte darin Wasser warm. Ich wartete auf die heilsamen Teeblätter. Er griff in die andere Poncho-Tasche und zog eine Handvoll getrocknete Kräuter hervor, in denen noch allerlei Schätze steckten: Schrauben, ein ausgeschlagener Zahn, Zündhölzer und verschiedene Nägel sortierten wir aus. Aus dem Rest brühte er den Tee auf.

Die Mischung war so scheußlich, dass wir uns übergaben. Einige Kilo leichter und etwas geschwächt fuhr ich weiter in Richtung Pässe.

In dieser Einöde radelte ich nach dem Sonnenstand. Beim Sonnenaufgang packte ich mein Zelt ein, verschwand sie am Horizont, bereitete ich mich zum Schlafen vor. Wunderschön ragten die Vulkanberge in den Himmel, doch höllisch war der Weg. Eiskalter Gegenwind pfiff mir um die Ohren, Sandverwehungen hatten die Piste fast unkenntlich gemacht. So quälte ich mich durch tiefen Sand und zog mühselig meine Spur. Irgendwo in einer Höhe zwischen 4000 und 5000 Meter

befand ich mich, sodass mir oft die Puste ausging. Schweiß rann mir die Stirn herab, doch ich rationierte mein Wasser aus Angst, es könnte nicht reichen. Noch war ich nicht in Chile. Hinter jedem Bergrücken sah ich gleich einer Fata Morgana das Grenzschild, denn dann würde es nur noch bergab gehen.
Und tatsächlich: „Bienvenudo en Chile“. Doch an den Gegebenheiten änderte sich nichts: Es blieb steil und steinig. Die spitzen Steine durchschnitten meine Reifen wie Messer. Bis jetzt musste ich 43 mal flicken. Nach wenigen Kilometern war der Hinterreifen wieder so zerfetzt, dass ich ihn nur noch wegwerfen konnte. Es war nun schon der dritte Satz Reifen, jetzt musste ich den vorletzten aufziehen. Vor mir lag noch eine weite Strecke. Würde an diesem Umstand mein ganzes Vorhaben scheitern?

Weiter geht es bergauf, der Pfad wird immer steiler. Ich muss schon ziemlich hoch oben sein, als ich eine alte Indio-Siedlung erreiche, die der Grenzort zu Chile ist.
Die Polizei hatte bei meiner Ausreise aus Argentinien nichts an mir auszusetzen, dafür aber der Zöllner.
„Senor, Sie haben Ihr Fahrrad bei der Einreise nicht eintragen lassen, Sie müssen wieder zurück nach Buenos Aires und es sich in Ihren Pass stempeln lassen.“
Klar und deutlich verkündete ich, dass ich auf gar keinen Fall die über 2000 Kilometer zur Hauptstadt zurückradeln würde!
Der Zöllner brummte vor sich hin. Irgendwie hatte ich das Gefühl, er sorgte sich um mich. In den letzten acht Jahren waren ein paar Radler an seiner Grenzstation vorbeigekommen. Keiner hatte die Passüberquerung geschafft. Aber es gab keine andere, leichtere Route. Der nächste größere Ort

in Chile, zu dem ich wollte, hieß Toconao. Bis dahin müsste ich mehrere Pässe zwischen 4000 und 5000 Metern Höhe überqueren. Die Hochebene war ohne Wasser und Vegetation. Alle meine Wasserbehälter füllte ich randvoll. Insgesamt hatte ich damit 16 Liter Wasser bei mir. Das müsste reichen, dachte ich.

Schon nach einer halben Stunde merkte ich, dass der Zöllner nicht übertrieben hatte. Nach wenigen Kilometern musste ich absteigen und schieben. Es ging bis auf 5000 Meter hinauf, die Luft war dünn und es hatte begonnen zu schneien. Meine Etappen wurden von Tag zu Tag kürzer. Bergauf, bergab in einer Gegend, in der die Welt zu Ende zu sein schien. Kein Baum, kein Strauch, kein Tier.
Jeden Morgen, wenn ich müde aus dem Schlafsack kroch, kontrollierte ich das Gepäck auf Teile, die ich entbehren konnte. Ich musste unbedingt Gewicht reduzieren.
In der nächsten Nacht kniete ich stundenlang im Zelt und hielt es fest, damit es von dem wütenden Sturm nicht davon gewirbelt wurde. Die Expedition wankte. Hätte ich die Warnungen des Zöllners doch ernst nehmen sollen?
Wie zur Bestätigung sah ich am nächsten Morgen nach dem Aufbruch zwei Gräber. Es waren Radler, die dasselbe vorhatten wie ich. Jetzt darfst du nicht durchdrehen, dachte ich immer wieder und schob mein Rad vor mir her.
Durst plagte mich. Doch ich musste das wenige Wasser in immer kleineren Schlucken trinken. Und irgendwann trank ich den letzten Schluck.
In der Ferne sah ich zwei Gipfel, die wunderschön aus einer Ebene herausragten und sich gegenüberstanden. Es wirkte fast, als würden sie sich einander zuwenden. Das Bild dieser

markanten Berge prägte sich mir ein, war einer von ihnen der Licancabur?

Ein See blinkte am Horizont. Wie besessen radelte ich drauflos und sah mich im Geiste in die Fluten stürzen. Doch da, schon wieder hatte ich einen Platten. Mit unterdrücktem Fluchen flickte ich das Loch und radelte weiter dem See entgegen. Ich kam keine 500 Meter weit, da entwich schon wieder die Luft aus meinem Reifen. Es war zum Verzweifeln. Meine Zunge fühlte sich an wie ein Reibeisen, die Kehle brannte vor Trockenheit, ich sah nur noch den See vor mir. Am Ufer angekommen warf ich das Rad achtlos hin und stürzte ans Wasser. Ein Schwarm Flamingos flog auf, ich nahm es kaum wahr. Mit der hohlen Hand schöpfte ich das trübe Wasser, schlürfte es und – spuckte es im selben Moment wieder aus. Ich stand in einem Natronsee.

Keinen Schluck durfte ich mehr nehmen. Es kostete meine ganze restliche Kraft, dem Trinken zu widerstehen. Enttäuscht sank ich am Ufer nieder.

Es war die Verzweiflung, die mich in dieser Situation wieder aufs Rad trieb. Etwas in mir hatte aufgeben wollen, doch mein Überlebenstrieb siegte. Da sah ich vor mir einige Vicunjas, die bei meinem Näherkommen einen Abhang hinunter liefen. Eines war mir klar: Wo Tiere sind, muss auch Wasser sein. Schnell legte ich mein Rad zu Boden und folgte den Spuren der Tiere. Sie führten mich tatsächlich zu einem kleinen Tümpel mit grünem, Kloaken-ähnlichem Wasser. Das störte mich in meinem Zustand nicht – gierig trank ich es.

Ich schaffte es dann irgendwie, den kleinen Ort Toconao zu erreichen, einen grünen Fleck in der Atacama-Wüste, der trockensten Wüste der Welt, in der es vor mehr als 70 Jahren

zuletzt geregnet hatte. Kurz vor der Siedlung fuhr ich in die Scherben einer Flasche. Mit einem kurzen Zischen entwich aus beiden Reifen die Luft.
So fand mich die Polizei. Ungläubig starrten sie mich an und stellten einstimmig fest: Von Argentinien sei noch nie jemand mit dem Rad nach Chile gekommen. Ein Beamter blätterte sämtliche Bücher mit Eintragungen über Grenzüberquerungen durch. Über einen Radfahrer stand nichts drin, somit war meine Tour als Premiere bestätigt.
In ihrer Gefängniszelle – ein anderes Quartier gab es nicht – schlief ich selig ein.
In der Früh kochten die Beamten noch Tee für mich und boten mir Kekse an. So gestärkt zog ich meinen letzten Satz Reifen auf und erreichte nach einem weiteren anstrengenden Tag den Ort San Pedro de Atacama ohne Schwierigkeiten.

Zwei Berge wie Tag und Nacht

San Pedro de Atacama ist eine uralte Indiosiedlung. Sie liegt am Ende eines riesigen ausgetrockneten Salzsees. Im schattigen Garten des einzigen Hotels baute ich mein Zelt auf. Ich konnte mich endlich mal wieder waschen! Im Überschwang bestellte ich mir Huhn mit Salat und etwa ein Dutzend Malzbiere. Das Bier, gepaart mit meinen Anstrengungen des Tages, führte dazu, dass mich die Müdigkeit übermannte, und zwar ziemlich plötzlich. Mitten im Erzählen schlief ich ein.
Die anderen Gäste und der Wirt ließen mich etwa drei Stunden schlafen, bevor sie mich unter schallendem Gelächter wieder aufweckten. Ich verzog mich in mein Zelt und schlief mich gründlich aus.

Es lohnte sich. Mein erster Blick am nächsten Tag fiel auf den Licancabur. Ich erkannte ihn sofort wieder. Wie schön er dastand, verlockend und auffordernd zugleich. Meine angeborene Affinität zu Bergen konnte ich in diesem Moment so deutlich spüren wie damals bei meiner Großmutter auf der Alm. Als ich zwölf war, hatte sie mir das Geheimnis der Berge erzählt.
„Siehst du dort den Berg, Bub?“ Sie hatte vor ihrer Hütte gestanden und nachdenklich in die Ferne geschaut.
„Ja“, antwortete ich. Irgendwie war mir feierlich zumute gewesen.
„Ein Berg ist wie das Leben“, erklärte sie mir. „Als junger Mensch stehst du ganz unten und schaust hinauf auf den Gipfel. Hast du den Höhepunkt im Leben erreicht, dann geht es langsam wieder abwärts. Am anderen Ende des Berges steht der Tod. Irgendwann bist du bei ihm unten.“

So ganz hatte ich ihre Worte damals nicht verstanden, aber gemerkt hatte ich sie mir. Jetzt war ich fünfzig Jahre alt. Der Licancabur erschien mir wie ein weiterer Höhepunkt meines Lebens. War es nicht so, dass man den Höhepunkt seines Lebens und damit den Abstieg umso weiter hinausschieben kann, je mehr Aufstiege man sich vornimmt und erlebt?

Die Einheimischen in San Pedro rieten mir von einer Tour auf den Berg ab. Der Licancabur ist ein Vulkan. Hatte er eine Eruption, glaubten die Menschen, die Geister in dem Berg machten sich bemerkbar. Ein Vulkanausbruch bedeutete, die Geister waren böse, weil die Menschen womöglich zu wenig Gebete verrichtet und zu wenig Opfergaben in den See oben auf dem Berg geworfen hätten. Aber es gebe einen aus dem Dorf, der wäre schon ein paar Mal oben gewesen.
So lernte ich Santiago Ranoz kennen. Er war dazu ausersehen, einmal im Jahr die Opfergaben der Dorfgemeinschaft auf den Berg zu tragen. Dieser Gang stand an, so konnte ich mich ihm anschließen. Ich besorgte noch die nötige Genehmigung für die Besteigung – der Berg befindet sich auf der Grenze zu Bolivien – und dann konnten wir starten.

40 Kilometer lang war der Anmarsch zum Licancabur. Am Abend langten wir am Fuße des Berges an. Wir schlugen ein Biwak auf und brachen in einer mondhellen, beißend kalten Nacht gegen zwei Uhr zum Aufstieg auf. Die Hänge waren technisch leicht zu besteigen, trotzdem kamen wir nur langsam vorwärts, denn ein starker Sturm blies und im Geröll rutschten wir immer wieder ab. Nach einigen anstrengenden Gehstunden polterte es plötzlich über uns – Steinschlag sauste auf uns herab. Wir versuchten, uns so gut es ging, zu

schützen. Da verspürte ich einen scharfen Schmerz am Oberarm – ein Stein hatte mich getroffen. Wenige hundert Meter unter dem Gipfel erwischte es meinen Begleiter. Ein Stein traf Santiago mit voller Wucht am Wadenbein, das unter diesem Aufschlag brach. Er sank auf den Boden nieder und blieb wehklagend liegen. Unter weiterem Steinschlag zog ich zwei Scheite Feuerholz aus meinem Rucksack und legte ihm einen notdürftigen Schienenverband an.

„Ich bringe dich hinunter zu einem Arzt, der deine Verletzung versorgen kann", sagte ich und reichte ihm die Hand, um ihm aufzuhelfen. Da schrie er auf.

„Nein, nein, du musst alleine auf den Berg gehen!"

„Aber du hast große Schmerzen", protestierte ich.

„Der Ärger der Götter hat mich getroffen", entgegnete er eingeschüchtert. „Sie haben den Steinschlag gesandt. Wenn unsere Opfergaben nicht auf den Berg gebracht werden, dann werden die Götter noch mehr zürnen".

Santiago bestand darauf. Allein sollte ich zum Gipfel weitergehen und sein Säckchen mit Gerste und Walnüssen den Göttern opfern. Im Schutze eines großen Felsen, wo er vor Schnee und Steinen geschützt war, ließ ich ihn zurück.

In meinem Rucksack die Opfergaben machte ich mich auf den Weg nach oben. Der Aufstieg wurde immer steiler, immer wieder rutschte ich ab. Langsam wurde es dunkel und ich musste mich auf ein Biwak einstellen – allerdings ohne jeden Schutz, denn ich hatte alles bei Santiago hinterlassen. Die Nacht brach herein und an Schlaf war nicht zu denken. Es war sehr kalt, dann begann es auch noch zu schneien. Ich massierte mein Gesicht und meine Hände, stampfte mit den Füßen auf. So hoffte ich, die Nacht ohne Erfrierungen zu

überstehen. Erst im Morgengrauen klarte es wieder auf und ich stieg weiter zum Gipfel.
Vom Kraterrand hatte ich eine herrliche Aussicht auf den unter mir liegenden Kratersee. Dann begann ich den kurzen, aber gefährlichen Abstieg zum Kratersee. Ich erkannte die Plattform, von der aus der Überlieferung nach die Inkapriester ihre Opfergaben versenkt hatten. Dort hinterlegte ich auch mein Säckchen Gerste und Walnüsse. Ich schaute mich um. So ein geheimnisvoller Ort! Was war hier wohl alles geschehen, wie waren die Priester bis hierher aufgestiegen: barfuß?
Dann wurde ich aus meinen Gedanken gerissen: Vor mir, am Rand des Kratersees, leuchtete etwas. Ich bückte mich und fand eine kleine Figur aus Bronze – wahrscheinlich ein hochgestellter Inka, denn er war mit Goldfäden und roten Papageienfedern geschmückt. Behutsam legte ich sie wieder an ihren Platz zurück und machte mich schnellstens auf den Rückweg zu meinem verletzten Begleiter.
Schließlich kam ich bei Santiago an. Er konnte keinen einzigen Schritt mehr gehen, so blieb mir nichts anderes übrig, als den schweren Mann auf dem Rücken hinunter zu schleppen. Aus Angst um sich und seine Familie klagte er die ganze Zeit. Alle paar Minuten musste ich ihn absetzen und mich ausruhen. So kamen wir nur sehr langsam vorwärts. Erst gegen Abend erreichten wir eine Straße, auf der uns ein Mann mit einem Esel entgegenkam. Sofort war er bereit, Santiago auf sein Lasttier zu setzen und nach San Pedro de Atacama zu bringen. Santiagos Familie organisierte einen Transport nach Calama ins Krankenhaus, dessen Kosten ich übernahm.

Am Abend saß ich mit einem Ingenieur, der im Auftrag der Regierung Gesteinsproben untersuchte, und seinen Kollegen

im Hotelgarten vor meinem Zelt und wir erzählten uns Geschichten. Ich gab zum Besten, wie ich mit dem Rad meine bisherige Tour knapp überlebt hatte. Und der Ingenieur erzählte eine spannende Geschichte über den Licancabur:
„Ich erkläre dir, warum es ein heiliger Berg ist. Es gibt einen Tag im Jahr, da fällt bei Sonnenaufgang sein Schatten genau auf den gegenüberliegenden Berg Quimal und bedeckt diesen ganz und gar. Am Abend fällt der Schatten des Quimal auf den Licancabur und hüllt ihn ein. Das haben die Inkas bemerkt und betrachteten daraufhin diese beiden Berge als heilig. Der Tag, an dem das Phänomen stattfindet, ist der 21. Dezember."
Der 21. Dezember. Sonnenwende, dachte ich bei mir. Leider würde ich da nicht mehr im Lande sein, so dass mir dieses faszinierende Schattenspiel entging.

Der Ingenieur gab noch eine zweite geheimnisvolle Geschichte zum Besten. Demnach soll in der Nähe des Quimal in früherer Zeit eine großartige Festung gelegen haben, die wie eine kleine Stadt aussah. Eine Gruppe von Menschen hatte sie durch Zufall entdeckt und von ihr berichtet, doch danach hatte sie keiner je wiedergefunden.
Eine vergessene Stadt in den Bergen! Davon hatte ich noch nie gehört. Wohl aber, dass auf dem Quimal Werkzeuge gefunden wurden, die auf Menschenopfer schließen ließen. Die Opfer wurden mit Cocablättern betäubt, bevor man ihnen das Herz herausriss und dem Sonnengott opferte. So ist es überliefert.
Auf jeden Fall war auch der Quimal ein heiliger Berg – und nachdem ich den Licancabur schon erstiegen hatte, wollte ich seinen „kleinen Bruder", den Quimal, auch kennen lernen.

Er ist 4700 Meter hoch. Da San Pedro de Atacama auf 2400 Metern liegt, musste ich nur 2300 Höhenmeter bewältigen.

Um der Hitze des Tages auszuweichen, marschierte ich diesmal in der Nacht zu dem Berg. Der Marsch von 20 Kilometern war leicht in ein paar Stunden zu bewältigen. Eigenartig sah er aus, dieser Berg, im fahlen Licht, mit seinen in der Inkazeit angelegten Terrassenfeldern.
Ohne Schwierigkeiten stieg ich hinauf und ließ meine Blicke schweifen. Es herrschte eine fast meditative Öde. Eine Stunde verbrachte ich damit, mir vorzustellen, wie damals wohl die Opfer hier stattgefunden hatten. Dann machte ich mich an den Rückweg. Dabei machte ich einen kleinen Umweg, denn ich hatte etwas weiter weg einen kleinen Steinhaufen gesehen. Ich ging auf ihn zu – und der Haufen entpuppte sich als eine Steinhöhle. Ein Inka-Grab? An einer Seite war es offen. Neugierig spähte ich hinein. Es war dunkel, so schritt ich vorsichtig durch die Öffnung.
Ich traute meinen Augen kaum. Vor mir lag der Kopf einer Mumie, umwickelt mit Textilien, die noch halbwegs erhalten waren. Auf diese Weise hatte man Frauen behandelt, wenn sie verstorben waren. Neben dem Kopf lag ein kleines Tablett. Hatte es den Inkas dazu gedient, auf ihm ihre Cocablätter zu zerreiben? Vorsichtig legte ich die Dinge ins Grab zurück und verließ die Grabstätte.
Ich sah mich um. Im Umkreis von wenigen Metern fand ich noch mehrere wahre Schätze, eine Vase, ein paar bemalte Tonscherben. In einer kleinen Grotte – sie war etwa 60 Zentimeter hoch – befand sich eine bronzene Glocke. Was hatte sie für eine Bedeutung, wer hatte sie hierher gebracht und in eine Höhle gelegt? Rätsel über Rätsel taten sich auf. Der

Licancabur war lediglich den Priestern vorbehalten gewesen. Der Quimal hingegen war so etwas wie ein Opferberg fürs Volk gewesen. Sicherlich lag das auch daran, dass er viel einfacher zu besteigen war. Anscheinend waren viele Menschen hierher gekommen und hatten ihre Opfergaben gebracht. An einer hohen Felswand erkannte ich Felsenzeichnungen, die sehr alt sein mussten. Ein Mann war darauf dargestellt, der auf einem Boot stand und eine Dreizack-Harpune in der Hand hielt. Was hatte das hier am Rande der Atacama-Wüste zu bedeuten? Welche Beziehung gab es da zu dem ausgetrockneten Salzsee? Wahrscheinlich war ich der erste Ausländer, der diese Kostbarkeiten zu Gesicht bekam.

Lange Zeit stand ich staunend vor diesen Zeugnissen längst vergangener Zeit, bevor ich mich wieder auf den Rückweg machte.

Die vergessene Stadt

Es wurde Zeit, San Pedro zu verlassen. Ich überholte noch mein Rad: Der Gepäckträger war zu schweißen, die Tretlager mussten in Ordnung gebracht werden. Das Ziel hieß Bolivien.

Zuerst wurde die Straße zur Piste, dann zum fast unerkennbaren Pfad, schließlich war sie so mit Steinen, Sand und Rinnen gespickt, dass ich kaum weiterkam.

Meine Kleidung schlackerte an meinem Körper herum – so war ich auf dieser Reise abgemagert. Unendlich müde war ich und wollte nur noch schlafen, Körper und Geist waren ausgezehrt. Stumpfsinnig radelte ich weiter. Ein kurzes Stück weiter übersah ich eine Rinne. In der Rinne lagen Scherben einer Bierflasche. In Sekundenschnelle waren am Vorderrad Reifen und Schlauch zerschnitten.

Ich war sogar zu müde zum Ärgern. So riss ich Mantel und Schlauch vom Rad herunter und sah, dass hier kein Flickzeug mehr half. Und ich hatte keinen Ersatzreifen mehr! Stattdessen ratterte ich auf der Felge weiter.

Nach einigen Kilometern fand ich bei einer Tankstelle an der Grenze zu Bolivien ein Stück alten Schlauch. Ich schnitt ihn auf die passende Länge zurecht, füllte ihn mit Sand und band ihn als Ersatzreifen über die Felge.

Doch irgendwann kam ich beim besten Willen nicht mehr vorwärts. Es hatte zur Abwechslung wie aus Eimern geschüttet. Ziemlich verloren stand ich an der wenig befahrenen Piste. Zum Glück kam ein alter Lastwagen vorbei und nahm mich mit. Mit meinem Rad kletterte ich auf die Ladefläche und schon ging's wieder weiter.

Doch das Glück währte nicht lange. Es wurde auch für den Lastwagen immer schwieriger, sich fortzubewegen. Die Reifen drehten durch, während sich der Fahrer vorne abmühte. Er ließ den Motor aufheulen, die Reifen griffen wieder und wir wurden abrupt einige Meter nach vorne katapultiert. So ging es noch den einen oder anderen Kilometer quälend voran, doch das Ende war absehbar: Der Wagen steckte fest. Durch einen Murenabgang war die Straße unpassierbar.
Der Fahrer kam nach hinten.
„Du kannst hier mit mir warten, bis die Straße wieder trockener wird. Ich habe auch was zu essen für uns dabei. Oder –“
„Was oder?“ Zum Warten hatte ich nicht die geringste Lust.
„Oder du gehst in diese Richtung etwa fünf Stunden zu Fuß. Dann kommst du an eine Missionsstation, wo ein Gringo ist wie du. Ob er Amerikaner, Neuseeländer, Australier ist, ich weiß nicht.“
Das schien mir auf jeden Fall die bessere Alternative zu sein. Irgendwie würde ich von der Missionsstation schon wieder weiter kommen. Ich packte mein Rad, meinen Rucksack, in dem ich noch Proviant hatte, und schob in die gezeigte Richtung los.

Zwei Tage brauchte ich, dann erst sah ich die Hütten der Missionsstation auftauchen. Ein Pater mit Vollbart und schwarzer Kleidung stand davor.
„Buenos dias“, grüßte ich, als ich ankam.
„Ja Servus“, entgegnete er mir in unverkennbarem – Bayerisch! Wir mussten beide lachen. Es stellte sich heraus, dass er aus Berchtesgaden stammte, das in der Nähe von Bad Reichenhall liegt, dem Geburtsort meiner Mutter. Wir hatten sogar gemeinsame Bekannte! Natürlich war die Freude groß.

Ich quartierte mich auf seiner Station ein und wir zwei Bayern in Bolivien plauderten den ganzen Abend.

Für mich war das eine wunderbare Gelegenheit, möglichst viel über das Missionsleben und die Einwohner aus erster Hand zu erfahren. Und als langjähriger Missionar hatte er schon unglaublich viel erlebt hier. Er nahm mich mit auf seine Touren und ließ mich an seinem Alltag teilhaben.
Zu seinen Freunden gehörten viele Indio-Familien. Als wir eines Abends wie gewöhnlich nach dem Essen noch bei einer Familie beisammen saßen, erzählte die Großmutter den Kindern eine Geschichte. Das war nichts Ungewöhnliches, denn natürlich gab es kein Fernsehen, kein Radio und auch kaum Bücher. So erzählte man den Kindern eben Geschichten. Jeden Abend verbrachten wir bei einer anderen Familie. Zu Kindern, die nicht brav waren, kam der Urwaldgeist in der abendlichen Geschichte, die es heute gab. Ich hörte nur mit einem Ohr hin, bis ich etwas aufschnappte, was mich stutzen ließ.

„… in den Kordilleren, mitten in den Bergen, gibt es eine verwunschene Inka-Stadt. Doch niemand hat sie je wieder gesehen …“
Das kannte ich doch!
„… in dieser Stadt ist eine goldene Glocke. Diese wird von tausenden giftigen Spinnen und Schlangen bewacht. Doch einige Menschen haben diese Glocke schon einmal in der Nacht läuten hören.“

Mein Herz klopfte.
„Kennst du diese Geschichte?“, fragte ich den Missionar.

„Natürlich“, antwortete er lächelnd. „Sie wird hundertmal im Jahr erzählt.“
„Und, glaubst du sie?“, drängte ich.
Er zögerte mit seiner Antwort.
„Sie ist wahr.“
„Was macht dich so sicher?“
„Die Inkas haben ihre Nachrichten auf so genannten „Quipu“ weitergegeben. Eine Quipu besteht aus verschiedenfarbigen Schnüren mit Knoten. Entscheidend für ihre Bedeutung sind die Zahl und die Position der Knoten. Eine entschlüsselte Quipu-Nachricht lautete in etwa: Der große Inka-Fürst lebt auf einer Festung, die in den Bergen zwischen zwei Flüssen liegt. Sogar ich selber habe diese Festung schon gesucht. Vor und nach mir noch drei Expeditionen, aus Österreich, Japan und Italien. Sie haben das ganze Berggebiet durchforscht und leider nichts gefunden. Aber ich weiß, dass der Ort existiert. Der österreichische Missionar und Wissenschaftler Thaddäus Henke schreibt sogar über ihn. Der Name des Ortes lautet Santa Cruz de Elicona.“
„Santa Cruz de Elicona“, wiederholte ich träumerisch. „Und ihr habt wirklich alles durchsucht?“
„Wir haben die ganze Gegend durchkämmt, bis auf –“
„Ja?“
„Bis auf einen kleinen Rest auf der Landkarte. Aber das wäre ein unwahrscheinlicher Zufall. Außerdem ist dieser Rest immer noch unwahrscheinlich groß.“

Ich horchte auf. Vieles ist im Leben nicht erreicht worden, weil man es nicht einmal versucht hat, dachte ich bei mir. Es reizte mich wahnsinnig, mich auch auf die Suche nach der legendären Stadt zu machen. Zusammen mit dem Missionar sah ich mir auf der Landkarte das Gebiet an. Es handelte sich um eine schwer zugängliche, von Tälern durchzogene Berglandschaft. Wir kreisten das mögliche Suchgebiet ein und brüteten über den Vorbereitungen.

„Wie willst du hinkommen?“, fragte mich Karl, der Missionar. „Ein paar Träger, eine ganze Expedition, Tragetiere? Bedenke, dass es eine weite Strecke sein kann und ihr viel Verpflegung mitnehmen müsst. Du hast ja keine Ahnung, wo du suchen musst.“

Wo sollte ich beginnen? Da schoss mir ein Gedanke durch den Kopf.

„Ich weiß nicht, *wo* ich suchen muss, das stimmt. Aber ich weiß zumindest, wo ich *nicht* suchen muss!“

Das war die Idee! Ich suchte mir je einen Träger der vier vorausgegangenen Erkundungen. Jeder davon kannte genau das Gebiet, wo die Festung sicher nicht zu finden war. Und so blieb nach den Erfahrungen der vier Träger nur mehr eine Ecke auf der Landkarte übrig.

Wenn es diese Stadt gab, dann musste sie hier sein.

Wir zogen los: vier Mann und vier Pferde. Erst ritten wir einen Bergpfad hinauf, der schließlich so steil wurde, dass wir lieber abstiegen. Dann fiel er auf morastigem Boden so ab, dass wir mit unseren Pferden nur so dahinrutschten, immer auf der Hut, nicht unter einem gestürzten Tier zu liegen zu kommen. Schließlich hörte der Pfad ganz auf. Für die Pferde gab es kein Durchkommen mehr, wir mussten sie mit einem Begleiter zurückschicken. Das Gepäck trugen wir von da an selbst.

Statt eines Weges gab es nur noch eine Richtung. Und es war äußerst schwierig, sich durchzuschlagen. Meine Begleiter waren als Chininrinden-Sucher an solches Gelände gewöhnt, irgendwie schafften sie es immer wieder, sich weiterzukämpfen. Ich folgte ihnen.

Immer wenn wir eine Bergkuppe überschritten hatten, tauchte dahinter eine neue Bergkette auf. Dazwischen lag ein tiefes, dicht bewachsenes Tal. Wenn wir nicht gerade auf der Spitze eines Berges standen, konnten wir nur ein paar Meter weit sehen, dichter Wald schloss uns ein. Ich hatte die Orientierung schon lange verloren und war ganz auf meine Begleiter angewiesen. Alle paar Stunden kletterte einer von ihnen auf einen Baum, um die Richtung zu bestimmen.

Abends trug ich die Route in meine Landkarte ein, wenn wir zusammen im Zelt saßen und Kriegsrat hielten. Dabei waren sich auch meine drei Pfadfinder manchmal uneinig.

„Hier müssen wir noch suchen, links von dem Tal." Jorge war sich sicher.

„Da war ich schon vor ein paar Jahren. Das können wir uns sparen. Halten wir uns besser rechts." Mario war entschieden anderer Meinung.

„Da sind wir doch gestern vorbeigekommen!"

Hoffnungsfroh waren wir gestartet, doch mit jedem Tag, an dem wir vergeblich suchten, bröckelte unsere Hoffnung ein bisschen mehr. Sogar als wir einem Flusslauf gefolgt waren und sogar einen Parallelfluss entdeckt hatten, fand unsere Aufregung ein jähes Ende. Einen ganzen Tag lang hatten wir das Tal durchkämmt, immer hoffend, die Festung würde doch noch vor uns auftauchen. Zwischen zwei Flüssen auf einem Berg sollte sie liegen, so hieß es doch! Aber wir entdeckten nichts außer wieder und wieder neuen Bergen inmitten unberührter Wildnis.

Kreuz und quer verliefen die Linien auf meiner Karte. Seit zwölf Tagen waren wir unterwegs. Proviant hatten wir nur

noch für maximal vier Tage. Wir mussten aber noch den Rückweg einkalkulierten … Also hatte ich mich an den Gedanken zu gewöhnen, dass unsere Mission gescheitert war.
„Das war's dann wohl“, seufzte ich, „wenn nicht noch ein Wunder passiert, bleibt diese Stadt eine Legende. Wo sind wir übrigens?“ An der Stelle, an der wir uns befanden, war es stockdunkel, dabei war eigentlich noch heller Tag. Aber der Urwald war derartig dicht, dass jeder Lichtstrahl ausgefiltert wurde.
Mario, unser Jüngster, zog sich am höchsten Baum der Umgebung hoch, um zu erkunden, ob irgendwo eine Siedlung zu sehen wäre. Wir hätten Lebensmittel gebraucht. Elf Fladenbrote hatten wir noch. Nach mittlerweile zwölf Tagen waren sie jedoch verschimmelt.

Mario spähte in alle Richtungen. Dann ließ sein Ruf den Urwald fast erbeben, so brüllte er:
„LA CIUDAD PERDIDA!“ – Die verlorene Stadt! – Die vergessene Stadt!

Mir stand das Herz still. Machte er einen Spaß mit uns? Wir rannten zu seinem Baum.
„Wo? Wie? Wirklich?!“
Ich war nicht mehr zu halten. Unbedingt wollte ich selber auf diesen Baum, hangelte mich seinen glatten Stamm hoch und erreichte schließlich den Punkt, an dem ich das Unglaubliche sah:
Zwischen zwei Flüssen ragte eine Felswand empor. Und auf der Spitze des Felsens waren Mauern, die nur von Menschenhand geschaffen sein konnten. Es gab sie also wirklich. Wir hatten Santa Cruz de Elicona entdeckt.

Unsere Euphorie kannte keine Grenzen. Meine Begleiter sangen und tanzten im dichten Wald, währenddessen ich immer noch im Baum hockte und den Blick nicht abwenden konnte.
Jorge unterbrach unsere Begeisterung mit einer nüchternen Bemerkung.
„Leider werden wir sie nicht erreichen. Denn sie ist noch einen Tagesmarsch von hier entfernt. Und für Hin- und Rückweg reicht unser Proviant nicht mehr. Wollt ihr verhungern?“
Er hatte Recht. Doch die beiden anderen protestierten heftig.
„Natürlich gehen wir hin. Wenn es die goldene Glocke gibt, dann gehört sie uns. Du kannst ja inzwischen zum Essenholen gehen.“
Es entbrannte ein großer Streit zwischen ihnen. Fieberhaft überlegte ich, wie ich schlichten könnte. Natürlich wollte ich mit der Festung vor Augen keinesfalls umkehren.
„Ich gebe dir mein Brot, Jorge“, bot ich ihm an.
Doch das traf seinen Stolz, und er wies das Angebot hoheitsvoll zurück. Sollte der Gringo durchhalten und der erfahrene Chininsucher etwa nicht?

Alle drei hielten nun auf einmal wieder zusammen und gaben mir alle ihre Brote; sie selber aßen Blätter und mir unbekannte Früchte. Und wenn ein Wassertümpel kam, der gelb war von abgefallenem Blütenstaub, so schöpften sie diesen mit den Händen ab und schlürften ihn. Ich würgte das Brot hinunter.
Nach einem Tag standen wir vor dem Felsen. Über uns thronte die Festungsanlage. Ratlos blickten wir auf die steilen

Wände, die vor uns aufragten. Selbst ich als erfahrener Kletterer sah keine Möglichkeit, diesen rutschigen, mit Moos bewachsenen Fels hoch zu kommen. Kein Mensch konnte das schaffen. Sollten wir zwar angekommen sein, aber nicht hinaufkönnen?
„Es muss doch irgendeine Möglichkeit geben“. Wie ein Tiger strich ich immer wieder unten an der Felswand entlang. „Irgend einen Aufstieg muss es doch geben.“
„Es gibt auch einen!“
Alle blickten zu Jorge.
„Meine Großmutter hat mir oft von der vergessenen Stadt erzählt. Sie sagte – der Zugang zu dieser Stadt führt durch einen Wasserfall.“
„Hier ist tatsächlich ein Wasserfall!“, schrie ich aufgeregt.
Rauschend stürzte das Wasser von der Felswand herab. Wir drückten uns an die Wand und balancierten auf den nassen Steinen am Rand entlang. Die letzten Schritte mussten wir mittendurch. Die Wassermassen schwappten mir entgegen, so dass ich überhaupt nichts mehr sah. Blind stapfte ich los und hoffte nur noch, dass Jorges Großmutter sich nicht getäuscht hatte.
Sekunden später war ich durch. Blinzelnd erkannte ich in den Fels gehauene Kerben. Eine Steintreppe lag vor uns. Der einzige Weg nach oben.
Es war keine Kunst, sie hochzusteigen. Mit allen möglichen Pflanzen eingewachsene Stufen führten uns bis zur Spitze. Vor uns breitete sich eine fast vollständig erhaltene wunderschöne Festung aus, die in Größe und Anordnung ihrer Gebäude wie eine kleine Stadt aussah. Ehrfürchtig schritt ich hinein, während meine drei Begleiter in jeden Winkel krochen. Nirgends eine Spur von der goldenen Glocke! Auch nach mehrmaligem

Umrunden war klar: Dieser Teil der Geschichte war ein Märchen. Es existierte keine goldene Glocke. Zumindest war sie nicht hier. Die Enttäuschung stand ihnen ins Gesicht geschrieben.
Mario und ich waren auf den höchsten Punkt der Festung geklettert, von wo aus man einen wunderschönen Blick rundum hatte. Ein richtiger Aussichtspunkt. Von hier aus konnte man die ganze Umgebung beobachten. Jorge und Jose standen schon unten an der Treppe. Wir wollten zu ihnen und gingen über eine ebene Fläche zwischen zwei Mauern. Mario war etwa zwei Meter vor mir, doch plötzlich sauste er in die Tiefe.
„Uaahhh!", hörte ich ihn noch brüllen, im selben Moment brach auch unter mir der Boden weg.
Ich stürzte ins Leere und schlug dumpf auf einem moosüberwucherten Steinhaufen auf. Um mich herum war es dunkel, nur durch mein Einsturzloch kamen Lichtstrahlen. Ich erkannte, dass ich mich im Inneren eines Raumes befand; also war es wohl ein Dach gewesen, in das wir eingebrochen waren.
An den Wandsteinen hangelte ich mich wieder hinauf ins Freie, verletzt schien ich nicht zu sein. Mario hörte ich unten herumrumoren.
„Ich komme nicht mehr hoch!", rief er.
„Warte, ich hole dich raus", antwortete ich. „Ich hole eine Holzstange, an der kann ich dich hochziehen."
Inzwischen waren Jose und Jorge, durch die Hilfeschreie alarmiert, herbei gekommen. Zusammen wollten wir unseren Kameraden herausziehen. Doch unten war alles still.
„Mario! Was ist los?"
Von unten war seine zitternde Stimme zu hören.

„Ich habe eine Mumie entdeckt! Kommt runter!"
So ließen wir uns hinab und fanden die hervorragend erhaltene Mumie eines in Hockstellung kauernden Menschen. Unter einer Krone hingen lange Haare herunter. Die Finger jeder Hand waren zusammengebunden. In seiner Bauchhöhle befand sich ein Krug mit Cocablättern.
Zweifellos handelte es sich um eine hochgestellte Persönlichkeit. Durch die salpeterhaltige Erde war die Mumie in gutem Zustand. Wer war dieser Mann, warum war er überhaupt hier? War es ein Inka-Fürst? War sein Tod auf natürliche Weise eingetreten, starb er an Malaria, oder wurde er hier versteckt und getötet?
Neben ihm befand sich der mumifizierte Kopf eines weiteren Menschen. Hochgestellte Inkas nahmen Familienmitglieder und Freunde mit in den Tod. Um die Mumie herum fanden wir noch mehrere Dinge: ein Skalpell aus Bronze, eine Tonvase mit Ohren, Mund und Nase daran, einen kleinen Bronze-Löffel mit einem Loch in der Mitte. Diente er dazu, einen Arzneisaft zu dosieren?
Wir fanden einige Steinwerkzeuge, die für die Inkas untypisch waren. War ein fremdes Volk hier gewesen? Wir waren auf eine sensationelle archäologische Schatzkammer gestoßen.

Ich fotografierte, bis meine Filme verbraucht waren und wir uns auf den Rückweg machten.
Jorge, der Chininrinden-Sucher, machte mich auf die enorm vielen Chininbäume aufmerksam, die um uns herum wuchsen. So viele, meinte er, hätte er noch nie auf einem Fleck gesehen. Chinin hilft gegen Malaria – und wir befanden uns mitten in einem Gebiet mit der höchsten Malaria-Warnstufe. Zufall? Oder hatten die Bewohner der Festung vielleicht von der heil-

samen Wirkung des Chinins gewusst und absichtlich so viele dieser Bäume eingepflanzt?

Der Rückmarsch wurde zu einer Tortur. Wir hatten nichts mehr zu essen und kauten nur noch Coca-Blätter gegen das bohrende Hungergefühl im Bauch. Aus Tümpeln tranken wir abgestandenes Wasser. Meine Begleiter kämpften noch zusätzlich mit ihrer Enttäuschung, nicht die goldene Glocke gefunden zu haben. Total erschöpft und am Ende unserer Kräfte erreichten wir nach tagelangem Marsch endlich eine befahrene Straße. Bald hielt auch ein Lastwagen, der uns ein Stück mitnahm. Nach einem weiteren Tagesmarsch kamen wir wieder zur Missionsstation. Schon von weitem sah ich Karl, den Missionar, an seiner kleinen Station stehen. Er lief uns entgegen, so schnell er konnte und erschrak zunächst bei unserem Anblick – wir waren abgemagert und verwildert.

„Da seid ihr ja endlich!"

Als er hörte, dass wir die vergessene Stadt gefunden hatten, rang er vor Begeisterung nach Luft. In allen Einzelheiten erzählte ich ihm unsere Erlebnisse.

Ab jetzt konnte bei der Geschichte der Großmütter und Mütter ein weiteres Kapitel dazu erzählt werden.

Diese Geschichte der vergessenen und wiedergefundenen Stadt habe ich viele Jahre für mich behalten. Ich wollte verhindern, dass Grabräuber diese Schätze an sich reißen. Inzwischen ist das Gebiet samt seinen archäologischen Funden von Wissenschaftlern abgesichert, so dass ich hier zum ersten Mal von dieser sagenhaften Festung erzählen konnte.

Die Sakkudai

Volk am Rande der Welt

1992

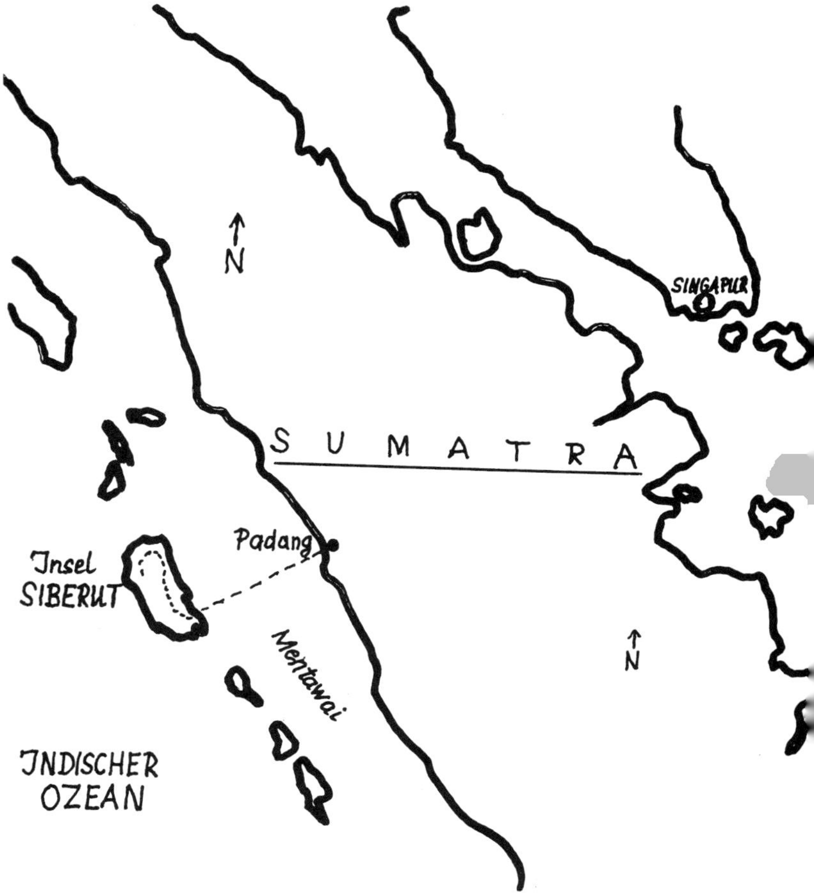

N
SINGAPUR
SUMATRA
Padang
Insel
SIBERUT
Mentawai
N
INDISCHER
OZEAN

Leben mit der Natur

Bevor die Regenwaldbewohner auf der Insel Siberut ein Stück Natur fürs eigene Überleben nutzen, versöhnen sie erst dessen Seele. Auf jeder Pflanze und jedem Tier ruht dieses Tabu und bewahrt als wirksamer Artenschutz eine einzigartige Natur vor der Ausbeutung.

Ein Volk, das so mit den Schätzen dieser Welt umgeht, mit der Natur und den Tieren, so ein Volk wollte ich kennen lernen.

„Was, du willst schon wieder in den Urwald?"
„Wer weiß, was die alles mit dir treiben!"
„Wann kommst du endlich mal zur Ruhe?"
Das und noch mehr musste ich mir anhören, als ich mit dieser Idee ankam. Meine Freunde schüttelten die Köpfe. Einzig meine Frau Renate verstand, dass ich zu einer kleinen Insel irgendwo im Indischen Ozean fahren wollte, um ihre Ureinwohner zu besuchen, die noch wie in der Steinzeit leben.

So packte ich meinen Rucksack und das Abenteuer „Sakkudai" begann.
Mein Ziel war die Sumatra vorgelagerte Insel Siberut, die Heimat der Sakkudai, in manchen Quellen auch „Mentawai" genannt.

Von Sumatra aus nahm mich ein klappriges Fischerboot mit, mit dem wir auf der Insel Siberut anlegten. Wilde Geschichten erzählte man sich von den Menschen dort. Ob das alles so zutraf? Vor Ort wollte ich mich selber davon überzeugen.

Sofort erlag ich dem geheimnisvollen Reiz dieser Insel, als wir schwitzend und keuchend in ihr Inneres marschierten. Wir, das waren Eliot und ich. Eliot war mein Führer, ein junger Indonesier, der den Weg zu den verborgenen Hütten der Ureinwohner kannte. Sagte er zumindest. An der Anlegestelle hatte ich ihn getroffen und mit ihm über meine Pläne gesprochen.

„Dann bringe ich dich eben hin", meinte er, „sonst weiß den Weg ja niemand."

Ob das stimmte, wusste ich nicht, aber ich war sehr froh, ihn als Führer zu haben.

Dichter, dampfender Urwald umgab uns. Eliot schlug mit der Machete einen Pfad durch das unwegsame Gelände. Wir kamen nur meterweise vorwärts und sahen immer nur ein paar Meter undurchdringlichen Dschungel vor uns. Alle paar Stunden kletterte Eliot auf einen Baum, um die Richtung zu bestimmen.

So ging das eine Woche lang. Bis eines Mittags Eliot auf seinem Baum ausrief:

„Wir sind da!"

Zunächst konnte ich überhaupt nichts erkennen, was auf ein „da sein" hätte schließen lassen. Wir schlugen uns weiter durchs Dickicht. Und dann sah ich sie: Eine auf Holzstelzen gebaute Hütte mit blätterbekränztem Dach schimmerte durchs Dickicht.

Wir näherten uns vorsichtig. Wo waren die Bewohner? Bestimmt hatten sie uns schon viel früher bemerkt. Die Sakkudai hatten schlechte Erfahrungen mit fremden Menschen gemacht, wie fast alle kulturellen Minderheiten dieser Welt. Deshalb hatten sie sich in dieses schwer zugängliche Gebiet der Insel zurückgezogen. Und man erzählte sich auch, dass

▲ *Zeremonien-Bäume kündigen die Schamanen-Weihe an.*

Dieses „Festmahl" wurde mir beinahe zum Verhängnis. ▼

Ein Sakkudai holt Rinde für einen neuen Lendenschurz.

Salomon mit den Schädeln der getöteten Tiere.

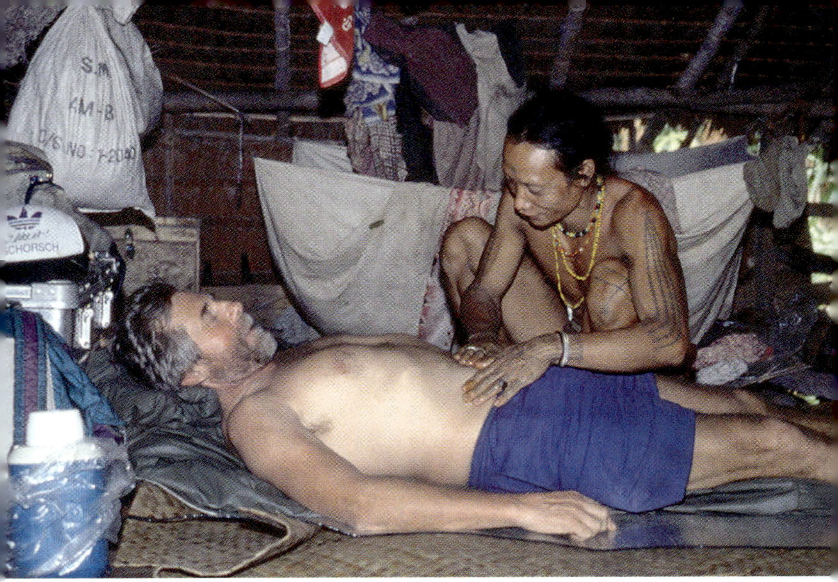

▲ *Mit einheimischen Mitteln wurde meine Malaria behandelt.*

Der Schamane übergibt seinem Nachfolger den Würdenkranz. ▼

schon mancher Giftpfeil einen Eindringling am Weiterkommen gehindert hatte.
So hatte ich, wenn zwar keine Angst, aber doch gehörigen Respekt. Sehr langsam gingen wir auf die Hütten zu und blieben immer wieder stehen. Irgendwie fühlte ich mich beobachtet. Aber niemand war zu sehen. Jeden Schritt machte ich in gespannter Erwartung. Endlich tönte ein Ruf durch die Stille: „Ai-leu-ita, Eliot!" – „Herzlich Willkommen, Eliot!"
Die Menschen kannten also meinen Begleiter und begrüßten ihn freudig. Der Bann war gebrochen, wir ungebetenen Gäste konnten zu ihnen gehen. Mehrere Männer und Frauen traten uns entgegen.
Als Freund eines Freundes wurde auch ich freundlich aufgenommen und zunächst neugierig begutachtet. Mir gegenüber standen Männer und Frauen mit ihrer alltäglichen Bekleidung: ihrer Haut. Diese war auf verschiedenste Weisen tätowiert. Ich sah sehr schöne Menschen um mich herum. Und was sahen sie umgekehrt?
Einen verschwitzten hellhäutigen Mann mit Bartstoppeln im Gesicht und einem äußerst merkwürdigen Deckel auf dem Kopf. Dazu war sein Körper über und über mit Stoff bedeckt. Aber was war das auf seinem Kopf?
Ich nahm den Trachtenhut ab und zeigte ihnen meine mitgebrachten Gastgeschenke: Feuerzeuge, Salz und vor allem Tabak. Einer der Männer, der aussah wie der Älteste des ganzen Clans, stand auf und begutachtete die Gegenstände mit einem Blick, dann musterte er mit ungleich größerer Aufmerksamkeit wieder mich. Mir wurde ein wenig unbehaglich, wie er mich so unverwandt ansah. Ich beauftragte Eliot, um Erlaubnis für einen Aufenthalt bei ihnen zu fragen. Aufgeregt wartete ich auf seine Reaktion. Was würde ich mir umgekehrt

denken, wenn bei mir zuhause in meiner Bauernstube drei Männer im Lendenschurz stehen würden, mit Gaben aus ihrer Welt in der Hand: Pfeil und Bogen und einem gesottenen Affen. Und wenn sie mich fragten, ob sie für einige Wochen ihre Bastmatten in meinem Wohnzimmer ausrollen dürften, um mich und meine Familie eine Weile zu beobachten?! Ich weiß wirklich nicht, was ich geantwortet hätte!

Die Antwort des alten Mannes fiel weit positiver aus, als ich erhofft hatte.

„Ai-leu-ita, Sasareu" – „Herzlich willkommen, Fremder."

Dazu umarmte er mich und Eliot und lud uns zu sich ein.

Es gab hier keine Dörfer aus einzelnen Hütten, sondern ein großes Haus für alle, ein so genanntes Clan-Haus, in dem alle Generationen zusammenlebten. Dieses war sehr geräumig, jede Familie hatte ihren Platz.

Das Haus war auf etwa zwei Meter hohen Stelzen gebaut. Darunter war der Stall, es liefen Schweine, Ziegen und Hühner herum. Die Stelzen hatten einen guten Grund: Durch die Regenmassen war der Boden aufgeweicht, schlammig und voller Ungeziefer. Über einen Baumstamm mit Kerben kletterten wir auf einen Steg, der zur Hütte hinein führte.

Von den Wänden starrten Mengen von Tierschädeln. Ich erschrak unmerklich.

Wahrscheinlich Affen und Hirsche, vielleicht Schweine.

Wir setzten uns im Kreis und das Gespräch kam in Gang, Eliot dolmetschte.

„Von welchem Stamm kommst du?", fragte mich der Älteste.

„Mein Stamm", erklärte ich und wies in Richtung Westen.

„Mein Stamm lebt in dieser Richtung, sehr weit weg von hier."
„*Wie* weit ist er weg?"
Ich überlegte kurz.
„Es sind so viele Tagesreisen dorthin, wie ihr alle hier Finger und Zehen habt."
Mit dieser Auskunft waren sie erst einmal zufrieden.
„Morgen feiern wir ein Fest!"
Nach dieser verheißungsvollen Ankündigung halfen alle mit, für mich ein Nachtlager herzurichten. Jeder brachte etwas an: Blätter, Gräser und strohähnliche Halme, aus denen mein Bett gebaut wurde. Zufrieden legte ich mich darauf nieder. Die Harmonie unter ihnen, ihr fröhlicher Umgang miteinander beeindruckte mich.
Das vorherrschende Gefühl war Frieden. Wie freundlich ich aufgenommen wurde! Das wäre ihnen umgekehrt bei meinem „Stamm" sicher nicht so passiert.
In bester Stimmung schlief ich ein. Dass durch die Ritzen ein strenger Geruch vom Stall unter mir heraufzog, störte mich nicht im Geringsten.

Gefährlicher Einstand

Am nächsten Tag brauchte ich einen Moment, um mich zurechtzufinden. Ich befand mich bei den Menschen, die wahrscheinlich zu der ältesten Bevölkerungsgruppe Indonesiens gehörten und vor mehr als 5000 Jahren hierher kamen. Bis heute hatten sie ihre ursprüngliche Kultur bewahren können, waren nicht von östlichen Hochreligionen und nicht von westlicher Zivilisation angerührt. Eine unverfälschte Kultur – und ich hatte die Chance, mittendrin zu sein.

Das Clan-Haus, in dem ich mit ihnen wohnte – Uma genannt – war in drei Teile geteilt. Im hinteren Teil schliefen die Großmütter. Der mittlere Teil war der Gemeinschafts- und Tanzplatz. Um ihn herum lagen die Schlafmatten der restlichen Frauen, Mädchen und Kinder. Ein sehr unruhiger Ort, an dem sich bis in die Nacht hinein das gesellschaftliche Leben abspielte.

Im Vorderhaus ruhten die Männer. Die Bambusstangen am Boden waren nur lose aneinandergefügt, darunter gärte der Morast, die Schweine liefen herum und die Fliegen und Moskitos schwärmten aus. Im Vorderhaus lag auch ich.

Für diesen Abend war ein Begrüßungsfest für mich angekündigt. Ich freute mich und war sehr gespannt darauf, wie die Sakkudai feierten. Die Vorbereitungen waren schon in vollem Gang: Die Frauen kochten kiloweise Sagobrei, ein paar junge Männer waren extra auf Beutefang gewesen. Sie hatten eine Menge mitgebracht: Reichlich Käfer lagen ausgebreitet auf einem großen Bananenblatt. Daneben lagen geröstete Fledermäuse und unzählige Larven der Sago-Palme. Viele der Käfer und Larven waren noch eindeutig lebendig. In meinem Aben-

teuer-Leben hatte ich schon verschiedene Male diese Speisen probiert. Mehr als einmal musste ich mich davon ernähren, da ich nichts anderes mehr hatte. Doch ich hatte mich, wo ich auch war, jedes Mal überwinden müssen. Im Moment war mir noch dazu ein bisschen flau im Magen – ich erinnerte mich an meinen letzten Proviant, setzte mich unbeobachtet, wie ich dachte, in eine Ecke und packte meine Reste aus.
Kaum hatte ich angefangen zu essen, trat der Älteste auf mich zu und bot mir einige besondere Leckerbissen an. Dankend lehnte ich ab.
Das hätte ich besser nicht gemacht.

Alle Männer sprangen wie auf Kommando auf. Ich schrak hoch. Sie sahen überhaupt nicht mehr freundlich aus. Vielmehr schrieen sie auf mich ein, wütend und böse im Tonfall. Ein sehr aufgebrachter junger Mann zog seinen Bogen hervor und spannte einen Pfeil ein, bereit, jederzeit loszulassen. Stocksteif saß ich da. Eliot, der sein Essen fallen gelassen hatte, trat auf den Plan. Er redete auf die wütenden Männer ein, bis ihre Gesichter wieder eine Spur friedlicher wurden. Sie sahen mich misstrauisch an. Es dauerte ewig lange, doch dann schienen sie besänftigt zu sein. Pfeil und Bogen wurden weggelegt. Ich atmete auf. Was war derartig schief gegangen? War es so schlimm, dass ich nichts gegessen hatte?
Ja, das war es. Es war mehr als unhöflich – es war nach dem Empfinden der Sakkudai die schwerste Beleidigung, die es gab. Ihre angebotenen Speisen hatte ich verschmäht und meine eigenen vorgezogen. Ich hätte auf der Stelle die Hütte verlassen sollen – und das war noch das Mindeste. Der junge Mann hätte mich beinahe mit seinem Pfeil erschossen. Das war kein Drohgehabe, das war bitterernste Rache. Kaum

traute ich mich zu fragen, wie mich Eliot aus dieser brenzligen Lage hatte befreien können!
Eliot hatte geistesgegenwärtig die rettende Idee gehabt. Er hatte ihnen erzählt, in meinem Stamm wäre es üblich, dass der Gast bei der ersten gemeinsamen Mahlzeit seinen eigenen Proviant isst, um den Gastgebern nicht zur Last zu fallen. Erst am nächsten Tag würde man die Speisen der Gastgeber annehmen.
Zum Glück hatten sie diese Erklärung akzeptiert. Ich schämte mich meines unbedachten Benehmens. Auch bei uns daheim wären die Gastgeber eines Banketts beleidigt, wenn der Gast stattdessen seine mitgebrachte Brotzeit verzehren würde! Es ärgerte mich, dass ich mich in eine solche Situation gebracht hatte.
Aber ich war heilfroh, dass es noch mal gut gegangen war. Die Notlüge meines Begleiters hatte mir wahrscheinlich das Leben gerettet. Der Friede war wieder hergestellt.
Zum Glück waren die Sakkudai nicht nachtragend. Als ich am nächsten Tag wie selbstverständlich die gleichen Speisen aß wie sie, war alles vergessen.

Ruf der Wildnis

Mit welchem Respekt Menschen mit ihrer Umgebung, der Natur, umgehen und sogar ihr Vieh schlachten, das zu erleben musste ich erst in die Steinzeit reisen.

Es war die Überzeugung der Sakkudai, dass jedes Wesen, jedes Ding, eine Seele besaß. Tiere und Pflanzen, Regen und Wind, Wasser und Stein, Sonne und Mond. Überhaupt war das Leben der Sakkudai ein ständiger Dialog mit ihrer Seele. Denn auch die Seele des Menschen ist nicht fest an diesen gebunden; sie streift zuweilen umher und muss immer wieder gerufen werden.
In ihrer Umwelt hatten die Schamanen einfach jegliche Handlung mit einem Tabu belegt. Das konnte zwar aufgehoben werden, aber es kostete den Menschen eine dem Schaden angemessene Mühe. Den Baum, den man in ein Kanu verwandelte, das Tier, das man als Nahrung benötigte, oder die Pflanze, die man für Pfeilgift verwendete – all ihre Seelen mussten erst in einer langwierigen Zeremonie „versöhnt werden". Nur so konnte der Mensch von den Dingen oder der Natur ohne den Neid der Ahnenseelen leben.

Ich erlebte diese Dinge hautnah, als ich von einem jungen Mann auf die Jagd eingeladen wurde. Auch das war eine Ehre, natürlich nahm ich das Angebot gerne an. Eliot kam auch mit, so war auch die Verständigung gesichert.
Wir zogen los. Zunächst schlichen wir zu meiner Verwunderung an einigen Tieren vorbei. Dann sprach er laut, während wir uns einem Tier näherten. Es war ein Wildtier, das sich eine Fledermaus einverleibte. Mein Jäger, Sitaapt hieß er, sah

ihnen lange Zeit wie gebannt zu, ich tat es ihm gleich. Später erfuhr ich von Eliot, warum. Wenn ein Tier ein anderes frisst, glauben sie, dass sich damit die Seele des Opfers von ihrer Daseinsform löst und sich getrost in die Gemeinschaft der Ahnen zurückbegeben kann. So war die Welt wieder im Lot, alles im Gleichgewicht.
Die Ureinwohner der Insel Siberut brauchen keine Öko-Aktivisten, sie sind seit Jahrtausenden so klug wie unsere Umweltexperten. Dank dieses Glaubens war der Urwald auf der Insel heil geblieben, unvorstellbar schön und unberührt.

Den Jagdausflug durch diesen unberührten Urwald allerdings hatte ich mir leichter vorgestellt. Durch die starken Regenfälle der letzten Tage war der Boden noch schlimmer aufgeweicht als bei unserem Anmarsch. Wir wateten durch knöcheltiefen Schlamm, manchmal standen wir bis zu den Knien drin. Es gibt keinen Stein auf Siberut – die Insel besteht nur aus Korallensand, Ton und Schlick. Dieser Untergrund wird nur durch den Regenwald, der durch zahlreiche Wasserläufe durchzogen ist, nicht weggeschwemmt.
In dem Schlamm war jeder Schritt anstrengend.
Der ideale Jagdbegleiter war ich wohl nicht, denn das Wild, das mein Sakkudai-Jäger durch seine Laute anlockte, vertrieb ich oft genug wieder durch meine Ungeschicklichkeit. Entweder trat ich auf einen Ast und es knackte, oder ich blieb an einer Liane hängen, oder ich stolperte im entscheidenden Moment in ein Loch. Ich merkte, dass Sitaapt innerlich die Augen verdrehte. Was war ich denn für ein Tollpatsch! So hatte ich zwar einigen Tieren das Leben gerettet, aber wir hatten nichts gejagt und somit nichts zu essen.

Also marschierten wir schwitzend weiter und weiter, zum Glück fanden wir wenigstens noch Maden und Würmer. Jetzt war ich froh darüber. Ich ergriff die Gelegenheit, von meinem Begleiter noch etwas über die Sakkudai und ihr Weltbild zu erfragen. Er erzählte bereitwillig. Sein Stamm glaubt, seine Insel sei der Mittelpunkt eines großen Weltmeeres. Rundum schwimmen die anderen Inseln.
Eindrucksvoll war ihre Sicht der Entstehung des Himmels: Früher lag der Himmel dicht über der Erde. Die Sonne verbrannte die Frauen und Kinder, wenn sie an den Fluss gingen und Wasser holten. Deshalb schossen die Männer mit Pfeil und Bogen gen Himmel, damit er weiter nach oben zurückweiche. Dabei durchlöcherten sie den Himmel. Diese Einschusslöcher kann jeder noch sehen in der Nacht, wenn das Licht durch die Löcher scheint. Oben im Licht befinden sich die Hütten ihrer Verstorbenen. Wenn ein Mensch stirbt, dann geht er zurück zu seinen Vätern, die dort sind.

Wir gingen und gingen. Er erzählte, und ich lauschte hingerissen, bis es Nacht wurde. Ich sah nach oben: viele Sterne im klaren Nachthimmel. Hinter jedem von ihnen ein Ahne.
Da unser Jagdausflug noch nicht von Erfolg gekrönt war, mussten wir irgendwo übernachten. Das Clan-Haus war noch zu weit entfernt als dass wir es hätten erreichen können. So leichtfüßig wie Sitaapt konnte ich nicht durch den Morast gehen. Wir waren viel langsamer, als er gedacht hatte. Außerdem war ich schon rechtschaffen müde.
Wie er sie gefunden hatte, war mir ein Rätsel, aber der Jäger brachte uns an eine Hütte im Urwald, deren Einwohner er kannte. Ein Mann und eine Frau begrüßten uns freundlich. Drinnen wartete eine Überraschung auf mich: Ich durfte zu-

sehen, wie der Mann seine Frau tätowierte. Die Tätowierung kennzeichnet sie als Sakkudai. Damit sich die Linien nicht verziehen, werden nur Erwachsene tätowiert. Die Frau hielt die Schmerzen, die diese Prozedur sicher verursacht haben muss, ohne einen Laut aus. Aber ihr Gesicht war schmerzverzerrt. Bei den Frauen werden hauptsächlich die Hände, Knie und Unterschenkel tätowiert, bei Männern mehr oder weniger der ganze Körper. Als Tätowierflüssigkeit diente eine Mischung aus Ruß, Harz und Wasser. Als Nadel benutzte er einen Dorn. Als er nach Stunden fertig war, sah nicht nur der Mann, sondern auch seine Frau sehr zufrieden aus. Ich glaube, mich hatte es am meisten mitgenommen.
Die Tätowierung ist bei den Sakkudai Ausdruck ihrer Stammeszugehörigkeit. Jeder Clan tätowiert sich ein bisschen anders, aber die Abweichungen der Linien sind minimal. Aber neben der Kennzeichnung ist die Tätowierung auch Zeichen von Schönheit. Und möglichst schön zu sein, spielte für die Sakkudai eine größere Rolle als zum Beispiel der kämpferische Wettstreit. Die Frauen und auch Männer maßen sich seit jeher mehr in Schönheit als in Leistung, wie folgende Erzählung aus dem Kulturgut der Sakkudai zeigt:
Eine Erzählung, die mir in Erinnerung blieb, gerade, weil sie so eine andere Art der „Moral“ hatte als bei uns.

„Einst lebte ein armer Mann mit Namen „Sitakigagailau“. Dieser war unzufrieden mit seiner äußeren Erscheinung, denn er wollte schöner sein als andere Männer. Auch wenn er den ganzen Schmuck, schöne Bemalung und schöne Blumen anlegte, änderte das an der Erscheinung seines Körpers nichts.
Seine Mutter aber tadelte ihn, weil er sich so sehr um sein Aussehen sorgte. Da legte er bei der Taro-Ernte sein Messer mit

Absicht so hin, dass es zerbrach. Beleidigt ging er fort in den Wald und wurde ein Gibbon. Aber die Himmelsleute holten ihn und machten seinen Körper so schön, wie er es sich gewünscht hatte. Dazu bekam er noch Zauberheilkräfte. Er kehrte in sein Dorf zurück und wurde von allen freudig aufgenommen.“

Am nächsten Tag traten wir den Heimweg an. Wir erwischten wieder nichts, so dass unser ganzer Jagdausflug ein Misserfolg wurde. Zudem hatte mein Jagd-Begleiter die meisten seiner Giftpfeile verschossen und musste wieder neue herstellen. Zuerst suchte er spezielle Blätter, die er dann in einer Holzschüssel zerkleinerte. Dazu kamen weitere getrocknete Pflanzen, die bereits im Clan-Haus zum Trocknen hingen. Ich erkannte davon nur Chili; das treibt das Nervengift schneller durch die Blutbahnen. Der Pflanzenbrei wurde dann auf den Pfeil aufgetragen und über dem Feuer erhitzt. Der Giftpfeil war fertig.

Leben im Garten Eden

Jeder Tag brachte eine Menge neuer Erlebnisse. Eliot übersetzte mir unermüdlich und ich lernte viele ihrer Lebensbereiche kennen. Heute wollte einer der Männer für sich einen neuen Lendenschurz anfertigen. Er ging prüfend in den Wald und suchte nach einem geeigneten Baum. Hin und her schritt er und sah sich die Rinde abwägend an. Wie bei einem Einkaufsbummel! Endlich hatte er sich für einen entschieden. Er holte ein paar weitere Männer, gemeinsam fällten sie den Baum. Dann lösten sie die harte Rinde als erste Schicht vom Stamm. Darunter kam eine wesentlich weichere Rinde zum Vorschein. Diese schälten sie in Streifen vom Baum. Danach wuschen sie die Rindenstreifen und klopften sie in einem Bach weich. Anschließend hängten sie diese ein bis zwei Meter langen Teile zum Trocknen auf.
Der Mann wählte danach das schönste Rindenstück aus und schlang es sich ohne weitere Bearbeitung um die Hüfte.

Ein Erlebnis besonderer Art war es, einen *Streit* unter den Sakkudai mitzuerleben. Einerseits, weil es so selten vorkam, selbst unter den Kindern gab es fast nie lautes Geschrei oder Aggressionen. Während meines ganzen Aufenthalts mündete niemals ein Konflikt in einen Kampf. Andererseits, weil ihre Streits eine derart eigenartige Struktur aufwiesen, dass ich sie zuerst gar nicht als Auseinandersetzung erkennen konnte.
Zwei Männer standen da und schimpften laut in die Luft, aber jeweils in verschiedene Richtungen. Dabei sahen sie aneinander vorbei. Ich hatte Schwierigkeiten, das überhaupt als Streit zu identifizieren! Auch sprechen sie in ihrem Ärger ihr Gegenüber nicht direkt an, sondern reden indirekt, in etwa so:

„Ich kenne da einen, über den könnte ich schlimme Dinge erzählen!“
Das einzige Mal, dass ich sie richtig wütend erlebt hatte, war bei meiner Zurückweisung ihres Essens am ersten Abend gewesen.

Ich lag im Clan-Haus, den Blick hinaus auf die Wolken gerichtet. Die schwüle Luft des Spätnachmittags lag über der Lichtung. Die Sonne war nicht zu sehen. Es begann zu dämmern. Einige Frauen versammelten sich vor dem Haus und sprachen laut miteinander. Anscheinend fassten sie irgendeinen Plan. Ich setzte mich auf und schaute ihrem Treiben zu. Sie holten Fackeln, Bambusröhren und Netze. Wollten sie jetzt in der hereinbrechenden Dunkelheit zum Fischen? Ihrem kleinen Zug schloss ich mich an und wanderte mit ihnen zum Fluss.
Unten am Ufer zündeten die Frauen die Fackeln an und stiegen mit ihnen ins Wasser. Bis zu den Hüften reichte es ihnen. Das Licht der Fackeln lockte Frösche und Krabben an, die die Frauen mit der Hand schnappten und in eine Bambusröhre auf ihrem Rücken steckten. Ein Netz hatten sie auch dabei – sie zogen es durchs Wasser und schon war es voll kleiner Fische und Krebse. Reich an Fang traten wir den Rückweg an und genossen zum Abendessen zur Abwechslung sehr feinen Fisch.

Dass es der Fisch war glaube ich nicht. Aber am nächsten Tag fühlte ich mich am Morgen müde und schlapp. Ich merkte, dass ich Fieber bekam. So recht und schlecht schleppte ich mich durch den Tag. Am Abend ging es richtig los. Mein Kopf glühte, ich hatte heftige Kopfschmerzen, so als würde mir jemand mit dem Hammer draufschlagen. Matt lag ich auf meinem Lager.

Eliot besuchte mich und brachte Sitaapt, meinen Jagdbegleiter, mit. Dieser sah mich eine Weile an, so als ob er eine Diagnose stellen würde.
„Du hast deiner Seele zu viel zugemutet."
Zu vieles hätte ich in den letzten Tagen erlebt. So einem Ansturm wäre meine Seele nicht gewachsen gewesen, deswegen war sie krank geworden. So war seine Erklärung. In einem hatte er recht: Es waren wirklich unheimlich viele Eindrücke gewesen. Aber wurde man davon krank?
Sitaapt holte ein Büschel voll frischer Blätter. Er zerstampfte sie und rieb mit dem Saft meinen ganzen Körper ein. Dann ließen sie mich allein. Es war angenehm kühl. Ich nickte ein wenig ein, und als mich das Grunzen eines Schweines aufweckte, fühlte ich mich schlagartig besser. Das Fieber war deutlich gesunken, die Lebensgeister strömten in mich zurück. Die folgende Nacht schlief ich durch. Am nächsten Tag war ich wieder ganz der Alte.

Schamanen-Weihe

Zum Glück war ich wieder im Vollbesitz meiner Kräfte, denn sonst hätte ich ein spektakuläres Erlebnis verpasst. Der Schamane des Clans wollte zwei jungen Männern, die seit Jahren bei ihm lernten, die Würde des Schamanen übertragen.
Ich war ganz aufgeregt bei dem Gedanken, einer Schamanenweihe beiwohnen zu können. Noch nie hatte ich so etwas erlebt.

Schon früh am Morgen begannen die Sakkudai mit den Vorbereitungen. Die Frauen und Mädchen schmückten sich mit prächtigen bunten Blüten. Sie flochten Blütenketten und aus Gräsern dünne Bänder. Die Männer fällten einige Bambus-Bäume, an denen sie die Bänder dann befestigten. An die Spitze der Bänder hängten sie die aus Holz geschnitzten Vögel, die ich schon seit meiner Ankunft an den Wänden im Haus bewundert hatte. Die Bambusstangen ließen sie auf dem Boden liegen, offensichtlich hatten sie später noch etwas vor mit ihnen.
Als Festmahl sollte es Schwein geben. Und ich erlebte tief beeindruckt mit, mit wie viel Achtung sie eines ihrer Haustiere töteten. An dieser Zeremonie nahm der ganze Clan teil. Das Tier wurde an einem Strick dreimal um das Haus geführt, damit es „Abschied nehmen könne und seine Seele einst wieder an diesen Ort zurückkehren könne“. Daraufhin trat jedes Familien-Mitglied zu dem Schwein hin und entschuldigte sich bei ihm für seinen kommenden Tod. Der Älteste erklärte ihm den Grund, warum es sterben müsse.
„Wir feiern das Fest der Schamanenweihe, dazu wirst du gebraucht. Wir sind alle hungrig, du wirst uns satt machen. So

wirst du von uns gehen und deine Seele wieder zurückkehren zu den Ahnen."
Ein Schauer rieselte mir über den Rücken, als es daraufhin geschlachtet wurde.

Tanz und Gesang folgten. Die Trommler der Sakkudai saßen auf dem Boden des inneren Raumes der Uma, während die Männer und Frauen um sie herumtanzten. Ihre Trommeln waren aus Palmholz und mit Waranhaut bespannt. Durch ihre verschiedenen Größen erklangen verschieden hohe Töne.
Zu den gleichförmigen rhythmischen Klängen der Trommeln tanzten und sangen sie. Ihre Lieder begannen immer wieder von vorne. Auch die Trommler machten kaum Pause, so brachten sich Tänzer, Trommler und Sänger in einen Trance-ähnlichen Zustand.

In der Zwischenzeit saß der alte Schamane mit seinen Schülern im Clan-Haus. Es waren zwei ganz junge Burschen – und sie sahen nicht übermäßig glücklich aus. Alle anderen Mitglieder des Clans versammelten sich um das Zentrum des Hauses. Ich setzte mich etwas abseits, um als Fremder die Zeremonie nicht zu stören.
Der alte Schamane läutete mit einer Messingglocke, deren metallischer Klang weithin in den Urwald tönte. Er sprach geheimnisvolle Worte zu den Geistern und bat sie um die Kraft zum Heilen. Alles, was die jungen Männer wissen mussten, hatte er ihnen beigebracht. Die geistige Kraft jedoch, die musste von den Geistern kommen. Der Schamane allein hatte, ihrem Glauben gemäß, Zugang zum ganzen Kosmos, nur er konnte dessen Kräfte herbeirufen oder auch verban-

nen. Auch hatte er die Gabe, die Seelen zu sehen, die, angelockt von seinen Worten, nun im Raum verstreut waren.
Als der alte Schamane das Einverständnis der Geister zu hören glaubte, übergab er den beiden jungen Männern einen besonders schönen Halsschmuck. Damit war die Weihe vollzogen, der Clan war um zwei Schamanen reicher.
Der ganze Stamm lief danach laut rufend zu den Bambusstangen. Mit großem Jubel und Geschrei wurden die langen Stangen aufgestellt, als Zeichen für die Geister dafür, dass hier zwei neue Schamanen geweiht worden waren.

Damit war auch meine Zeit bei den Sakkudai zu Ende. Es war der Höhepunkt und zugleich der Abschied von dem Volk gewesen, das so unbeirrt und friedlich hier auf seiner Insel lebte. Ich verließ schweren Herzens das Clan-Haus.
Ein Haus, in dem das gleiche Recht für alle herrschte und in dem es kein Oberhaupt gab. Alle Menschen in der Uma, egal ob jung oder alt, Frau oder Mann, hatten das gleiche Recht bei den Entscheidungen über das Gemeinwohl. Jede Beute wurde in gleiche Portionen aufgeteilt. Weder die Männer noch die Frauen bekamen zuerst. Freiheit und Gleichheit waren die natürlichen Maxime dieses Volkes. Ihrer selbstverständlichen Zufriedenheit zugrunde lag das Bewusstsein, dass alles, was man zum täglichen Leben brauchte, jederzeit von ihnen hergestellt werden konnte.

Eliot brachte mich auf einem neuen Einbaum auf dem Fluss zur Küste. Zusammen mit drei weiteren Männern mussten wir den schwer beladenen Einbaum mehrere Tage lang mit langen Bambusstangen den Fluss hinunterstaken. Erschöpft kamen wir an der Küste und Stunden später in der Zivilisation an.

Ich hatte den Garten Eden verlassen.

Diese Reise zu den Sakkudai hat mich noch lange beschäftigt. Ein Volk voller Gemeinschaftssinn, voller Harmonie und Achtung vor der Natur. Ihre Gesellschaft war klassenlos und voller Frieden.
Eine Gesellschaftsform, die nach Utopie klingt, und nicht nach Steinzeit.

Begegnung mit dem alten Persien
1997

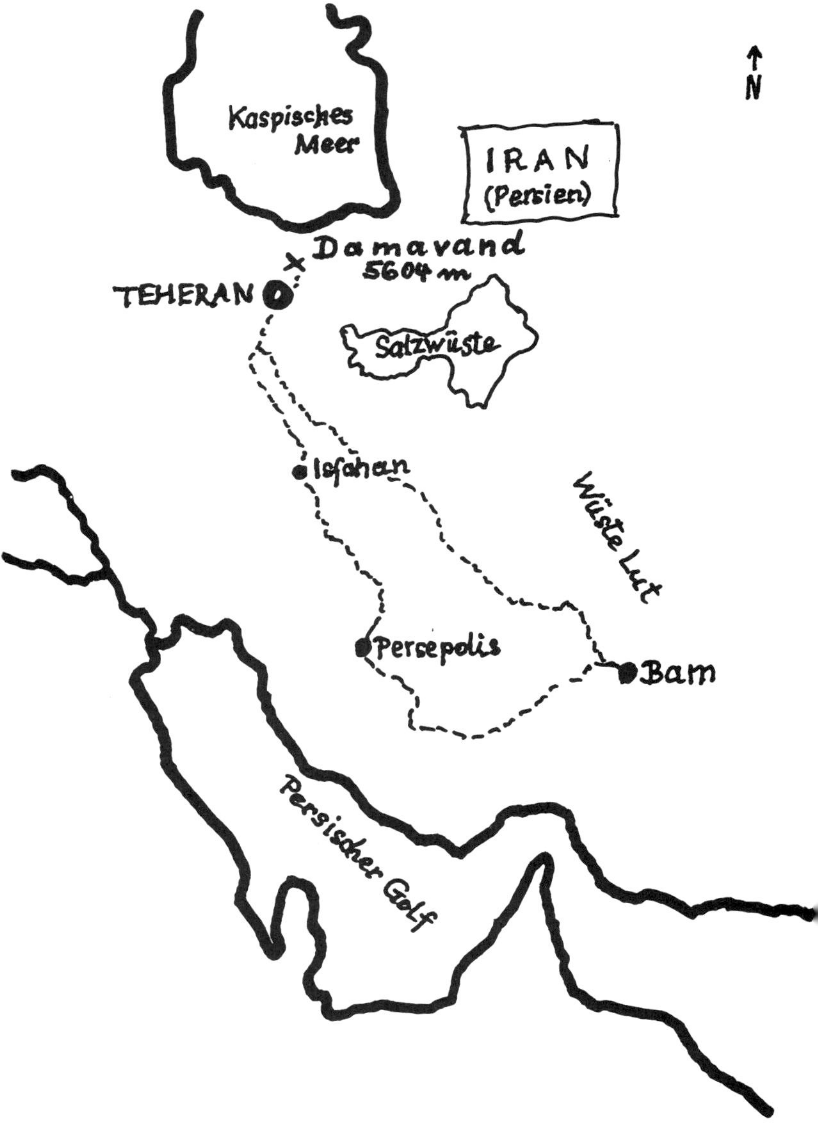

N
Kaspisches Meer
IRAN (Persien)
Damavand 5604 m
TEHERAN
Salzwüste
Isfahan
Wüste Lut
Persepolis
Bam
Persischer Golf

Weiter Weg nach Bam

Kein anderes Land der Welt verkörpert den Zauber aus Tausendundeiner Nacht so wie Persien. Sich niemals wiederholende Ornamente in Aquamarin, Türkis und Karmesin leuchten von den Minaretten und Kuppeln der Moscheen. Wie eine Märchenkulisse erheben sich Städte mit türkisblauen Kuppeln und zierlichen Minaretts aus dem Wüstensand. Wasserreiche Oasen und staubtrockene Einöden, schneebedeckte Berge und karge, glühendheiße Täler gibt es in dem gewaltigen Land.
In keinem anderen Land Europas und Asiens gab es Jahrtausende vor unserer Zeitrechnung schon eine Hochkultur. Aber kein anderes Land legt dem Besucher so viele Hindernisse in den Weg wie Persien.

Im Jahr 1997 flog ich los. Nervöse Stimmung war im Flugzeug, denn es war genau der Tag, an dem das Urteil im „Mykonos-Prozess" verkündet wurde. Der damals amtierende Präsident Rafsandschani verurteilte den Richterspruch der deutschen Justiz.
Ich reiste trotzdem. Denn ich wollte den Iran kennen lernen und die Leute. Im Gepäckraum lag mein Fahrrad. Radeln ist für mich immer noch die beste, weil unmittelbare Gelegenheit, ein fremdes Volk kennen zu lernen. Auf keinen Fall wollte ich in einem Reisebus an den Menschen und letztlich an dem Land vorbeifahren.

Ein paar Wochen war ich schon unterwegs. Meine Route hatte ich grob eingehalten. Aber gleich zu Beginn meiner Reise hatte ich sowohl mein Zelt als auch für kurze Zeit meinen Trachtenhut eingebüßt.

Das erste Problem hatte ich mit dem Hut gehabt. In Teheran, der „kühlen Stadt“, wie ihr Name übersetzt heißt, hielt mich eine Polizeikontrolle auf und nahm mich Ahnungslosen mit auf die Wache. Ich hatte keine Ahnung, was mir vorgeworfen wurde, aber mein Protest war ohnehin sinnlos. Da erfuhr ich es: Mein Vergehen bestand darin, vor dem Mausoleum von Khomeini nicht den Hut gezogen zu haben. Außerdem hatte ich meine Hemdsärmel hochgekrempelt, was im Iran verboten war. Ich gelobte Besserung. Aber das war noch nicht alles: Mein Trachtenhut war ihnen nicht geheuer. Sie untersuchten vor allem den Gamsbart aufs Genaueste, ob er nicht etwa eine Antenne wäre und der Empfänger im Hut versteckt sei! Innerlich schüttelte ich den Kopf über diese absurde Idee. Sie fanden nichts – und nach 24 Stunden auf der Wache konnte ich wieder gehen. Mit Hut!

Meine nächste Herausforderung bestand darin, aus dieser riesigen, chaotischen Stadt wieder herauszukommen. Ich fand tatsächlich keinen Weg mehr heraus, fragte unzählige Einwohner, die mich in ebenso viele verschiedene Richtungen schickten. Nachdem ich einen ganzen Tag unfreiwillig in Teheran umhergeirrt war, entdeckte ich mehr oder weniger zufällig ein Hinweisschild nach Hamadan. Diese Richtung passte ungefähr. Aber inzwischen war es dunkel geworden, ich musste mein Nachtlager aufschlagen. Wie aus dem Nichts stand wieder die Polizei da und beobachtete schockiert, wie ich mein Zelt aufbaute. Zelten sei im Iran verboten, erfuhr ich, sie müssten mein Zelt beschlagnahmen. Nun war *ich* schockiert! Monate mit dem Fahrrad unterwegs und nur mit einem leichten Schlafsack ausgerüstet? Aber es half nichts, das Zelt war weg, ich könnte es am Ende meiner

Reise bei ihnen wieder abholen, meinten sie tröstend. Schöner Trost.
Was blieb mir übrig? Und es ging wider Erwarten gut. Das Radeln war oft schwierig und gefährlich in diesem Land, in dem alle Straßen von vorbeibrausenden, laut hupenden Lastwagen beherrscht wurden. Eine Bremse kannten sie nicht, und ein Radfahrer auf der rechten Seite war ihnen ungemein lästig. Oft genug wurde ich von der Straße abgedrängt und landete in einem Graben.
Das sollte sich während der gesamten 2000 Kilometer nicht wesentlich ändern.

Je weiter ich in den Süden kam, umso wärmer wurde es. Und umso weniger Wasser fand ich. Auf weite Strecken gab es weder Brunnen noch Wasserläufe. Als ich wieder einmal ohne Wasser war, trat ich die Flucht nach vorn an. Ich hielt den rücksichtslosen Lastwagenfahrern meine leere Wasserflasche entgegen und siehe da – nicht ein einziger fuhr vorbei! Immer gossen sie mir meine Flasche voll und schickten mich mit guten Wünschen und belustigten Blicken auf den weiteren Weg.

Ich war schon ein paar Wochen geradelt und hatte auf meinem Weg schon viele beeindruckende historische Stätten passiert und bewundert. Jetzt näherte ich mich langsam aber sicher der Stadt Bam, deren Anblick ich kaum erwarten konnte. Eine Geisterstadt am Rande der Wüste Luth!
Aber so weit war es noch nicht. Die Strecke, die jetzt vor mir lag, war wohl die eintönigste der Reise. Täglich fuhr ich zwischen zwölf und vierzehn Stunden, dazwischen nur kurze Pausen. Manchmal Zwangspausen: Einmal hatte ich auf einer sehr steinigen Straße gleich drei Reifenpannen hintereinan-

der. Ich fluchte vor mich hin. Das Reifenflicken machte mir keine Sorgen, denn darin war ich seit meiner Jugend geübt, ich konnte es im Schlaf. Aber wie sollte ich die undichten Stellen ohne Wasser finden?

Zum Glück kam ein Schäfer des Weges, der mich auflas und mit zu einer Wasserstelle nahm. Bei meiner Reparatur sah er mir neugierig zu. Was war ich denn für einer, stand ihm ins Gesicht geschrieben. Ich erzählte ihm von mir – zur Vorbereitung auf die Reise hatte ich die Landessprache, Farsi, so gut es eben ging, gelernt – und wir kamen ins Gespräch über Gott und die Welt. Es war so interessant und anregend, dass ich mich entschloss, an Ort und Stelle zusammen mit ihm mein Nachtlager aufzuschlagen. Es war bereits kurz vor Sonnenuntergang, um uns herum blökten seine Schafe und wir saßen vor dem kleinen Feuer, das er entfacht hatte. Ein Idyll vor der historischen Kulisse von Persepolis.

Am nächsten Morgen brach ich früh auf, denn in ein paar Tagen wollte ich Bam erreichen. Doch zuvor kam mir noch eine Begegnung dazwischen, die mich für Wochen auf einen anderen Kurs brachte.

Die Kaschkai – die letzten Nomaden

Meine Kamera im Anschlag kroch ich eine Anhöhe hinauf. Ich hatte schon so viele Bilder von dem Feuertempel von Firusabad gemacht. Aber wie immer konnte ich nicht genug kriegen und fotografierte ihn aus allen Perspektiven, die irgendwie möglich waren. Jetzt wollte ich ihn aus der Distanz noch einmal knipsen. Da drängten sich Schafe vor mein Objektiv. Verdutzt setzte die Kamera ab. Die Schafherde, die immer näher auf mich zukam, war zu riesig, als dass sie zu einem einzigen Schäfer gehören konnte! Außerdem waren auch noch mehrere Esel in der Herde, die auf ihrem Rücken sämtliche Gegenstände des Hausrats trugen. Und auch Menschen marschierten inmitten des ganzen Pulks mit. Da dämmerte es mir: Die Kaschkai! Konnte das wahr sein, dass ich hier völlig unverhofft und rein zufällig auf den letzten Nomadenstamm Persiens stieß? Natürlich hatte ich von ihnen gehört, aber dass ich sie finden würde – daran hatte ich eigentlich nicht geglaubt. Ich hatte großes Glück gehabt!

Sie boten ein farbenprächtiges Bild. Die bunten Kleider der Frauen leuchteten in der Nachmittagssonne. Fast alle gingen zu Fuß, allein ein paar ältere Frauen und kleine Kinder durften reiten. Kleine Lämmer und Zicklein waren ebenfalls auf Esel gepackt, nur ihre Köpfe schauten neugierig aus den Packtaschen heraus.

Sie kamen näher.

„Salam!“ Die Männer begrüßten mich herzlich. Sie benahmen sich, als ob wir alte Freunde wären, die sich endlich wieder sehen.

Die Frauen reichten mir frische Schafsmilch aus einer Dose als Willkommensgruß. Schön, dass die Freude auf beiden Seiten war, aber würde ich auch mit ihnen mitziehen dürfen? Das nämlich war ein lang gehegter Wunsch von mir. Bevor ich noch fragen konnte, brachen sie in ungestüme Diskussionen aus. Schuld war – wieder einmal – mein Trachtenhut. Ich hatte ihn zum Schutz vor der Sonne aufgesetzt. Was musste das für ein komisches Land sein, in dem man solche Kopfbedeckungen trägt! Sie berührten vorsichtig meinen Gamsbart. Gerne ließ ich es geschehen, trug der Hut doch wesentlich dazu bei, dass wir ins Gespräch kamen!

Irgendwann fasste ich mir ein Herz und fragte einen jungen stattlichen Mann, den ich für ihren Anführer hielt, ob ich mit ihnen eine Weile mitziehen dürfte. Er wies lächelnd auf eine uralte Frau, ging zu ihr hin und setzte sich ehrfurchtsvoll nieder. Weitere Männer kamen und berieten sich mit ihr. Staunend sah ich zu, wie die Matrone energisch ihre Sippenmitglieder hin und her dirigierte. Sie war die Sippen-Älteste und musste ihr Einverständnis geben. Da sie mich mit undurchdringlichem Blick musterte, entschloss ich mich, vorsichtshalber etwas nachzuhelfen. Ich zog eine kleine Packung Tabak heraus, als Gastgeschenk. Wieder hatte ich Glück damit. Sie erklärte sich mit meiner Aufnahme bereit und ich wurde zu meiner großen Freude herzlich bei den Kaschkai aufgenommen. Für die nächsten Wochen würde ich Nomade sein.

Ich war bemüht, mich möglichst schnell einzugliedern, schließlich wollte ich die Karawane nicht aufhalten. In Windeseile hatte ich mein Radl voll gepackt und schob es inmitten der Karawane zwischen Ziegen, Schafen und Eseln dahin. Es ging über Stock und Stein. Für mich gar nicht so einfach, Schritt zu halten! Vor allem beim Überqueren von Flussläufen hatte ich einen entscheidenden Nachteil. Die Tiere stapften sicher durch die Furten, aber ich mit meinem schweren Rad! Ich schob und zerrte es schwitzend durch das knietiefe Wasser, immer dem Umkippen nahe. Mehr als einmal verlor ich ein Gepäckstück.

Am Ende des ersten Tages war ich so erledigt, dass ich mein Vorhaben, mehr über das Leben der Nomaden, ihre Teppichknüpf-Kunst und ihre Tierhaltung zu erfahren, auf den nächsten Tag verschob. Über ihr Leben hatte ich fürs erste genug erfahren an diesem ersten Tag, fand ich.

Nur noch ins Bett, das heißt, ins Zelt wollte ich. Zu schade nur, dass ich gar keines mehr hatte! So konnte ich nur zusehen, wie die Kaschkai-Männer ihre schwarzen rechteckigen Zelte im Handumdrehen aufbauten. Wie ich so dastand und ihnen sehnsüchtig zusah, kam einer der Männer und lud mich ein, in ihrem Männerzelt zu schlafen. Nichts lieber als das.

Frisch gestärkt wachte ich auf. Trotz sagenhafter Enge und unterschiedlichsten Schnarchtönen hatte ich hervorragend geschlafen. Wer waren diese Menschen, die sich ihre eigene Sprache und ihre Traditionen gewahrt hatten? Die jetzt um mich herum ihre Arbeiten verrichteten, ihre Tiere versorgten und so unbekümmert und herzlich miteinander lachten?

Als erstes wurden die Schafe und Ziegen gemolken, ihre Milch war die Grundlage ihrer Ernährung. Der Teil, der nicht getrunken wurde, wurde zu Käse verarbeitet.

Einige Männer sammelten Holz, andere schoren die Schafe und packten die Wolle in große Säcke. Sie waren gut eingespielt, jeder Handgriff saß.

Die Sippen-Älteste, deren Vertrauen ich inzwischen gewonnen hatte, zeigte und erklärte mir ihren Tagesablauf. Ein junger Mann half uns als Dolmetscher aus. Ich sah sie von der Seite an. Tiefe Furchen und Runzeln bedeckten dieses Gesicht, das vom harten Leben der Nomaden, von Sonne, Wind und von Kälte gezeichnet war. Ein Gesicht, das ein ganzes Leben widerspiegelte.

So verging der zweite Tag, ohne dass wir unseren Lagerplatz verlassen hatten.
Nach Sonnenuntergang saßen wir im Gemeinschaftszelt. Die alte Dame saß im Schneidersitz und rauchte mit unbewegtem Gesicht ihre Wasserpfeife. Ein paar Frauen spannen Wolle, Männer reparierten ihre Werkzeuge. Die größeren Mädchen und einige Frauen bereiteten das Essen – Brotfladen – vor. Sie zerstampften Getreide in einem Holzmörser, eine schweißtreibende Arbeit, bei der sie sich ständig abwechselten. Es herrschte eine warme, familiäre Atmosphäre im Zelt. Wer hätte sich da nicht wohl gefühlt?
Nach dem Essen erzählte eine Frau den Kindern ein Märchen. Die Kaschkai sind ein Turkvolk, das im 13. Jahrhundert aus der Türkei nach Persien kam. Ihre Umgangssprache ist bis heute Türkisch, und sie sind großartige Geschichtenerzähler.
Das merkte auch ich, obwohl ich die Worte der Frau nicht verstand. Zuerst schilderte sie mit weichen Worten eine Einleitung, die Personen wurden vorgestellt. Dann passierte etwas. Die Stimme belebte sich, die Spannung stieg, die Frau sprach lauter und höher. Da, eine neue Wendung: Traurigkeit drückte es aus, Hoffnungslosigkeit. Sie sprach auf einmal langsam, düstere Töne schwangen mit. Sie machte eine Pause, schaute starr vor sich hin. Die Kinder hingen an ihren Lippen. Dann hob sie die Spannung auf, am Ende klang die Geschichte versöhnlich aus. Alle lachten befreit.

Ich hatte kein Wort verstanden, aber ich hatte bis zum Ende der dramatischen Geschichte gebannt gelauscht. Allein ihre Präsentation war ein Erlebnis.

Am nächsten Tag kamen immer neue Familien mit ihren Herden an. Es musste ein besonders guter Platz sein, auf dem wir lagerten. Sie bauten ihre Zelte in gebührendem Abstand auf, so dass keiner von uns gestört wurde. Jede Familie trennte ihre Weideflächen für die Tiere von der anderen ab. Hirtenhunde sorgten dafür, dass sich die Tiere untereinander nicht vermischten.

Es herrschte geschäftiges Treiben. Mitten in dem Durcheinander von Ankunft und Aufbruch kam ein einzelner Mann mit drei vollbepackten Eseln an. Er fiel mir auf, weil er sich von den anderen abhob: Seine Kleidung war anders, irgendwie „städtischer“, es fehlten die bunten Farben. Auch sein Zelt war rund und weiß und stach gegen die schwarzen rechteckigen Nomadenzelte auffällig ab. Wer war er, warum war er allein unterwegs?

Im Gegensatz zu mir waren die Kaschkai durch seine Ankunft überhaupt nicht irritiert. Keiner kümmerte sich um ihn. Augenscheinlich war er ihnen bekannt. Ich ging zu dem Mann hin und sprach ihn versuchsweise in Farsi an.

„Bist du auch Nomade?“

„Ja, aber nur für eine kurze Zeit.“ Er antwortete in einwandfreiem Englisch. „Aber warum lebst *du* mit den Nomaden zusammen?“

Also erzählte ich ihm zuerst meine Geschichte. Dass ich mit dem Fahrrad durch sein Land fuhr, obwohl es mit dem Auto viel bequemer ginge, konnte er nicht verstehen. Aber dass ich sein Land und sein Volk kennen lernen wollte, akzeptierte

er. Und dann erzählte er mir seinerseits den Grund seiner Anwesenheit.
Er war Lehrer und unterrichtete die Nomadenkinder in so genannten „Zeltschulen“. Diese Schulen hatte ein Kaschkai namens Mohammed Bahmanbegi vor einigen Jahrzehnten gegründet. Als Lehrer konnten sich junge Männer zur Verfügung stellen, die auf der Universität waren. Diese Aufgabe war wie eine Art „Ersatzdienst“: Wer sich entschloss, die Nomadenkinder zu unterrichten, brauchte nur noch zur militärischen Grundausbildung, anstatt die ganze Zeit abzuleisten. Die jungen Männer bekamen eine kurze Ausbildung in Pädagogik und wurden dann mit dem Nötigsten ausgestattet: ein weißes Schulzelt, eine Tafel, Kreide und ein paar Bücher. Dann bekamen sie ein Gebiet zugeteilt. Mit drei Eseln bepackt gehen sie los, um für drei Jahre mit den Nomaden zu ziehen und deren Kinder zu unterrichten.
Während der Nomadenjahre bekommen sie nur einen geringfügigen Lohn, aber nach dieser Zeit können sie entweder mit einer guten staatlichen Anstellung rechnen oder aber mit einem kostenlosen Studium.
Von diesem System profitieren beide Seiten. Die Kinder der Nomaden sowieso, weil sie in ihrer gewohnten Umgebung mit Wissen versorgt werden. Aber auch die jungen Männer, die das Nomadenleben lernen und damit sicherlich auch Erfahrungen für ihr Leben gewinnen.
Die jungen Männer können ihre Tätigkeit übrigens jederzeit abbrechen, wenn es für sie der falsche Entschluss war. Dann fallen natürlich ihre Vergünstigungen weg.
Das System der Zeltschulen ist in den letzten Jahren so ausgebaut worden, so dass inzwischen alle Nomaden über schulische Grundkenntnisse verfügen.

Der Unterricht ist freiwillig. Allerdings kommen alle gerne, wie ich feststellte. Denn ich durfte auch als stiller Zuschauer dabei sein. Es erinnerte mich an meine eigene Schulzeit in meinem kleinen bayerischen Gebirgsort: alle Jahrgänge zusammen mit einem einzigen Lehrer, der versucht, alle gleichzeitig unter einen Hut zu bringen. Allerdings musste ich feststellen, dass die Kaschkai-Kinder deutlich lernbegieriger waren. Und – auch das musste ich zugeben – wesentlich disziplinierter als wir damals!

Abschied von den Nomaden

Das Leben mit den Kaschkai war friedlich und brachte eine große Ruhe über mich. Inzwischen waren wir weiter gezogen und hatten einen Platz alleine auf einer Hochebene gefunden. Die Tage vergingen mit denselben Arbeiten zum gleichen Zeitpunkt, alles hatte sein festes System.
Abends saß ich wie immer mit meiner Gastfamilie zusammen. Ihr Baby lag in der Wiege. Es war ein Junge. Andere Babys, Mädchen, schliefen in Decken gehüllt auf dem Boden. Bei Mädchen überließ man es dem Schicksal, ob sie die ersten Lebensjahre gut überstehen. Es gab schließlich Schlangen, Skorpione und jede Menge Ungeziefer. Die in ihren Augen wichtigeren männlichen Nachkommen wurden gut geschützt.

Irgendwann würde ich wieder alleine weiterziehen müssen. Doch einen Wunsch hatte ich noch: Ich wollte sehen, wie die Kaschkai ihre berühmten Teppiche knüpften und vor allem, wie sie ihre Wolle färbten. Wie schafften sie es, diese einmaligen Farben zu erzeugen?
Schon öfter hatte ich diesen Wunsche geäussert. Eines Tages nach dem Unterricht kam der Lehrer zu mir mit der guten Nachricht: Eine Familie hatte genügend Wolle gesponnen und wollte sich auf den Weg zur Färberei machen. Sie lag eine Tagesreise entfernt, und ich durfte mitkommen. Zu meiner großen Freude wollte er selber auch mitgehen, so hatte ich einen Dolmetscher und damit ungleich mehr Informationen.
Er gab den Kindern zwei Tage frei und wir zogen zu zehnt mit einigen voll bepackten Tragetieren los. Mein Fahrrad und mein Gepäck ließ ich in der Sippe zurück, die mein volles Vertrauen genoss.

▲ *Die Kaschkai, das letzte Nomadenvolk in Persien.*

Die Zelt-Schule: die Nomadenkinder und ihr Lehrer beim Unterricht. ▼

▲ *Die Zitadelle der historischen Stadt Bam.*

Diese Ruinen zeugen vom Reichtum des ehemaligen Bam. ▼

▲ *Der Windturm – die Klimaanlage der Antike.*

Mit meinem Rad stehe ich vor der gewaltigen Stadtmauer. ▼

▲ *Der Damavand, dessen Gipfel ich nicht erreichte.*

Die von einer Lawine überrollte Schutzhütte. ▼

Nach genau einem Tag erreichten wir die Färberei. Der ganze Betrieb bestand aus ein paar Lehmhütten. In ihrem Inneren befanden sich große Kessel. Unter ihnen brannte ein Feuer, um das Wasser in den Bottichen zu erwärmen. Ein Arbeiter streute in das siedende Wasser verschiedene Kräuter, einige Nussschalen und auch etwas Stroh. Das Ganze kochte längere Zeit, brodelte und dampfte wie ein Hexenkessel. Immer wieder prüfte der Färbermeister mit einem Stock und einem Tuch die Farbe. Dann ordnete er weitere Zugaben an: hier noch dieses Kraut, dort noch Stroh. Alles musste genau abgestimmt werden. Es war ein richtiges Ritual, keiner außer ihm sprach ein Wort, nur mein Lehrer übersetzte mir flüsternd die Anordnungen.

Er erklärte mir, dass das Wichtigste für die Kaschkai ihre Naturfarben waren. Sie werden nach alten Rezepturen hergestellt, die wiederum von den einzelnen Färbern aber streng gehütete Geheimnisse sind. Die Auftraggeber – in unserem Fall die Familie aus unserer Sippe – können ihren Wunsch-Farbton und die Menge bestellen.

Inzwischen waren die Farbtöne wohl wunschgemäß gediehen, die Wolle wurde vorsichtig auf die verschiedenen Kessel verteilt. Mehrere Männer rührten ständig um, damit die Farbe gleichmäßig wurde. Diese Männer trugen eine hohe Verantwortung, denn die wertvolle Wolle musste gleichmäßig eingefärbt werden.

Am Ende der Prozedur wurden die fertigen Wollstränge in die Sonne zum Trocknen aufgehängt. Was für ein schönes Bild, die bunt leuchtende Wolle in langen Reihen auf einer Leine!

In der trockenen, warmen Luft verdunstete die Feuchtigkeit schnell, so konnten wir bereits am nächsten Tag mit der fertig gefärbten Wolle wieder in unser Lager zurückkehren.

Über drei Wochen war ich nun schon bei den Kaschkai. Ich hätte es auch noch viel länger ausgehalten. Aber auf der anderen Seite zog es mich auch weiter. Sie sahen mich verständnislos an. War ich doch jetzt schon so lange mit ihnen unterwegs. Und warum wollte ich ihre alten Kulturen anschauen? Ich konnte es nicht anders erklären, als dass meine Zeit begrenzt war und ich möglichst viel Neues kennen lernen wollte. Auch das war ihnen fremd. Trotz unserer verschiedenen Auffassungen wurde es ein herzlicher Abschied vom letzten Nomadenstamm in Persien.

Bam – Geisterstadt in der Wüste

Mein eigentliches Ziel, die alte Wüstenstadt Bam, war noch etwa vierhundert Kilometer entfernt. In Darab, einer kleinen Stadt auf meinem Weg, stockte ich meine Vorräte auf. Ich brauchte viel Wasser und Marschverpflegung, denn der kommende Streckenabschnitt würde schwer zu bewältigen sein. Aber zuviel Wasser konnte man auf einem Fahrrad einfach nicht mitnehmen. Staubstraßen, bergauf und bergab, zwischendurch höchstens mal ein Stück Teerstraße, wie immer stark befahren mit rasenden Lastwagen. Die Orte auf meiner Landkarte entpuppten sich meist als Dörfer mit einigen Lehmhütten, wo es nichts zu kaufen gab. So war ich um meine Vorräte froh, auch wenn sie mein Fahrrad sehr schwer machten und die Fahrt sehr mühselig. Es wurde eine echte „Durst-Strecke".

Ich dachte an das vor mir liegende Ziel Bam und trat in die Pedale. Schneller als die Tage vorher ermüdete ich, meine Augen waren von dem feinen Flugsand entzündet, zudem ging es ständig leicht bergauf.
Endlich sah ich in der Ferne das Grün der Dattel- und Orangenhaine. Das musste die riesige Palmenoase im Süden der Wüste Luth sein, sie lag in über tausend Meter Höhe. Allein der grüne Anblick tat meinen Augen gut. In dieser Höhe war es auch nicht mehr so heiß. Hier in der Nähe musste die Stadt Bam sein. Ich müsste sie doch bald sehen können!

Und wie von Geisterhand tauchte die gewaltige Ruinenstadt aus dem Wüstensand auf. Es geschah so unvermittelt, dass ich überwältigt von meinem Fahrrad abstieg. Umgeben von einem intakten Wall thronte hoch oben die alte Zitadelle. Gewaltig ragten die Schutzmauern mit ihren Schießscharten in den Himmel, dahinter eng aneinander gebaute Häuser. Was für eine Riesenstadt! Sie sah über weite Teile völlig intakt aus. Bereits vor über 2000 Jahren wurde Bam in alten Schriften erwähnt, das jetzige historische Bam war etwa im 5. Jahrhundert zur Zeit der Sassaniden gegründet worden. Sie wurde zum wichtigen Umschlagsort für persische Karawanen. Aus dieser Zeit zeugte die alte Zitadelle. Als blühende Handelsstadt für Datteln und Zitrusfrüchte wurde sie 1850 von den Afghanen erobert.

So stand sie nun da, die stolze Stadt von einst. Ausgestorbenes Zeugnis längst vergangener Zeit. Was hatte die Menschen nur bewogen, ihre intakte Stadt so plötzlich zu verlassen? Ich radelte langsam durch die Gassen und tauchte ein in eine Stadt ohne Leben.

Schön geschmückte Herrenhäuser zierten die engen Straßen; Brunnen und Moscheen säumten die Plätze. Balkone mit filigranen Arbeiten an den Häusern, einige noch gut erhalten. Ich schritt durch das Labyrinth der Gassen und malte mir aus, wie sich hier das Leben abgespielt haben könnte. Hatte hier der Bazar stattgefunden, oder an jenem Ort? Dort hatten bestimmt die reichen Leute gewohnt, so üppig, wie die Balkone verziert waren.

Bam war einst ein wichtiger Umschlagplatz für Handelskarawanen an der alten Seidenstraße, die in China ihren Anfang nahm und bis ins heutige Europa hineinreichte. Bam war zudem ein Anbau-Zentrum für Zitrusfrüchte, Datteln und Feigen, die als die besten der Welt galten.

An einem alten Brunnen fand ich zerbrochene Krüge und Spuren von Seilen, mit denen offenbar damals das Wasser heraufgezogen wurde, in gegerbten Kamelmägen wie heute?

Über das Schicksal der Menschen von Bam und ihr plötzliches Verschwinden gibt es mehrere Theorien. Ein Krieg, eine Naturkatastrophe. Am plausibelsten schienen mir die neuesten Schlussfolgerungen. Durch den zunehmenden Seehandel wurde die Bedeutung von Bam als Handelsmetropole auf dem Landweg aus Asien untergraben. Ihr Standort fernab vom Meer konnte dem neu aufblühenden Seeverkehr nichts mehr entgegensetzen. Immer weniger Karawanen kamen an, immer weniger Händler suchten die Wüstenstadt auf, um ihre Waren zu verkaufen oder einzutauschen. Sie wurde nicht mehr gebraucht – und ihre Bewohner verließen die Stadt, die so plötzlich an den Rand des Geschehens gerückt war.

Die folgenden Tage und Nächte verbrachte ich in den Ruinen der Geisterstadt, nachts legte ich mich mit meinem Schlafsack in eine Ruine. Die lehmbraune Stadt übte eine eigenartige Faszination auf mich aus. Deutlich sah man den Plan, wie sie angelegt war, wie durchdacht ihre Straßen- und Wegenetze verliefen.
Durch Zufall lernte ich Archäologen kennen, die hier Studien betrieben. Mit ihnen verbrachte ich viele Stunden und erfuhr dadurch vieles über diese Stadt. Sie erzählten mir von dem Fund einer Steintafel, auf der Verhaltensregeln geschrieben waren: wie man sich in einer Moschee verhalten soll, wie sich Frauen kleiden sollen und auch, dass schwangere Frauen ab dem sechsten Monat keine schwere Arbeit mehr verrichten dürfen.
Was mich besonders beeindruckte, war ein Relikt ihrer Technik. Es war ein Turm mit vier Öffnungen ganz oben. Zuerst konnte ich mir nicht vorstellen, wofür er gebaut war. Die Archäologen erklärten mir die überraschende Bedeutung des Turms: Er war so etwas wie eine Klimaanlage! Die Einwohner

nützten damals jeden leisesten Windhauch aus, um sich etwas Kühlung zu verschaffen. Und darauf war der so genannte Windturm ausgelegt. Zwei konisch zulaufende Schächte saugten jeden noch so kleinen Luftzug ins Innere des Turms. Gleichzeitig wurde durch die beiden anderen Schächte die verbrauchte warme Luft wieder ins Freie abgegeben. Eine umweltfreundliche und funktionierende Lüftung! Die Türme waren aus Lehmziegeln, wie auch alle anderen Bauten dieser Stadt. Dass sie so gut erhalten waren, lag daran, dass es am Rande der Wüste Luth so gut wie nie regnet. Es gibt auch weder Frost noch Schnee – ideale Bedingungen.
Die Windtürme der Stadt waren alle in dem höher gelegenen Stadtteil platziert. Die Häuser waren dort schöner und reicher verziert. Hier mussten die wohlhabenden Einwohner gelebt haben.
Weiter unten schmiegten sich die Häuschen eng zusammen. Hier war der Platz für das einfache Volk gewesen, die Viehzüchter, die Bauern, die Weber und Gerber.

Die letzte Nacht verbrachte ich wieder allein in der Stadt, eingewickelt in meinen Schlafsack, innerhalb der alten Mauern. Ich blickte auf die Gemäuer. Der helle Mond zeichnete Schatten in die verlassene Stadt, wie merkwürdige Gestalten schlichen sie über die Ruinen. Die vollkommene Stille und die Erhabenheit der Bauwerke machten diese Nacht zu einem unvergesslichen Erlebnis.

Als ich am nächsten Tag meine Reise fortsetzte, war mir klar, dass noch viele beeindruckende Entdeckungen auf mich warten würden. Aber nichts würde an den eigentümlichen Reiz der verlassenen Wüstenstadt Bam heranreichen.

Hilfe für Bam

Im Jahr 2003 ist die Stadt Bam durch ein Erdbeben gigantischen Ausmaßes vollständig zerstört worden. Bei dem Beben sind mehr als 50000 Menschen, Einwohner der neuen Stadt, gestorben und weitere hunderttausend obdachlos geworden. Alle Reichtümer und Bauwerke der historischen Stadt liegen in Schutt und Asche. Niemand wird die Geisterstadt in der Wüste jemals mehr so sehen können wie sie sich mir damals zeigte.

Das Schicksal der Menschen von Bam hat mich sehr getroffen. Vor allem die Kinder, die zu Vollwaisen geworden sind und nun keinerlei Perspektiven haben, berühren mein Herz. Um ihr Schicksal zu mildern, versuche ich zusammen mit einer Hilfsorganisation, in Bam ein Waisenhaus finanziell zu unterstützen. Auch der Erlös dieses Buches soll diesem Projekt zugute kommen.

Bergsteigerschicksal

Schon von weitem roch ich die Vorboten der Stadt. Ich war wieder Richtung Teheran unterwegs: Die Großstadt kündigte sich an. Zersiedeltes Gebiet, Autos, staubige Luft. Ich hatte mit meiner Tour abgeschlossen; schon in ein paar Tagen würde ich mit einer Flut von neuen Eindrücken wieder zu Hause sein.

Doch es kam anders. Mir lief noch ein Berg über den Weg. Oder, genauer gesagt, ein Polizist, der so sehr von einem Berg namens „Damavand“ schwärmte, dass ich Feuer fing. In der Ferne leuchteten die Schneegipfel des Elburs-Gebirges. Darauf radelte ich direkt zu.

Auf der Suche nach einer Unterkunft für die Nacht sah ich ein Hinweisschild zu einer Polizeistation. Das kam mir gerade recht. Oft schon hatte ich im Garten oder in einem Raum „unter Polizeischutz“ genächtigt. Als ich eintrat, staunten sie nicht schlecht. Ein bärtiger Fremder mit einem Radl, der um ein Nachtquartier anfragte! Ich kam mit den freundlichen Polizisten ins Gespräch, vor allem mit einem jungen Mann, der – wie ich – Bergsteiger war. Er schilderte mir seine letzte Tour, die Besteigung des 5600 Meter hohen Damavand, einem Vulkanberg mit herrlicher Aussicht. Er erzählte so voller Begeisterung von dem Weg, von den Schwefeldämpfen im Gipfelbereich und von steil abfallenden Wänden, dass ich immer neugieriger wurde. 150 Kilometer war dieser Berg von hier entfernt, in greifbarer Nähe sozusagen. Der junge Polizist machte mir eine genaue Skizze in mein Tagebuch und verabschiedete mich mit guten Wünschen. In dieser Nacht schlief ich sehr unruhig und rang um eine Entscheidung. Eigentlich war ich ja auf dem Heimweg und in Gedanken schon zuhause.

Ich war auch ausgepumpt von den Anstrengungen der hinter mir liegenden Reise. Eindrücke hatte ich auch genug gehabt. Und doch – der Gedanke ließ mich nicht mehr los.
Und so bog ich am nächsten Tag von der Hauptstraße ab in Richtung Osten. Die Straßen wurden schmäler, bald bekam ich die Ausläufer des Elburs-Gebirges zu spüren. Es ging immer wieder bergauf. Leichte Zweifel hatte ich schon: Würde ich das schaffen, nach wochenlangen Strapazen und ohne spezielle Ausrüstung?
Ich wollte es wenigstens versuchen.

In dem kleinen Ort Rineh, unterhalb des Berges gelegen, versuchte ich, die nötige Ausrüstung zu bekommen. Doch ich fand kein Geschäft. Kaum ein Mensch war zu sehen. Ein älterer Mann zeigte mir dann in einem offensichtlich bewohnten Haus ein Lager, in dem Ausrüstungsgegenstände für Bergsteiger aufbewahrt wurden. Dort konnte ich mir nehmen, was ich brauchte. Gut ausgerüstet machte ich mich auf den Weg.
Die Landschaft änderte sich: Die Wüste lag hinter mir, die Natur fing an zu blühen. Apfel- und Kirschbäume standen in voller Blüte. Von den schneebedeckten Bergen floss Schmelzwasser herab, das für die Bewässerung der Felder gebraucht wurde.
An den Felswänden waren Höhlen, in denen frühere Ureinwohner dieses Tales gelebt hatten. Ein Hirte stand mit seiner Herde auf einer Bergwiese und sah mich den Berg heraufradeln. Er bedachte mich mit frischer Schafsmilch und einem Schwall gut gemeinter Worte – er erzählte mir wild gestikulierend wohl eine höchst interessante und einmalige Geschichte, von der ich nicht einen Bruchteil verstand. Trotzdem

hörte ich ihm aufmerksam zu, aber nachdem ich keine von seinen Fragen auch nach mehrmaliger Wiederholung beantworten konnte, schüttelte er verächtlich den Kopf. Ihm war anzusehen, dass er die Menschen aus fremden Ländern nicht sehr intelligent fand!
Während ich mein Rad die steilen Serpentinen hinaufschob, stieg ein hoher schneebedeckter Gipfel vor mir auf. Ich verglich ihn mit meiner Skizze: Das musste der Damavand sein.
Am Ende der staubigen Straße tauchte auch die auf der Skizze eingezeichnete kleine Moschee auf. Der hier lebende Mullah begrüßte mich freundlich und ließ mich in einem Nebenraum der Moschee übernachten. Bei ihm durfte ich auch während meiner Bergtour mein Fahrrad unterstellen.

Im ersten Morgenlicht machte ich mich an den Aufstieg. Ich genoss die Ruhe dieser Bergwelt in vollen Zügen, die frische Luft und die aufgehende Sonne, die die Schneegipfel in ein tiefes Rot tauchte. Greifvögel kreisten über mir, ein strahlend blauer Himmel kündigte einen herrlichen Tag an. In einer Talsenke sah ich eine Herde Ziegen und Hochlandschafe.
Doch der gemütliche Aufstieg dauerte nicht lange. Zahlreiche Geröllfelder bremsten mein Tempo: Von drei Schritten aufwärts rutschte ich mindestens einen wieder nach unten. Die Mühe wurde aber mit atemberaubenden Ausblicken auf das Elburs-Gebirge belohnt.
Die ersten Spuren des Vulkangesteins wurden sichtbar: bizarre Gesteinsbrocken, rot oder gelb gefärbt vom Schwefel. Am späten Nachmittag lagen die Geröllhalden hinter mir, ich kam in die Schneeregion. Aus der weißen Schneedecke sah ich etwas Farbiges herausragen. Neugierig ging ich hin: Zwei

Daunenjacken, zwei Wasserflaschen und Aluminiumgeschirr lagen im Umkreis von drei Metern verstreut im Schnee. Hatten Bergsteiger das liegengelassen, weil sie es nicht mehr brauchten, oder hatten sie es vergessen? Ein Stück entfernt steckte die persische Flagge im Fels. Was hatte sich hier abgespielt?
Irritiert machte ich mich an den weiteren Aufstieg. Ich wollte noch vor der Dunkelheit die Biwakschachtel erreichen, von der mir der Polizist berichtet hatte. Tatsächlich sah ich dann auch knapp über mir ein Gebäude aus dem Schnee ragen. Als ich jedoch näher kam, fuhr mir der Schreck in alle Glieder: Eine Lawine hatte die Hütte überrollt. Die hintere Wand war durchbrochen und das gesamte Innenleben herausbefördert. Der Innenraum war noch mit Schnee aufgefüllt. An eine Übernachtung war hier nicht mehr zu denken.
Ich wusste aus meiner Skizze, dass weiter oben noch eine Hütte stehen musste, die galt es jetzt noch zu erreichen, bevor es dunkel wurde. Der Gedanke an die Lawine und die Gegenstände, die ich weiter unten gefunden hatte, ließ mich jedoch den Nachmittag über nicht mehr los.

Im letzten Licht der Dämmerung erreichte ich die zweite Schutzhütte. Sie war unversehrt. In ihrem kleinen Innenraum standen ein paar Bettgestelle. Ich war erleichtert, dass ich nicht im Freien biwakieren musste und schlief nach einer kleinen Stärkung tief und fest.
Meine innere Uhr weckte mich pünktlich kurz nach Mitternacht. Es musste so früh sein, denn der Weg bis zum Gipfel war noch weit. Nach einem Frühstück aus Fladenbrot, Salami und einem Schluck Wasser machte ich mich an den Aufstieg.

Es war eine kalte, aber mondhelle Nacht, ich fand meinen Weg ohne Taschenlampe. In diesen höheren Regionen musste ich immer wieder große Felder mit Lava-Gestein unter der Schneedecke überqueren. Ständig rutschte ich nach unten. Die folgenden Schneefelder waren nicht besser, denn der Schnee trug nicht. Bei jedem Schritt brach ich ein und so mühte ich mich meterweise nach oben. Es wurde eine elende Schinderei. Bei Sonnenaufgang legte ich eine Rast ein und genoss schnaufend die herrlichen Farben des Morgens. Tief unter mir lagen grüne Täler, darüber leuchteten orangerot die Schneehänge in der aufgehenden Sonne.
Es war kalt, der leichte Wind, der mich begleitet hatte, wurde stärker. Der Himmel zog sich zu. Die Luft wurde dünner. Ich musste öfter eine Verschnaufpause einlegen, als ich wollte. Das hatte ich nicht geplant, so geriet ich langsam unter Zeitdruck. Der junge Polizist hatte mich davor gewarnt, nach neun Uhr vormittags den letzten Gipfelanstieg zu wagen. Um diese Zeit begannen täglich giftige Schwefeldämpfe aus dem Boden aufzusteigen. Der Gipfel des Damavand besteht zu etwa 40 % aus reinem Schwefel. Vor neun musste ich also am Gipfel sein, oder noch besser: wieder beim Abstieg.

So schnell es die dünne Luft zuließ, strebte ich meinem Ziel entgegen. Was mir zusätzliche Sorgen bereitete, waren der aufbrausende Wind und der bewölkte Himmel. Es war ausgesprochen ungemütlich. Aber mit meinem Ziel so kurz vor Augen setzte ich den Weg unbeirrt fort. Ohne zwingenden Grund wollte ich nicht aufgeben.
Plötzlich fing es an zu stinken. Abrupt stoppte ich. Auf meiner Uhr war es kurz nach sieben. Der Berg hielt sich offenbar nicht an seinen Zeitplan! 50 Höhenmeter waren es noch bis

zum Gipfel, vielleicht weniger, das war doch zu schaffen! Doch mein Versuch, hustend und keuchend mein Ziel noch zu erreichen, schlug fehl. Ich konnte keinen Meter mehr weitergehen. Dichte gelbe Schwefelwolken umhüllten den gesamten Gipfelbereich, die giftigen Dämpfe machten mir das Atmen auch hinter dem vorgehaltenen Tuch schwer – ich musste umkehren.

Mein Gott, war ich wütend und enttäuscht! Hatte ich doch von der Schutzhütte bis hierher über 1500 Höhenmeter geschafft – und nun sollte das ganze Unternehmen auf den letzten Metern scheitern! Aber da war nichts mehr zu machen: Von unten krochen die Schwefeldämpfe empor, von oben nahmen mir dichte Nebelwolken die Sicht.

In der Hoffnung, dass der starke Wind die Wolken vertriebe und der Schwefelausstoß nachlassen würde, kletterte ich ein Stück ab und wartete unter einem Felsvorsprung, wie sich das ganze Schauspiel weiter entwickeln würde. Weiter unten wurde das Atmen wieder leichter. Doch sonst wurde nichts besser, im Gegenteil, das Wetter verschlechterte sich, eine dunkle Wolkenwand mahnte mich schließlich zur sofortigen Umkehr.

Dass das mein Glück war, sollte ich bald erfahren. So schnell es ging, machte ich mich an den Abstieg, aber der weiche Schnee bremste immer wieder mein Vorwärtskommen. Ich sackte bei jedem zweiten Schritt knietief ein, im Nacken das drohende Unwetter. Schon sah ich die Schutzhütte, als der Schneesturm losbrach. Er zog und zerrte an meinem Anorak, aber ich erkannte undeutlich meine Aufstiegsspur und erreichte durchnässt und zitternd vor Kälte die Hütte.

Es hatte sich um Minuten gehandelt. Hätte ich die Hütte nicht vor Augen gehabt, ich hätte mich gewiss verirrt. So aber kochte ich mir aus geschmolzenem Schnee einen heißen Tee in einer alten Konservendose. Dazu ließ ich mir meine letzten Vorräte schmecken. So gestärkt trat ich vor meine fensterlose Hütte, um zu sehen, wie sich das Wetter in der letzten Viertelstunde entwickelt hatte.

Das dichte Schneetreiben war vorüber, nur der Wind war geblieben. So entschloss ich mich zum sofortigen Aufbruch. Mit einem letzten wehmütigen Blick auf den Gipfel des Damavand stieg ich ab. Ich trauerte dem Gipfelerlebnis noch nach, als es, etwa hundert Meter unterhalb der Hütte, über mir donnerte. Dieses Geräusch kannte ich: eine Lawine! So schnell ich konnte, rannte ich zu einem schützenden Felsvorsprung, da rieselten auch schon die Ausläufer der Lawine neben der Felswand vorbei.

Der Schreck war mir in alle Glieder gefahren – denn mir war klar, dass ich, wenn ich auf den Gipfel gekommen wäre, den Abstieg mindestens eine Stunde später begonnen hätte. Die Lawine hätte mich voll erwischt, denn sie war genau auf meiner Abstiegs-Route heruntergekommen.

Mit weichen Knien setzte ich meinen Abstieg fort. Würde noch eine weitere Lawine abgehen?

Nichts kam mehr herunter, und ich kam wohlbehalten an der Moschee an.

Gestärkt und ausgeschlafen machte ich mich am nächsten Tag auf den Rückweg. Die schlechte Serpentinenstraße und ihr hohes Gefälle ließen sie zu einer rasanten Abfahrt werden. Um einen Sturz zu vermeiden, musste ich bei den steilsten Stücken absteigen.

In dem kleinen Bergdorf Rineh wollte ich meine Reise ausklingen lassen, meine Ausrüstung zurückgeben und eine letzte

Nacht bleiben. So fuhr ich langsam durch die engen Gassen. Dabei fiel mein Blick auf ein Plakat, auf dem ein älterer und ein jüngerer Mann abgebildet waren. Dazwischen eine Zeichnung des markanten Gipfels des Damavand.
Als ich in Gedanken versunken das Plakat musterte, sprach mich von hinten ein Mann auf Englisch an. Ich fuhr zusammen, denn ich hatte ihn nicht kommen hören.
„Woher kommst du mit deinem Fahrrad?“, wollte er wissen.
Ich schilderte ihm die Geschichte mit meiner Fast-Besteigung und daraufhin lud er mich in sein Haus ein. Er war der Lehrer des kleinen Dorfes. Was ich in seinem Haus erfuhr, war die traurige Geschichte dieses Plakates.
Die beiden Männer auf dem Bild waren Vater und Sohn, die einzigen beiden Bergführer im Dorf Rineh. Vor einer Woche wurden die beiden beerdigt. Zwei Familien hatten ihre Ernährer und die Bewohner zwei gute Freunde verloren.
“Was war passiert?“, fragte ich bang, obwohl es mir schon dämmerte.
Vor etwa sechs Wochen kamen drei fremde Bergsteiger ins Dorf, um sich auf den Aufstieg zum Gipfel des Damavand vorzubereiten. Sie erkundigten sich nach der Wetterlage, nach der Aufstiegsroute und nach einem Bergführer. Die beiden Bergführer lehnten aber einen Aufstieg ab, denn im März war es wegen der Lawinen und der Steinschlaggefahr zu riskant. Die beiden warnten die Besucher, die aus Kroatien gekommen waren. Diese hatten aber lange auf ihr Vorhaben gespart und wollten nicht von dem Plan lassen.
Zwei schlugen die Warnungen in den Wind, einer fuhr nach einem Streit wieder ab. Die zwei machten sich allein auf den Weg. Was dann geschah, konnte man erst später rekonstruieren. Sie hatten wohl den Gipfel erreicht, kamen dann aber in

einen Wettersturz – genau wie ich. Den sahen unten auch die besorgten Bergführer und machten sich auf den Weg, um den unerfahrenen Kroaten eventuell zu Hilfe zu eilen. Sie machten sich Vorwürfe, dass sie die beiden hatten alleine losziehen lassen.

Die Kroaten hatten jedoch mit letzter Kraft die Schutzhütte erreicht. Um schneller ins Tal zu kommen, hatten sie ihr gesamtes Gepäck, inklusive Geld und Flugtickets dort oben liegen lassen. Sie wollten nur noch lebend herunter und hatten sich überstürzt an den Abstieg gemacht.

An der Moschee trafen die beiden Gruppen aufeinander. Was sich dann abgespielt hat, ist Spekulation. Aus irgendeinem Grund – sie hatten ja um die Gefährlichkeit gewusst – machten sich Vater und Sohn auf den Weg zur Hütte, um die dort liegenden Sachen zu holen. Womöglich war ihnen eine hohe Belohnung versprochen worden.

Sie kamen nicht mehr zurück. Eine riesige Nass-Schneelawine hatte sie unter sich begraben.

Es war die gleiche Lawine, die auch die erste Hütte überrollt hatte, die Kleidung, das Geschirr und die Ausrüstung, die ich beim Aufstieg gefunden hatte, gehörte den beiden Bergführern.

Dem Dorflehrer waren während seiner Erzählung die Tränen in die Augen getreten. Er hatte zwei seiner besten Freunde verloren. Erst Wochen später hatte man die beiden bergen können. Die beiden fremden Bergsteiger aber waren noch am Unglückstag spurlos verschwunden.

Tibet

Zum heiligen Berg Kailash

2001

N
CHINA
XINJIANG
KASHMIR
QINGHAI
SICHUAN
XIZANG
(TIBET)
Khabab
Kailash
Manasarowar-
See
INDIA
Lhasa
Shigatse
Saga
Gyantse
Zhentang
Kathmandu
NEPAL
Bhutan
Sikkim
YUNNAN
BURMA
INDI

Nochmal nach Tibet?

Ob ich es mir mit meinen 65 Jahren noch einmal zutrauen sollte, eine Reise zum Dach der Welt zu unternehmen?
Das Dach der Welt – Tibet. Ein magischer Ort für mich. Vierzehn Jahre ist es her, als mir etwas gelang, was keiner vor mir und auch keiner nach mir so geschafft hat: Ich hatte Tibet mit dem Fahrrad durchquert, von Kathmandu aus über Lhasa bis nach Golmud in der Dsaidam-Senke. Überall war ich von den Tibetern herzlich aufgenommen worden. Die Menschen und ihre Kultur begeisterten mich. Das war 1987.
Jahre zuvor war ich beim Dalai Lama in seinem Exil gewesen und hatte viel über die tibetische Kultur und den Buddhismus erfahren. Ich war froh, sein Land, aus dem er flüchten musste, kennen zu lernen.
Jetzt, im Jahre 2001, begegnete mir Tibet zum dritten Mal. Ein Freund suchte einen Expeditionsleiter und hatte mich ausgewählt. Der Höhepunkt der Reise sollte die Umrundung des heiligen Berges Kailash sein.
Ich nahm die Herausforderung an.

Die entzauberte Stadt

Über Kathmandu kommend trafen wir in Lhasa ein: Meine Gruppe von 15 Teilnehmern und ich. Wie hatte ich mich darauf gefreut, diese quirlige fremdartige Stadt wieder zu sehen, in der ich mich damals so rundherum wohlgefühlt hatte. Doch das Lhasa von damals existierte nicht mehr und ich war in einer mir unbekannten chinesischen Stadt gelandet.
Ich schaute und irrte durch die Gassen auf der Suche, ob ich nicht etwas Vertrautes entdecken würde. Bitter wurde ich enttäuscht. Was hatte ich erwartet? Tibetisches Idyll, das sich vierzehn Jahre lang nicht verändert? Sicher nicht, aber das übertraf meine schlimmsten Befürchtungen: Zwischen modernen Hochhäusern mit Fassaden aus Glas oder Keramikfliesen hingen überdimensionale Poster: „1951–2001: Fünfzig Jahre friedliche Freiheit für Tibet."
Chinesische Propaganda. Aus Lautsprechern tönten Freiheitsparolen. In der einstigen heiligen Stadt waren nahezu alle alten tibetischen Häuser abgerissen. Lhasa war eine chinesische Stadt geworden. Unzählige chinesische Läden, Banken, Trink- und Spielhäuser, Bars und Prostituierte gestalteten jetzt das Stadtbild.
Wären da nicht der Potala-Palast und der Jokhang-Tempel – ich hätte die Stadt Lhasa nicht wieder erkannt. Ich ging mit meiner Gruppe zum Jokhang-Tempel, in der Hoffnung auf Stille. Einige tibetische „Mönche" saßen da, zum Glück. Doch in Wirklichkeit waren sie getarnte Museumswächter. Innen im Jokhang, dem heiligsten Ort der Tibeter, beteten einige Pilger. Hinein dürfen sie nur durch einen Seiteneingang, ebenso wie die Massen von Touristen aus aller Welt. Der Haupteingang ist verschlossen.

Nirgends ein Foto des Dalai Lama, der Fremdenführer durfte seinen Namen nicht aussprechen und redete nur von „diesem Mann“. Jetzt war sogar der Besitz eines Fotos von ihm verboten.

Und noch etwas entdeckte ich auf dem großen zubetonierten Platz vor dem mächtigen Potala, wo einst der heilige See war: ein Militärflugzeug stand mitten darauf. Guru Rinpoche Padmasambhara, ein tibetischer Philosoph hatte vor 1200 Jahren geschrieben:

„Wenn der eiserne Vogel über unser Land fliegt und die Pferde auf Rädern hereinrollen, dann werden die Tibeter auf der ganzen Welt zerstreut sein. Dann wird es mit der Ruhe und dem Frieden im Land vorbei sein, der Dalai Lama wird nicht mehr im Potala sein, sondern in einem fremden Land leben.“

Das hatte er vor 1200 Jahren weisgesagt. Wie sehr sollte er Recht bekommen.
Ich war erleichtert, als wir nach kurzer Zeit Lhasa verließen und zu unserem eigentlichen Ziel, dem Kailash, aufbrachen. Und einen größeren Gegensatz kann man sich kaum vorstellen.

Kailash – das kostbare Schneejuwel

„Ein großer Friede erfüllt das Herz des Pilgers und macht ihn unempfindlich gegen persönliche Sorgen. Denn er fühlt sich eins mit seiner Vision.“ (Lama Anagorika Govinda)

Je weiter weg wir von Lhasa und je näher wir an den Kailash kamen, umso leichter wurde mir ums Herz.
Wir fuhren immer weiter in die einsamsten Gegenden der Welt. Wild zerklüftetes Land, schneebedeckte Berge und im Zentrum dieser Landschaft von atemberaubender Schönheit tauchte der heilige Berg Kailash wie eine Fata Morgana vor uns auf. Auf dem Dach der Welt im Gebirge von West-Tibet gelegen, erhebt sich sein schneebedeckter Gipfel auf 6714 Meter. Er schillert je nach Tageszeit, Lichteinfall und Witterung in den unterschiedlichsten Farben. Die dünne, reine Luft verleiht seinen Formen eine außergewöhnliche Klarheit.
Die Tibeter nennen ihn „Kang Rinpoche“, was soviel bedeutet wie „kostbares Schneejuwel“. Und wenn es einen Ort unendlichen Friedens gibt, dann ist er hier.

Die Grenzen zwischen Mythos und Wirklichkeit verwischen sich beim Kailash wie in einem Traum. Religiöse Verehrung über Jahrhunderte hinweg, hat natürlichen Phänomenen eine symbolische Kraft gegeben. Die Form seines Gipfels – eine nach vier Seiten gleichmäßige Pyramide – erscheint gleichsam als Wunder der Natur, wie als göttliches Werk.
Die vier Seiten der Pyramide weisen tatsächlich in die vier Himmelsrichtungen – und vier heilige Flüsse entspringen in der Gegend rund um den Kailash: der Indus, der Brahmaputra, der Sutlej und der Karnali, ein Zufluss des Ganges. An

ihrem Ende sind sie etwa 2500 Kilometer voneinander entfernt.
Vier Religionen verehren den Kailash als „ihren“ heiligen Berg. Für Millionen von Hindus, Buddhisten, Dschaina und einheimische tibetische Bön-Po gibt es keinen Ort auf Erden, der an Erhabenheit dem Kailash gleichkommt.

Kein Mensch darf jemals seinen Gipfel betreten. Um ihn ranken sich Legenden und religiöse Mythen. Der Überlieferung nach ist am Anfang der Weltgeschichte der erste König Tibets von seinem Reich hinter den Wolken auf diesen Berg herabgestiegen, weil die Menschen um einen Herrscher gebeten hatten.
Eine andere Überlieferung berichtet, dass Tibets Heiliger Milarepa sich am Kailash mit dem Bön-Po-Schamanen Bön Tschan getroffen habe. Jeder von beiden beanspruchte das Gebiet für sich und seine Religion. Der Schamane berief sich auf das Recht des Ersten, Milarepa zitierte Buddhas Prophezeiung, wonach ein großer Schneeberg dazu bestimmt sei, ein Hauptzentrum seiner Religion zu werden. Ein großer Streit begann. Schließlich einigten sie sich darauf, dass der Berg dem gehören solle, der den Gipfel des Kailash im Morgengrauen des Vollmondtages erreichte. Der Schamane hatte anfangs einen großen Vorsprung, aber als die ersten Strahlen der Morgensonne den Gipfel des Kailash berührten, trugen weiße Schleierwolken den meditierenden Milarepa auf den Gipfel.
Der Schamane sah seine Niederlage ein und bat Milarepa darum, ihm eine heilige Stätte zu zeigen, wo er und seine Anhänger ihre eigenen Wege gehen könnten. Milarepa nahm eine Handvoll Schnee vom Gipfel des Kailash und schleu-

derte den Schnee nach Osten. Er landete auf einem gestreiften Berg, der auch im Sommer vier diagonale Schneefelder trägt.
„Dort ist dein neuer Berg“, sagte er.
Bis heute heißt der Berg Bön-Ri (Bön Berg), das Kloster gibt es auch noch.

Auf den Wegen der Pilger

Ich stimmte meine Gruppe auf die nächsten Tage ein. Was uns erwarten würde, waren Strapazen, Kälte und großartige Eindrücke.

Mit einem Wort: Die Korwa erwartete uns. Die Korwa, wie der Weg um den Berg heißt, führt über fünfzig Kilometer. Die Einheimischen versuchen, die Strecke an einem Tag zu schaffen. Das bedeutet einen äußerst anstrengenden Marsch von mindestens zwölf Stunden. Genau das hatten wir auch vor. Das heißt, nicht an einem Tag, denn Fremde, die körperliche Anstrengung in dieser Höhe und das Klima nicht gewöhnt sind, brauchen drei Tage für den Marsch.
Die Aufregung meiner Gruppenteilnehmer wuchs. Der Höhepunkt der Reise, den sie sich erträumt hatten, stand vor der Tür, wobei der Kailash für jeden von ihnen etwas anderes bedeutete. Eine Frau aus der Gruppe war überzeugte Tibeterin, die sich ihren Lebenstraum mit dieser Reise erfüllte. Als ihr Pilger begegneten, oder sich der Kailash in rotem Abendlicht zeigte, oder Gebetsfahnen wehten, brach sie vor Rührung in Tränen aus. Zwei andere Frauen waren das schiere Gegenteil. Sie hofften, am Kailash überhaupt keine Pilger zu sehen, sie würden nur die Wege verschmutzen! Ein Ehepaar wollte mit der Reise den Nachbarn imponieren. Die meisten jedoch verfielen wie ich der unglaublichen Natur und der magischen Anziehungskraft dieses Berges.

Seit über tausend Jahren nehmen Pilger aus ganz Tibet, Nepal, Indien, Bhutan, Ladakh und der Mongolei eine lange und sehr beschwerliche Reise über die Himalaya-Pässe auf sich,

um dem Mysterium dieses Berges zu huldigen. Männer und Frauen, alte Menschen und Kinder, strömen herbei. Sie kommen auf den Ladeflächen von Lastwagen an, zu Fuß oder mit ihren Yaks, manche nach einer monatelangen Pilgerfahrt. Ihr Ziel ist es, den Kailash nicht etwa zu besteigen, sondern zu umkreisen. Buddhistische Gläubige umrunden den Berg im Uhrzeigersinn. Das soll alle Sünden tilgen. Wer mit der rechten spirituellen Einstellung hundertacht Umkreisungen schafft, der geht in das Nirwana ein, heißt es.
Obwohl mir die Gedanken an Vergebung der Sünden mittels einer Reise nicht fremd waren – ich dachte an heimische Wallfahrten in Bayern – war das nicht Ziel unserer Reise.

Wir standen in Darchan, einem alten Umschlagplatz für tibetische Schafwolle, unserem Ausgangspunkt für die Umrundung. Schon einige Stunden waren wir unterwegs; ich hing meinen Gedanken nach. So geeignet er für Mythen, Legenden und Religionen war: Wie hatte man den Berg überhaupt gefunden, so entlegen und abgeschieden wie er war? Hier spürte ich den ursprünglichen Glauben der Tibeter, der soviel aushalten musste und so brutal zurückgedrängt wurde. Hier waren seine Wurzeln, hier gedieh er in reinster Form.
Mehrmals überholten uns Yak-Karawanen und Pilger, die ihre Gebetsmühlen drehten. Die Pilger waren in festlicher Stimmung. Sie waren weit vor Sonnenaufgang aufgebrochen und schritten nun flott voran. Ich hörte ihre Mantras, vor allem das bekannteste davon:
Om mani padme hum – sei gegrüßt, oh Juwel in der Lotosblüte.
Das Mantra zog mich in seinen Bann, wegen der Bedeutung seiner Worte und auch wegen seines meditativen Klangs.

Mit wachem Sinn und offenen Augen schritt ich dahin. Der Pilgerweg war übersät mit kleinen Heiligenschreinen: aufgeschichtete Steinhaufen, von denen viele Gebetsinschriften trugen.

Der geheimnisvolle Fremde

Voller Bewunderung betrachtete ich die vielen Andenken am Weg, die die Pilger an den heiligen Stätten zurücklassen: Geldgaben, Zettel mit Gebeten, persönliche Bilder und natürlich die bunten Gebetsfahnen. Von ihnen heißt es, dass sie bei jedem Flattern im Winde die Mantras erzählen, die auf ihnen geschrieben stehen. Jede gute Tat hat ihren Lohn, jede Erscheinung in der dünnen, klaren Luft ist getränkt von mystischer Kraft.

Dann passierte ich die erste von den vier heiligen Stellen am Weg: die, von der ich zum ersten Mal den Gipfel sehen konnte. Dort, wie auch an den drei anderen legten sich die Pilger auf den Boden. Ich lernte, dass acht Punkte ihres Körpers die Erde berühren sollten: Knie, Magen, Brust, Mund, Stirn und beide Hände. Strenggläubige legen den ganzen Weg so zurück! Das heißt, dass man sich über zwanzigtausend Mal hinlegt! So dauert die Korwa zwei Wochen. Einige dieser strenggläubigen Pilger habe ich gesehen.

Auf etwa 4700 Metern erwartete mich eine Überraschung. Es war Mai, die Nächte waren bitterkalt. Wegen des schlechten Wetters baute ich mein Zelt nicht auf, sondern schlug das Nachtlager in einer schon sehr ramponierten Hütte aus Stein auf. Auch meine Leute fanden Platz in dem geräumigen Steinhäuschen. Jeder gab sich seinen Gedanken hin. Ich kochte für uns heißen Tee und wir wärmten uns ein bisschen auf. Fröstelnd verkroch ich mich dann in meinen Schlafsack, müde wie ich war. Meine Gedanken kreisten noch um die vielen Legenden des Berges.

Da hörte ich ein schlurfendes Geräusch. Ich stand auf, um nachzusehen, ob ein Teilnehmer vielleicht etwas brauchte. Undeutlich sah ich Umrisse in der Dunkelheit: Ein alter Mann kam zur Hütte herauf. Suchte er Schutz vor dem eiskalten Wind? Ich knipste die Taschenlampe an und sah in die Augen eines völlig durchgefrorenen Pilgers. Mit einer Handbewegung bedeutete ich ihm, doch herein zu kommen. Er nahm das Angebot gerne an, genauso wie einen Becher heißen Tee.
Wir saßen uns ein paar Augenblicke gegenüber. Da der Wind jedoch eisig in die Steinhütte pfiff, hüllten wir uns beide in alle Decken, die wir finden konnten. Würden wir die Nacht unbeschadet überstehen? Ich schlief ein, doch ein paar Stunden später wachte ich wieder auf. Es gab eigentlich keinen Grund dafür – der Wind hatte sich gelegt, alles war ruhig. Mein Blick wanderte durch den Raum zu meinem unbekannten Gast: Er schlief nicht, sondern saß mit gekreuzten Beinen da und murmelte Gebete. Er nahm mich überhaupt nicht zur Kenntnis, wickelte sich wieder in seine Decken ein und legte sich hin. Ich schlief ebenfalls wieder ein.

In früher Morgenstunde, dem Zeitpunkt, an dem es draußen am kältesten ist, erwachte ich, wickelte mich aus meinem Schlafsack und kochte wieder heißen Tee. Mein Besucher war ebenfalls schon wach und sah mich unverwandt an. Wieder lud ich den Pilger zu einem Tee ein und gab ihm einige von meinen Keksen. Wir saßen lange Zeit schweigend in der Morgendämmerung nebeneinander in der Steinhütte. Als die Sonne langsam aufging, zeigte ich ihm mit Gesten, dass es Zeit wäre, aufzubrechen. Der Tag, an dem wir unser Ziel, den Dolma-Pass erreichen sollten, war angebrochen. Vorfreude verspürte ich bei dem Gedanken. Der Dolma-Pass mit seinen

5700 Metern ist der Höhepunkt des Pilgerweges. Dort steht ein gewaltiger heiliger Stein, ihn zu erreichen ist das Ziel der Pilger.
Der Mann machte keine Anstalten aufzubrechen. Ungläubig sah ich ihn an. Was machte er denn hier, wenn er nicht auf den Pass gehen wollte? Ich deutete ihm an, dass ich jetzt mit meiner Gruppe aufbrechen müsse und er uns doch begleiten solle. Unser Ziel war in greifbare Nähe gerückt.
Er aber schüttelte nachdrücklich den Kopf und zeigte auf eine kleine Felshöhle, ein Stückchen weiter weg. Dort wollte er meditieren. Damit war die Sache für mich erledigt, ich musste mich ja auch um meine Gruppe kümmern. Bevor wir loszogen, machte ich noch ein Foto von diesem seltsamen alten Mann, der mich so merkwürdig ansah.

Bevor ich mich aber mit einem „Tashi Dellek" – Glück und Frieden – verabschieden konnte, reichte er mir noch ein größeres Bündel, das er mitgebracht hatte. Mit eindeutigen Gesten forderte er mich auf, es an mich zu nehmen. Seine Mimik war so zwingend, dass ich mich dem Wunsch nicht entziehen konnte. Wie selbstverständlich nahm ich das Bündel an mich, obwohl ich nicht wusste, was ich damit machen sollte. Ich erklärte es mir so, dass ich es für ihn bis zum Pass tragen sollte, denn er war schon sehr alt. Oben am Pass würde ich mich mit meiner Gruppe sowieso länger aufhalten. Wenn er nachkäme, konnte ich es ihm ja wieder geben. Dem ganzen Geschehen maß ich nicht allzu viel Bedeutung zu, die Tragweite wurde mir erst später klar.

Zum Abschied bedachte er mich noch mit einem langen Blick und sagte ruhig:

„Kalep pep yangpo pep inschi“ – „Auf Wiedersehen, Fremder“ und ging weg in Richtung Höhle.
Ich bekam eine Gänsehaut, aber ich hatte keine Erklärung dafür. Ich sah ihm nach, bis er verschwunden war.

Wo die Götter wohnen

Einige Stunden später erreichten wir den Dolma-Pass. Es war ein herrlich sonniger Tag. Ein Ort, an Schönheit nicht zu übertreffen: schneebedeckte Gipfel in greifbarer Nähe, steil abfallende Hänge und glasklarer blauer Himmel. Mengen von bunten Gebetsfahnen und glückliche Gesichter rundum. Die Pilger brachen in lauten Jubel aus.

„La so-so-so!“, und

„Sha Ghyalo!“, riefen sie. Sieg den Göttern!

Einige warfen bunte Papierschnipsel in die Luft, um die Götter und Dämonen gut zu stimmen. Eine ganze Yak-Karawane rastete hier oben.

Neben dem Pilgerweg lag der Dolma-Stein unterhalb des höchsten Punktes der Pilgerreise. Dort soll Dolma, die Göttin des Mitleids, laut der Überlieferung, Gotsangpo, dem ersten Pilger, den Weg gezeigt haben. Dann soll sie ihn allein gelassen, sich selber in einundzwanzig Wölfinnen verwandelt haben und in dieser Form unter dem Stein verschwunden sein. Wer den Dolma-Pass erreicht hat, der feiert mit Gebeten, Jubel und feinen Speisen das Ereignis.

Die Pilger hinterließen beim Dolma-Stein Speisen, Geldscheine, Münzen und Stoffstreifen. Dafür nahmen sie kleine Stücke der Gebetsfahnen als Glücksbringer mit nach Hause.

Ein Pilger, ein einzelner junger Mann, gab mir eine Gebetsfahne, auf der ein Windpferd aufgedruckt war. Ich betrachtete es genauer: Auf seinem Rücken trug es das flammende Juwel, das alle Wünsche erfüllt, wenn es mit dem Wind zu den guten Geistern und Dämonen fortgetragen wird. Warum sollte das nicht auch für mich gelten? In der Hoffnung, dass auch für mich ein paar Wünsche in Erfüllung gehen, befestigte ich die

▲ *Wie ein Altar steht der schneebedeckte Kailash vor uns.*

Der Kailash – „Das kostbare Juwel" – im Abendlicht. ▼

Der rätselhafte nächtliche Besucher – ist er der Schamane?

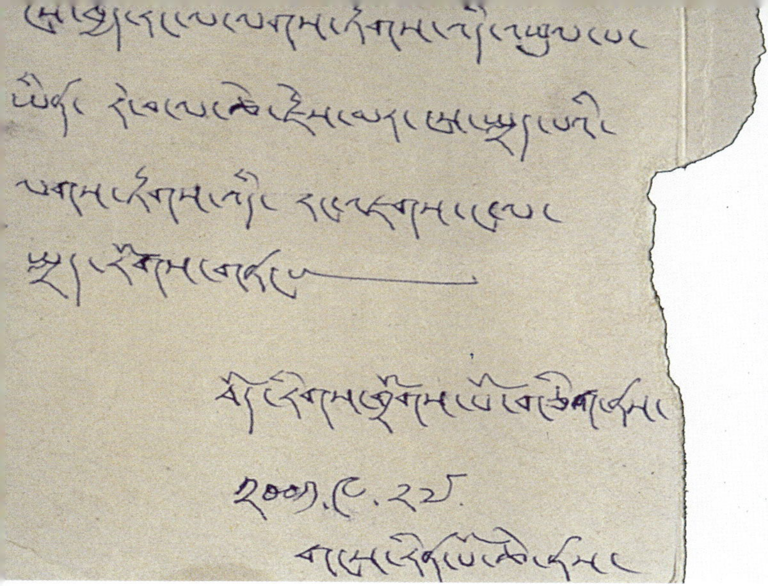
༢༠༠༧.༨.༢༥

▲ *Die schriftliche Botschaft an mich.*

Der heilige Stein der Göttin Dolma. ▼

▲ *Gebetsfahnen am Dolma-Pass in 5700 Meter Höhe.*

Die Markierungen für die geplante Auto-Straße. ▼

Gebetsfahne auf dem Pass. Die Teilnehmer meiner Gruppe taten es mir gleich, sie hängten ihre Gebetsfahnen ebenfalls auf, die sie in Lhasa gekauft hatten. Fast alle waren sie Anhänger des Buddhismus, oder zumindest Freunde der Tibeter und ihres Glaubens.

Wir blieben noch eine weitere Stunde an diesem mystischen Ort, der eine Art Zauber über uns legte. Keiner von uns sprach. Das Wetter hielt und wir genossen die unvergleichliche Aussicht auf die umliegenden schneebedeckten Gebirgszüge. Ein Stück abseits der Pilger lernten wir unendliche Stille kennen.

Aber ich wurde allmählich unruhig, denn der alte Mann kam nicht. Ich suchte überall, nirgends war eine Spur von ihm. Was sollte ich nun mit dem Bündel machen? Einfach hier ablegen wollte ich es auch nicht, denn vielleicht würde ich ihn ja am Ende des Pilgerweges wieder treffen. Vielleicht war er zurückgegangen und wartete unten auf mich.

Der Abschied von diesem ungewöhnlichen Platz fiel uns allen schwer. Fast hätten wir uns nicht losreißen können von dieser geheimnisvollen Aura, die den Berg umgibt. Doch um nicht in die Dunkelheit zu geraten, stiegen wir ab. Mit einem Glücksgefühl und einer ruhigen Zufriedenheit im Bauch rollten wir uns am Abend in unsere Schlafsäcke und besprachen noch einmal ausführlich unsere Erlebnisse des Tages. Auch meine Gedanken vor dem Einschlafen gehörten dem Dolma-Pass und seinem merkwürdigen Besucher.

Das Geheimnis des alten Mannes

Am nächsten Tag stiegen wir weiter ab. Wir hatten Glück: Das Wetter blieb schön, was dort nicht oft der Fall ist. Meist ist es trüb und neblig, auch schneien kann es immer wieder. Nichts von alledem geschah. Wir genossen den Weg bei strahlendem Sonnenschein und kamen gut voran. Nach einem Biwak erreichten wir am nächsten Nachmittag unseren Ausgangspunkt, wo unsere Fahrer und Begleiter schon ein Lager aufgebaut hatten.

Sie empfingen uns mit Jubel und gratulierten uns zur erfolgreichen Umrundung. Als Höhepunkt bereiteten sie uns noch ein „Festmahl“: Es bestand aus chinesischen Konserven.

Der Abend, der unser letzter am Kailash sein sollte, versprach lustig zu werden. Wir waren alle bestens gelaunt und lachten ausgelassen über unsere Witze. Allmählich dachte ich schon an die Rückfahrt und was ich für die Gruppe noch alles organisieren musste. Leider hatten sie hier den alten Pilger auch nicht gesehen – wo war er geblieben?

Da kamen vier buddhistische Pilger an unserem Lager vorbei. Grundsätzlich war das nichts Ungewöhnliches, aber diese vier marschierten in umgekehrter Richtung! Und das wiederum war sehr ungewöhnlich. Sie gingen nicht den Weg vom Unbewussten (links) zum Bewussten (rechts), wie es dem Pilger vorgeschrieben ist, sondern sie liefen umgekehrt herum. Mein tibetischer Begleiter war darüber so fassungslos, dass er sie darauf ansprach. Sie erklärten ihm, dass in der letzten Nacht ein bekannter tibetischer Schamane unterhalb des Dolma-Passes gestorben sei. Jetzt seien sie auf dem Weg zu ihm, der

ihr Freund war, um ihn an einem geheimen Ort rituell nach altem tibetischem Brauch zu bestatten.
Wir drückten ihnen unser Bedauern aus. Unsere ausgelassene Stimmung war schlagartig weg. Die vier verabschiedeten sich wieder und zogen ihrer Wege. Mich fröstelte. Ich zog mich zurück, kroch in meinen Schlafsack und sah noch einmal hinauf zum Kailash. Bei Vollmond sah er jetzt aus wie ein Altar, der zum Himmel ragte.

Grübelnd schlief ich ein, und grübelnd wachte ich auf. Der Fremde ging mir nicht mehr aus dem Kopf. Ich zeigte meinem tibetischen Begleiter das Bündel, das mir der alte Mann gegeben hatte. Gemeinsam machten wir es auf, um zu sehen, was darin war.
Über den Inhalt war ich mehr als erstaunt. Gleichzeitig merkte ich, wie mein Begleiter zusammenzuckte. Zum Vorschein kamen eine Trommel, eine Kette mit kleinen, aus Knochen geschnitzten Totenköpfen, eine verzierte Trompete aus Knochen und – ein mit Handschrift beschriebener Zettel.
„Das ist die Ausrüstung eines Schamanen", sagte mein Begleiter überrascht zu mir. „Die Trommel und die Kette sollen böse Geister austreiben. Die Schamanen geben diese Dinge niemals aus der Hand. Wie kommst du in ihren Besitz?"

Ich erzählte ihm die ganze Geschichte. Jetzt wollte ich unbedingt wissen, was auf dem Zettel stand. Er übersetzte die Schrift:
„Fremder, nimm diese Gegenstände an dich, halte sie in Ehren, denn mein Leben ist bald zu Ende. In meinem nächsten Leben aber komme ich zu dir, wo immer du bist, und hole sie wieder ab."

Ein Schauer lief mir über den Rücken.
War mein Besucher der Schamane, der gestorben war? Wusste er von seinem Tod? Kam er zum Sterben zum Kailash, was eine besondere Gnade ist? Und wie konnten die vier Pilger davon wissen, sie waren viel zu weit entfernt!

Nachdenklich kehrte ich von dieser Reise zurück. Die Trommel, das Papier und die Kette besitze ich immer noch. Von der Kette, deren Totenköpfe aus Knochen geschnitzt sind, geht ein geheimnisvoller Zauber aus. Er zieht nicht nur mich, sondern auch ahnungslose Besucher in ihren Bann, die sich in ihrer Nähe befinden. Das habe ich oft beobachtet und ihnen dann die Geschichte ihrer Herkunft erzählt.
Geheimnisvoller Kailash – Tibet ist immer noch voller Rätsel und Geheimnisse!

Schlimme Anzeichen

Ich wusste es. Das heißt: Ich sah die Vorzeichen, aber ich wollte es nicht glauben. Die Hirten sahen die Zeichen auch, aber sie konnten sie nicht deuten. Sie fanden Pfähle auf ihren Weidegebieten, die mit Zeichen beschrieben waren. Aber sie konnten keinen Sinn in den Pfählen sehen, so rissen sie sie heraus und zündeten ein Feuer mit ihnen an.
Auf meinem Wege sah ich Felsen, auf die chinesische Schriftzeichen geschrieben waren. Das waren keine Glücksbotschaften von Pilgern – hier fanden Vermessungsarbeiten statt. Rund um den Kailash soll eine Autostraße gebaut werden. Er soll für die Touristen erschlossen werden. Das wäre das sofortige Ende eines der letzten Paradiese der Erde.

Der Kailash ist ein heiliger Berg. Das fühlt jeder, der jemals dort war. Er ist ein Kleinod und Glaubensgrundlage unzähliger Menschen. Natürlich muss er bewahrt und geachtet werden. Unglaublich festzustellen, dass es Menschen gibt, die sich darüber hinwegsetzen wollen – und noch unglaublicher, dass ihnen das möglicherweise gelingen wird.
Alles was in meiner Macht steht, werde ich tun, um diesen Frevel zu verhindern. Ich sammle Unterschriften, 12 000 habe ich dem Bürgermeister von Darchan schon überreicht, und ich unterstütze Protest-Organisationen. Unser gemeinsames Ziel ist es, dass die UNESCO die Gegend um den heiligen Berg Kailash als Weltkulturerbe anerkennt.
Das allein könnte seine Rettung sein, denn dann wäre er unantastbar.

Meine vielen Leben

Als Abenteurer habe ich nicht *ein* Leben gelebt, sondern hundert verschiedene. Damit meine ich nicht, dass ich oft nur mit knapper Not davonkam. Aber ich habe soviel erlebt, dass ich hundert Leben füllen könnte – und doch ergibt alles zusammen genau *mein* Leben.

Je weniger Reisen jetzt noch vor mir sind, umso wichtiger werden diejenigen in meiner Erinnerung. Sie tauchen wieder auf, schillernd und bunt – in meiner Fantasie werden sie lebendig im Meer meiner Erinnerungen.

Nur wenige verstehen meine Sehnsucht nach Abenteuern und Geheimnissen, den unausweichlichen Drang, die Welt zu entdecken. Oft waren meine Unterfangen schwierig und strapaziös, manches Mal kam ich an die Grenze des Aushaltbaren. Trotzdem habe ich immer wieder mein bequemes Leben in Deutschland für einige Zeit verlassen und bin wieder losgezogen, auf der Suche nach neuen Abenteuern. Ich habe mir Träume erfüllt und bin manchmal auch am Abgrund gestanden.
Der Grund war und ist einfach der: Ich will am Ende meiner Zeit nicht auf ein Leben voller Versäumnisse zurückblicken.

Inhaltsverzeichnis

Georg Kirner
Ein Rucksack voller Träume
Südpol
Steinzeit
Nordpol
Verlag Tobias Dannheimer Kempten

Wer Berge liebt, wer Gefühle und Geschichten mit ihnen verbindet, für den ist dieses Buch ein Muss. Der Faszination Berg sind auch manche Dichter erlegen wie J. W. von Goethe, Arthur Schnitzler, Robert Walser, Thomas Mann u. a.
Ihre Texte zum Thema Berg mit Kommentaren finden sie hier.

192 Seiten mit Abbildungen.
ISBN 3-88881-046-9, kart. 2003, € 8,95

Wolfgang Haberl
Allgäu
Außerfern
Kleinwalsertal
Bregenzerwald
Lexikon der
Euregio
via salina
Verlag Tobias Dannheimer Kempten